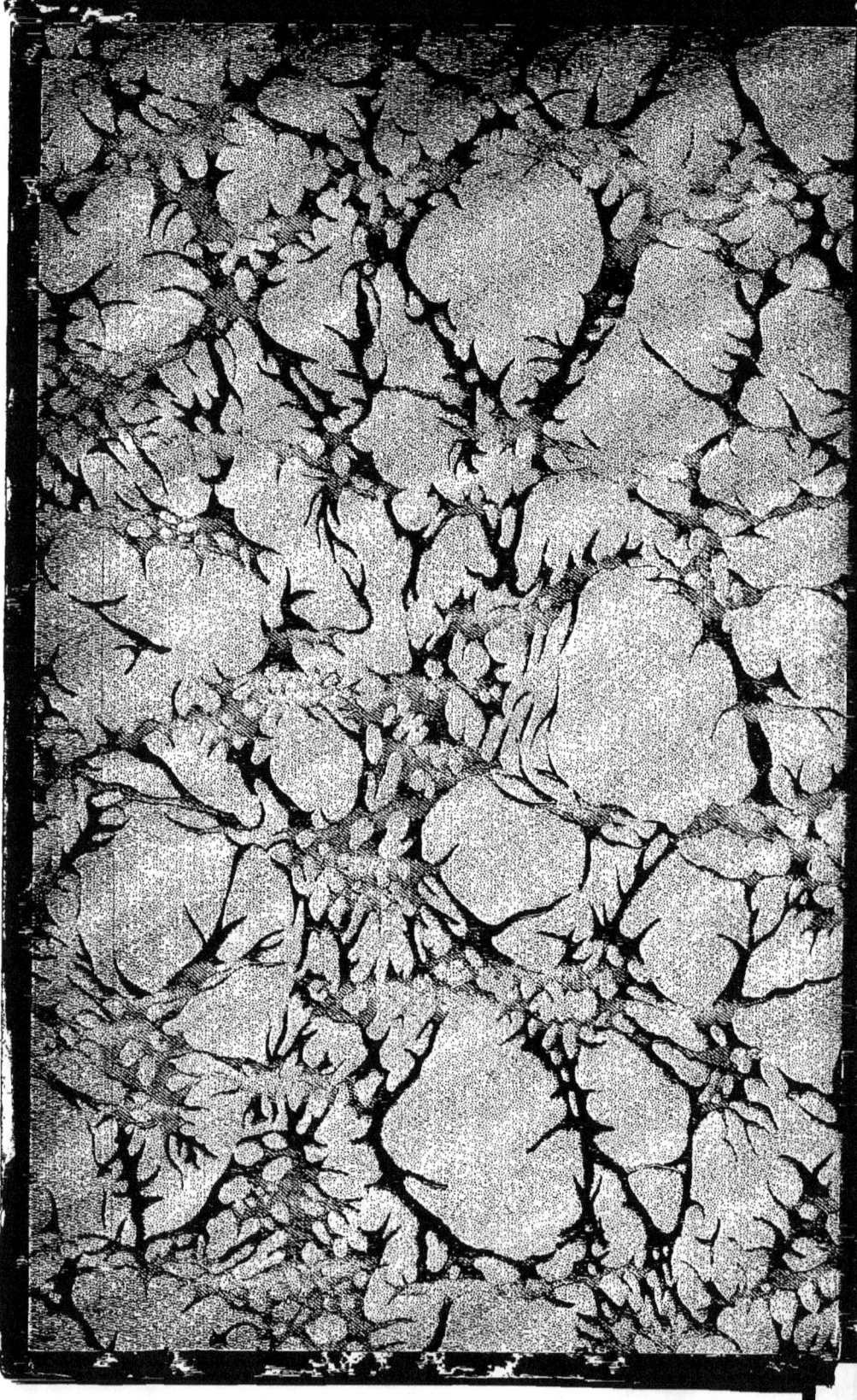

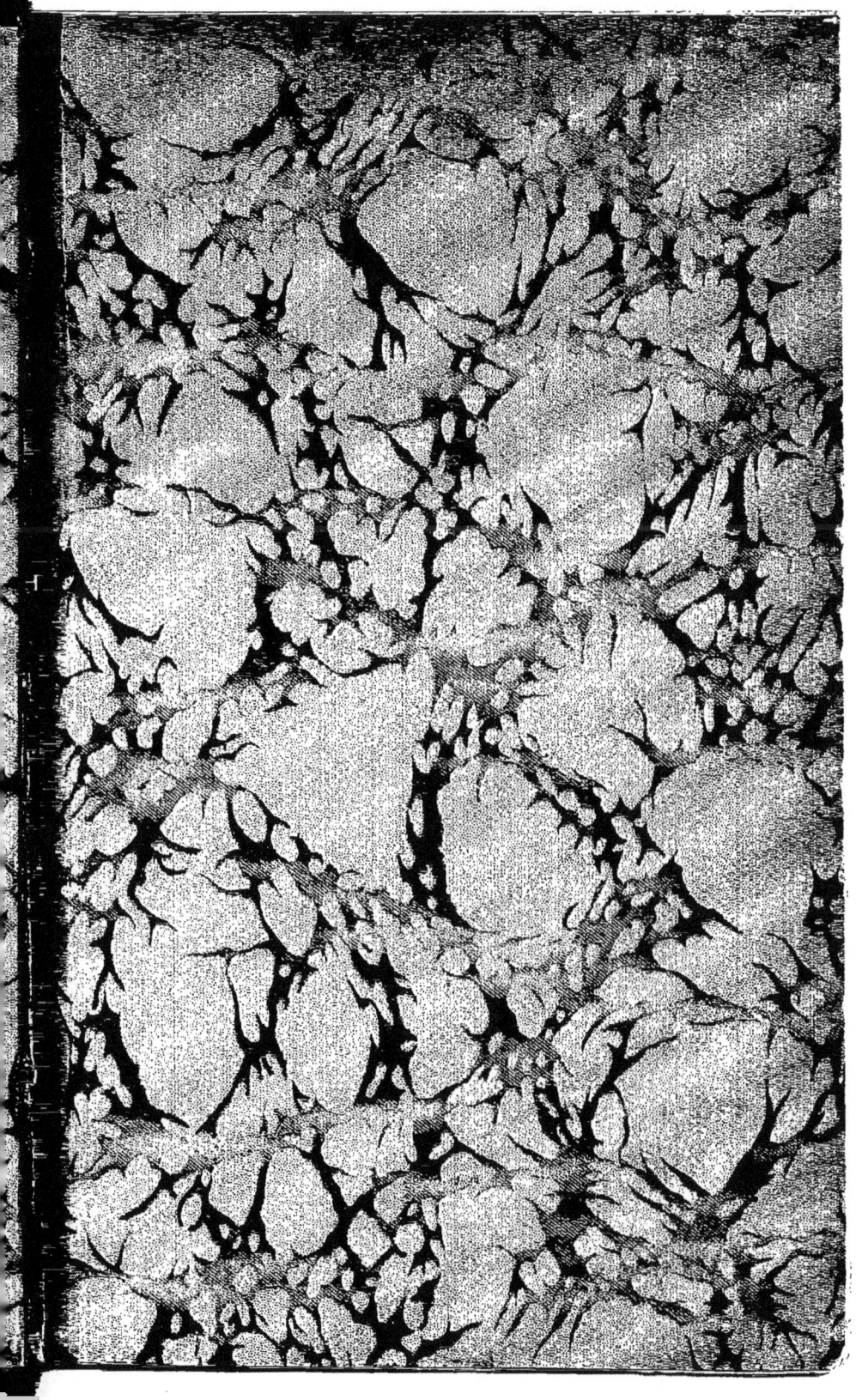

ÉTUDES
SUR
LES ARTS
AU MOYEN AGE

PAR

PROSPER MÉRIMÉE

DE L'ACADÉMIE FRANÇAISE

PARIS
MICHEL LÉVY FRÈRES, ÉDITEURS
RUE AUBER, 3, PLACE DE L'OPÉRA
—
LIBRAIRIE NOUVELLE
BOULEVARD DES ITALIENS, 15, AU COIN DE LA RUE DE GRAMMONT
—
1875
Droits de reproduction et de traduction réservés.

ÉTUDES
SUR
LES ARTS
AU MOYEN AGE

MICHEL LÉVY FRÈRES, ÉDITEURS

OUVRAGES

DE

PROSPER MÉRIMÉE

De l'Académie française

Format grand in-18

LES COSAQUES D'AUTREFOIS, 2e édition..........	1 vol.
DERNIÈRES NOUVELLES : Lokis. — Il Viccolo di madama Lucrezia. — La Chambre bleue. — Le Coup de Pistolet, etc., etc., 7e édition...................	1 —
LES DEUX HÉRITAGES, 2e édition................	1 —
ÉPISODE DE L'HISTOIRE DE RUSSIE, 3e édition...	1 —
ÉTUDE SUR L'HISTOIRE ROMAINE, 3e édition......	1 —
ÉTUDES SUR LES ARTS AU MOYEN AGE...........	1 —
LETTRES A UNE INCONNUE, 9e édition............	2 —
MÉLANGES HISTORIQUES ET LITTÉRAIRES, 3e édition......................................	1 —
NOUVELLES : Carmen. — Arsène Guillot. — L'Abbé Aubain, etc., etc., 8e édition....................	1 —
PORTRAITS HISTORIQUES ET LITTÉRAIRES, 2e édition..	1 —

CHATILLON-SUR-SEINE. — IMPRIMERIE E. CORNILLAC.

ÉTUDES SUR LES ARTS AU MOYEN AGE

I

ESSAI
SUR
L'ARCHITECTURE RELIGIEUSE DU MOYEN AGE
PARTICULIÈREMENT EN FRANCE

Si l'on étudie les monuments élevés depuis l'ère romaine jusqu'à la renaissance, l'histoire de chaque style d'architecture sera la même, comme si ses progrès et sa décadence étaient soumis à une loi générale. Simples d'abord, les édifices s'ornent peu à peu; lorsqu'ils ont acquis toute l'élégance, toute la richesse que comporte le style auquel ils appartiennent, *sans qu'il en soit altéré*, l'époque est venue de la perfection de ce style, ou, si l'on veut, de son plus grand développement. Mais bientôt cette tendance à orner, à enrichir le fond original, dépasse la limite que nous avons marquée. Au lieu d'être accessoire, l'*ornementation* devient le but principal. Naguère on admirait le génie d'un architecte, maintenant ce sera l'adresse d'un ouvrier.

Dès lors il ne faut plus chercher dans un monument une règle, une pensée générale qui aient présidé à sa disposition. D'ensemble, de système, il n'y en a plus, et le seul mérite auquel on prétende, c'est la finesse des détails, le précieux de l'exécution. Mais le goût se lasse, et d'autant plus vite qu'il s'est attaché à des minuties. On se fatigue donc bientôt de cette ornementation monotone dans ses caprices, et l'on cherche ailleurs des effets plus puissants et plus sûrs.

Alors, on remet en honneur des types oubliés, ou bien quelquefois, choisissant parmi les éléments du style qu'on abandonne, on en compose un système nouveau, de même que l'on construit un palais avec les ruines d'un temple renversé.

Ainsi, de la décadence d'une architecture naît une autre architecture, non point toujours immédiatement, car il faut encore des circonstances favorables à cette rénovation périodique. A l'architecture splendide et surchargée du Bas-Empire ne succéda pas tout de suite une architecture nouvelle.

L'art mourut en quelque sorte avec l'empire romain, et sa résurrection, au moyen âge, fut aussi lente que celle de la société qui se forma de l'amalgame des Romains et des barbares. Au contraire, lorsque la décadence d'un style a lieu en pleine civilisation et quand les arts sont encore cultivés, il est aussitôt remplacé par un autre style, car les artistes ne font jamais défaut, lorsque les événements ou les mœurs ne leur apportent pas des obstacles invincibles. C'est une mode remplacée par une autre mode. Arrivée au dernier terme de son développement, l'architecture byzantine tomba, vers la fin du xii° siècle, étouffée, pour ainsi dire, sous le poids de ses ornements; le siècle suivant vit s'élever une autre architecture, grave et sévère à son début, mais, qui, dans la suite, oubliant son origine, périt comme celle qui l'avait précédée, et, de même que celle-ci, après avoir laissé disparaître sous des ornements étrangers ses formes caractéristiques.

Je me suis proposé d'étudier principalement la première de ces révolutions, qui s'opéra du xii° au xiii° siècle, et de montrer comment les deux styles, byzantin et gothique, si différents en apparence lorsqu'on les considère chacun à son point de développement, se confondent pour ainsi dire insensiblement à leur point de transition. En effet, et c'est ce que je m'attacherai à prouver, l'art nouveau emprunta tous ses éléments à l'art qui le précéda, et le changement d'un seul principe suffit pour déguiser ces emprunts, et pour former d'une masse de matériaux étrangers un ensemble harmonieux et revêtu d'un caractère original.

1

Pendant plusieurs siècles, les monuments de l'architecture romaine, échappés aux fureurs des barbares, furent les seuls modèles à suivre pour les constructeurs du moyen âge, de même que l'organisation de la cité romaine offrit aux chefs barbares les bases de la société qui se reforma après leur conquête. Mais, pour reproduire ces chefs-d'œuvre, il fallait des richesses, du goût et du repos, toutes choses qui manquaient alors absolument. Les imitations furent donc très-incomplètes, proportionnées qu'elles étaient aux ressources des imitateurs. Dans le petit nombre de ruines où nous pouvons encore juger de leurs essais, nous trouvons toujours la preuve de leur impuissance dans les palliatifs grossiers dont ils essayèrent de la cacher. Ils parvinrent, il est vrai, à copier la disposition des monuments antiques; mais, au lieu de ces blocs énormes taillés avec une si étonnante précision, que, pour me servir de l'expression d'Hérodien, une muraille semblait formée d'une seule pierre [1], ils durent se contenter d'un appareil moins beau et moins solide, mais d'une exécution plus prompte et plus facile. L'emploi de la brique, intercalée dans l'espèce de maçonnerie appelée *opus incertum*, avec le but évident de rétablir le parallélisme des assises, était déjà fréquent dans les derniers temps de l'empire [2] pour les constructions rapides et d'une importance secondaire; le moyen âge l'adopta pour ses palais et ses basiliques [3]. Tout nous prouve, d'ailleurs, l'embarras qu'on éprouvait à entreprendre toute bâtisse exigeant quelque adresse ou quelque précision. Aussi les voûtes furent-elles rares, les arcades étroites. On donnait aux basiliques des toits en charpente, peut-être même, dans la construction d'une église, entrait-il plus de bois que de pierre; de là ces incendies continuels dont l'histoire ecclésiastique fournit des exemples à chaque page. Quant à l'or-

1. Hérod., livre III, Septime Sévère.
2. On dit que l'usage de la brique intercalée dans l'*opus incertum* s'introduisit sous Gallien.
3. Restes d'un *xenodochium* (hospice) à Metz; quelques portions de la cathédrale de Trèves, et de l'église de Saint-Martin à Angers.

nementation, on peut juger qu'elle était fort grossière, souvent presque nulle. Par exemple, à peine pouvait-on trouver des ouvriers en état de sculpter un chapiteau, peut-être même de tailler une colonne monolithe. Telle était la détresse à cet égard, que la ressource la plus ordinaire était de dépouiller les édifices anciens pour décorer les modernes. Charlemagne fit transporter, de Ravenne à Aix-la-Chapelle, des colonnes de granit qu'on ne sut pas même disposer convenablement[1]. Enfin, en voyant dans les édifices de son temps et des siècles suivants, le soin qu'on a mis à incruster de la manière la plus apparente quelques fragments antiques mutilés, on peut se convaincre et de l'admiration des architectes pour l'art ancien et de leur désespoir de l'imiter.

Outre la décadence du goût et l'ignorance générale, on peut encore assigner une autre cause aux détestables constructions qui s'élevèrent du VIe au Xe siècle. Au milieu des révolutions continuelles, des guerres et des pillages auxquels l'Europe était livrée, la pensée d'avenir était éteinte en quelque sorte[2] et

---

[1]. Elles furent placées à l'intérieur des arcades de la galerie supérieure.

[2]. On connaît cette idée bizarre répandue par le clergé, que le monde devait finir en l'an 1000. Elle fut habilement exploitée par les prêtres, qui vendaient à beaux deniers comptants une place en paradis. Les richesses amassées par le clergé, à

les fondateurs d'un édifice, loin de songer à la postérité, semblaient préoccupés de la crainte de ne pouvoir le terminer eux-mêmes. Point de ces grandes constructions entreprises sur de vastes plans, conduites avec une sage lenteur, suivies avec un désir constant de perfection depuis la pose des fondements jusqu'au couronnement du faîte. On sentait le besoin d'achever à la hâte, sous peine de ne laisser à ses contemporains qu'un morceau de ruines dont l'origine même eût été méconnaissable.

Tel fut l'état de l'architecture depuis la destruction de l'empire romain jusque vers la fin du Xe siècle. Des édifices bâtis pendant cette longue période de barbarie, il reste moins de souvenirs que des constructions romaines exposées à tant de ravages, minées depuis tant de siècles par la main du temps et celle des hommes [1].

cette époque contribuèrent puissamment à favoriser le grand développement de l'architecture au XIe siècle.

1. Il faut cependant noter que, sur la fin du règne de Charlemagne et pendant quelques années après sa mort, une amélioration dans les arts se manifesta en France. Elle fut bientôt arrêtée par les invasions des Normands et la recrudescence de la barbarie.

II

Au xiᵉ siècle s'opéra une espèce de renaissance des arts, préparée sans doute par la constitution de la société chrétienne. « C'est à partir de la fin du xᵉ siècle que l'être social qui porte le nom de France est pour ainsi dire formé. Il existe ; on peut assister à son développement propre et extérieur. Ce développement mérite, pour la première fois, le nom de civilisation française [1]. » De cette époque, seulement date en France l'architecture du moyen âge ; nous avons vu qu'on pouvait à peine donner ce nom aux informes copies dont je viens de parler.

Ce premier style d'architecture moderne, le style roman, byzantin, lombard, saxon, quel que soit le nom qu'on lui donne, et je ne les ai pas cités tous, se forma lui-même de plusieurs éléments distincts ; il puisa, mais inégalement, à plusieurs sources.

[1]. M. Guizot, *Cours d'histoire moderne*, tome III.

En première ligne, il faut toujours citer les souvenirs de l'architecture romaine, dont la puissance est telle, que nous en reconnaissons encore les lois; quant aux autres causes, influentes aussi, mais à un moindre degré, je vais essayer d'en distinguer les principales.

Les voyages, ou plutôt les pèlerinages en Orient, qui devinrent fréquents avec l'exaltation progressive de l'esprit religieux [1] donnèrent naturellement aux pèlerins, aux ecclésiastiques surtout, alors seuls dépositaires des arts et des sciences, l'occasion de voir et d'étudier dans la Grèce les monuments du Bas-Empire, et sans doute, en Asie, ceux que venaient d'élever les conquérants sarrasins. Des idées nouvelles, des procédés industriels furent les fruits immédiats de ces voyages. Nombre de pèlerins s'instruisirent dans les arts de Byzance ou rapportèrent le récit de ses merveilles et le désir d'appeler dans leur patrie les hommes qui savaient les produire [2].

Au reste, on comprendra combien il est difficile

---

1. Voir, dans M. Bodin, *Recherches sur l'Anjou,* les nombreux voyages en terre sainte de Foulques Nerra.

2. Déjà, et deux siècles plus tôt, un grand nombre d'artistes grecs étaient venus en Occident, fuyant les persécutions des iconoclastes. Les motifs exposés plus haut avaient sans doute empêché les résultats heureux que pouvait avoir cette émigration.

aujourd'hui d'apprécier l'étendue de l'influence que la Grèce et l'Orient exercèrent sur l'architecture occidentale. Tant de révolutions ont changé la face des villes de l'Orient ! et nous qui pouvons à peine deviner quel était l'état de la France au xi⁰ siècle, comment pourrions-nous espérer connaître celui de l'Asie? Ces recherches, d'ailleurs, toutes curieuses qu'elles seraient, n'entrent point dans mon plan. Je n'ai à parler que des monuments de la France et je dois me borner à signaler en général l'influence que l'Orient exerça sur notre architecture naissante. Une tradition conservée dans toutes les histoires ecclésiastiques suffirait seule pour la constater. Combien d'églises ne citent-elles pas, bâties sur le plan de celle du Saint-Sépulcre à Jérusalem !

La forme et la disposition des édifices religieux furent encore modifiées par les besoins ou les habitudes de la portion du clergé qui les faisait construire. Les ordres monastiques surtout, disséminés sur toute l'étendue de la France, possédant seuls quelque savoir, jouissant de nombreux priviléges, de grandes richesses, se distinguaient entre eux par des pratiques particulières, que chacun regardait comme plus agréables à Dieu que celles des autres communautés. Or, on sait que la plupart des architectes d'alors étaient des ecclésiastiques; toujours préoccupés d'idées ascétiques, ils introduisirent dans le plan et les détails de leurs églises une foule d'allusions dont le sens mystique nous échappe souvent aujourd'hui, mais dont l'existence n'en est pas moins incontestable.

Enfin, il faut encore tenir compte et des besoins nés de notre climat, et des mœurs nationales, qui durent nécessairement influer sur les emprunts faits aux étrangers.

Peut-être même, surtout dans les procédés de construction et dans les détails de décoration, doit-on admettre comme des conséquences de nos habitudes nationales, et certaines pratiques plus ou moins bizarres, et certains ornements d'usage local, soit que ces pratiques et ces ornements fussent transmis par les peuples barbares qui formaient une si grande partie de la société moderne, soit qu'ils fussent introduits seulement par le caprice des ouvriers qui dès lors voulurent se distinguer par quelques innovations.

Je résumerais donc ainsi les éléments qui concoururent à former l'architecture du xiie siècle :

1° *Les souvenirs ou l'imitation de l'architecture romaine.* Ils sont évidents partout, mais plus particulièrement dans le midi de la France, où les mœurs et les arts de Rome s'étaient naturalisés de bonne heure, et se conservèrent le plus longtemps. Rien de plus commun, en Provence et dans le Languedoc, que de rencontrer des chapiteaux, des moulures, plusieurs détails d'ornement exactement copiés d'après des modèles antiques. Les églises de Vienne, d'Arles, de Saint-Gilles, d'Alet, en fourniront de nombreux exemples.

2° *L'imitation des architectures néo-grecque et orientale*, importée par des étrangers ou par des artistes nationaux qui les avaient étudiées dans leurs voyages. On peut citer comme preuves le plan et la disposition d'un grand nombre d'églises, surtout sur les bords du Rhin; les coupoles et beaucoup de détails d'ornementation; l'emploi d'appareils, présentant des alternances de couleurs, tels qu'on en voit au portail de Sainte-Foy à Schelestadt, à Trèves et à Maguelonne; le goût des incrustations et des mosaïques; enfin, le style général des sculptures, et jusqu'aux costumes que l'on donna aux statues de saints et de rois.

3° *Les idées mystiques et les convenances de certaines corporations religieuses*. J'attribue à ces causes, d'abord les plans extraordinaires de quelques églises [1], leur orientation, l'allongement des chœurs,

[1]. Je n'ai pu examiner par moi-même certaines églises de templiers à *deux nefs*, comme il en existe, dit-on, en Allemagne. J'en connais plusieurs circulaires ou polygonales, et cette forme paraît avoir été souvent préférée par les chevaliers du Temple.

la disposition des chapelles, rayonnant autour du chevet, le choix des sujets dans les bas-reliefs, et les animaux symboliques qui y figurent en si grand nombre; enfin, dans la décoration, une foule de détails qu'il serait trop long d'énumérer.

4° *Les besoins du climat et les mœurs nationales.* On est étonné de trouver si peu de traces de cette influence. Les toits des églises, par exemple, furent longtemps trop plats pour le climat du Nord : cependant, si on les compare à ceux de l'Orient, ils offriront des différences encore sensibles. Les ouvertures des fenêtres, la clôture des églises, les galeries basses et couvertes peuvent encore avoir été modifiées par le besoin de jour et la nécessité de se prémunir contre le froid et la pluie. On peut encore attribuer aux mœurs du temps, aux habitudes des guerres civiles, l'apparence toute militaire de certaines églises telles que celles de Maguelonne, de Spire, de Candes, etc.

5° *Le goût national.* Quelques motifs d'architecture, dont on ne trouve point d'analogues, dans l'Orient ni dans l'antiquité, sont peut-être des inventions propres à l'Europe du moyen âge. De ce nombre, je citerai les toits à angles saillants et rentrants des tours rhénanes, et plusieurs variétés d'appareils qu'il serait fastidieux de décrire; enfin aussi, quelques ornements, — les zigzags, par exemple — qu'on trouve dans les plus anciens de nos édifices [1], les billettes, les frettes, etc.

Au surplus, il faut bien observer que, dès les débuts de cette renaissance, les effets en furent très-différents dans nos provinces, selon qu'elles se trouvaient plus ou moins immédiatement placées sous l'une ou l'autre des influences que je viens d'énumérer. Telle ville, par exemple, qui avait conservé de grands monuments romains, s'efforça toujours de les reproduire; on trouvera là des souvenirs antiques qu'ailleurs on chercherait vainement. Dans l'architecture romane, on le sait, les pilastres sont fort rares; or, on n'en trouve guère que dans les villes où de grandes constructions romaines encore existantes en fournissent des modèles naturels, pour ainsi dire. A Langres, saint Mammès copia les pilastres cannelés de l'arc de Constance Chlore; Saint-Lazare d'Autun, ceux des portes d'Arroux et de Saint-André. La nature des matériaux contribua beaucoup aussi à produire des différences marquées entre les constructions contemporaines de nos provinces. Là, par exemple, où pour bâtir on avait une pierre calcaire facile à tailler, la sculpture fit des progrès rapides.

L'emploi du granit, au contraire, en arrêta l'es-

---

[1]. On dit cependant qu'on en voit un exemple dans le palais de Dioclétien à Spalatro.

sor. Cette observation ne peut échapper au voyageur qui visite sucessivement les églises du Poitou et celles de la Bretagne. — Les couleurs tranchées des produits volcaniques donnèrent aux architectes de l'Auvergne et du Velay, une grande facilité pour décorer leurs édifices par des incrustations et des alternances de couleurs. — Enfin, l'emploi de la brique, seule ou mêlée à la pierre, donna lieu à de notables modifications dans la bâtisse, et, dans les pays où l'on en fait usage, elle joue un rôle dans l'ornementation.

Beaucoup de moulures, peut-être entre autres les dents de scie ; variété très-commune du zigzag dont je parlais tout à l'heure, durent leur origine à une certaine disposition des briques dans l'appareil [1].

---

[1]. M. Eugène Delacroix, dans son voyage à Maroc, a vu les briques employées presque comme unique moyen d'ornementation. Des lits de briques, en encorbellement les uns au-dessus des autres, forment des corniches ; placées à des intervalles égaux, elles servent de modillons ou de mutules ; rangées obliquement, elles figurent des dents de scie, etc.

III

Un des premiers effets de la renaissance du xie siècle se fait sentir dans les soins nouveaux apportés à l'exécution matérielle très-négligée jusqu'alors. On sent l'augmentation des ressources, le savoir-faire des ouvriers, surtout la préoccupation de durée. Déjà les plans s'agrandissent, et l'on s'attache en même temps à donner aux églises une apparence monumentale, et à les mettre, par la solidité de leur construction, à l'abri des catastrophes qui naguère les dévastaient presque périodiquement. Des voûtes remplacent les toits en charpente, et leur portée atteste que l'art de bâtir a fait rapidement de sensibles progrès. Aux lourds piliers rectangulaires des basiliques carlovingiennes, on substitue des colonnes [1] tantôt isolées, comme à Saint-Savin, tantôt engagées, comme dans la nef de Saint-Germain des

---

1. Comparez l'église circulaire d'Aix-la-Chapelle avec celle de Rieux-Mérinville (Aude).

Près. Presque toujours elles sont isolées autour du chœur qu'elles enferment dans un hémicycle, derière lequel circulent les bas côtés. Les colonnes vont devenir, d'ailleurs, un des éléments les plus ordinaires de la décoration. On en flanque les portes, les fenêtres; on en fait les rayons des roses; souvent même elles servent à décorer une surface lisse en soutenant une arcature figurée.

La sculpture, longtemps abandonnée, reparaît alors, et joue même un rôle considérable dans la décoration des églises. Des statues souvent colossales, des bas-reliefs garnissent les parois et les tympans des portails; les corniches, les modillons, toutes les parties saillantes de la bâtisse reçoivent mille formes capricieuses où s'exerce l'imagination inventive des sculpteurs; souvent même les façades présentent des suites de niches ou des arcades, qui n'ont d'autre but que de servir d'encadrement à des figures de ronde bosse ou de bas-relief [1]. En même temps, la peinture s'unit à la sculpture; non-seulement les parties lisses de l'intérieur des églises sont revêtues de fresques [2], mais les statues, les bas-reliefs, les chapiteaux, tous les ornements sculptés sont peints et rehaussés d'or et de couleurs brillantes.

Il n'est peut-être pas hors de propos de remarquer

1. Voir la façade de Notre-Dame à Civray.
2. Voir l'église de Saint-Savin.

ici l'étalage de luxe et de richesse où se complaît la sculpture de cette époque. Non-seulement les rois, mais les saints sont représentés couverts de vêtements magnifiques, où sont prodigués les broderies et les perles [1]. Les chapiteaux des colonnes, leurs fûts mêmes, les archivoltes, étalent une profusion de pierreries. L'éclat des couleurs et des dorures ne paraissant pas suffire à l'illusion, on a souvent incrusté dans la pierre ou le marbre des morceaux de verre coloré, d'un effet plus certain que la peinture. On dirait que les artistes ont toujours devant les yeux l'image de la Jérusalem céleste, toute resplendissante d'or et de rubis.

La décoration d'une église est graduée. Je m'explique : la façade expose tout d'abord la richesse du monument ; elle est destinée à donner une idée générale de sa magnificence ; elle est, si j'ose me servir d'une comparaison aussi profane, elle est à l'église ce que l'ouverture est à un opéra. On entre dans un vestibule sombre, que les excommuniés n'osent

---

[1]. Dans un âge grossier, lorsqu'un artiste veut représenter un personnage vénérable, sa première idée, c'est de le revêtir d'un costume magnifique. Ce ne fut que par un raffinement tardif qu'on parvint à produire la même impression par un moyen tout contraire : l'*expression* suffit alors pour faire ressortir la grandeur morale ; mais il faut non-seulement que l'art touche à la perfection, mais encore que le goût du public soit assez cultivé pour comprendre les intentions de l'artiste.

franchir ; puis vient la nef, plus claire, où l'ornementation est répartie avec sobriété. Tout le luxe, toute la recherche, les détails les plus riches et les plus élégants sont réservés pour le chœur, qui est aussi la partie de l'édifice la plus éclairée, comme pour attirer forcément les regards des fidèles vers la partie la plus sainte, celle où se célèbrent les divins mystères.

Je vais brièvement passer en revue les différentes parties de la construction byzantine.

Les plans des églises sont d'une si grande variété, qu'on ne pourrait guère les réduire à des règles générales. Quelquefois, ils conservent la forme des premières basiliques, un rectangle terminé à l'Orient par un hémicycle ; seulement, le chœur, à partir du XIe siècle, prend un accroissement considérable et le *chalcidique* ou le *transept* tend à s'éloigner de l'*apside*. Plus fréquemment on trouve la forme de croix latine, rarement la croix grecque [1]. Ici, l'on voit des églises circulaires ou polygonales [2] ailleurs, le chœur seul a cette disposition [3]. Enfin, dans quelques provinces, un hémicycle termine les deux extrémités orientale et occidentale, et un transept

---

1. Saint-Genest à Nevers, Sainte-Croix à Montmajour.
2. Sainte-Croix à Quimperlé et l'église de Rieux-Mérinville.
3. Charroux.

sépare chaque hémicycle de la nef[1]. Ce n'est point ici le lieu de rechercher la cause de ces variations de plan; il serait, d'ailleurs, bien difficile aujourd'hui de faire la part et de ce qui se rapporte aux idées mystiques de l'époque, et de ce qu'il faut attribuer soit au caprice des architectes, soit à des causes accidentelles et locales.

De très-bonne heure les façades furent flanquées de tours, quelquefois une seule tour surmonte la porte principale[2]; ailleurs on en voit aux extrémités orientale et occidentale, encadrant pour ainsi dire toute l'église[3]. Les tours ont un double but, d'abord elles annoncent de loin les églises, puis elles peuvent aussi servir à la défense, car, à cette époque, il fallait une force réelle pour s'assurer le repos. Cette destination des tours est suffisamment prouvée par les entraves que les rois et les communes apportèrent souvent à leur érection, craignant sans doute qu'elles ne devinssent un instrument de rébellion ou de tyrannie. Carrées d'abord, puis octogones, les tours romanes dominent les toits de la nef, mais ne s'élèvent pas à une hauteur considérable. Leur amortissement le plus ordinaire fut un toit aplati; ce ne

---

1. Cathédrale de Verdun, cathédrales de Worms, de Bonn, etc.
2. Sainte-Radegonde à Poitiers.
3. Cathédrale de Worms, et plusieurs églises de Cologne.

fut, je crois qu'au xiie siècle qu'on commença à les surmonter d'une pyramide de pierre [1].

La muraille occidentale (c'est presque toujours la façade) est percée d'ordinaire d'une ou de plusieurs portes, en nombre correspondant à celui des nefs [2]. Sur leurs archivoltes et leurs pieds-droits, la sculpture a réuni toute sa puissance d'ornementation; on peut considérer la porte centrale comme le morceau capital, le chef-d'œuvre de l'artiste. Au-dessus de cette porte se trouve une fenêtre souvent en rose, dont le diamètre, très-médiocre d'abord, s'augmente progressivement jusqu'à devenir, vers la fin du xiie siècle, égal ou supérieur à celui de la porte. Un fronton termine la façade, plus aigu que les frontons antiques; quelquefois il contient une niche ou bien un œil-de-bœuf. Ainsi, dans la façade on compte le plus souvent trois divisions horizontales, marquées par deux corniches ou deux moulures très-saillantes, la première au-dessus de la porte, la seconde au-dessus de la rose. Je ne parle, bien

---

[1]. Ce fait a été contesté; je citerai pourtant comme un exemple de flèche en pierre, dans le xiie siècle, le clocher qui surmonte le transept de Sainte-Foy à Schelestadt. Sa forme très-remarquable (les arêtes sont courbes) rappelle les plus anciennes constructions indiennes.

[2]. Excepté dans les églises à double apside; leurs portes sont alors percées ou sur les faces latérales, comme à Verdun et à Worms, ou bien à droite et à gauche de l'apside occidentale, comme à Trèves.

entendu, que des cas les plus ordinaires et des édifices construits avec assez de soin pour qu'on les puisse considérer comme types.

Passons à l'intérieur. Outre les divisions parallèles à l'axe de l'église et formées par des arcades, toute église romane a quatre divisions perpendiculaires à celles-ci et d'ordinaire bien marquées. D'abord, c'est ou un vestibule intérieur, ou bien une distribution particulière de la partie occidentale de la nef, indiquant la place occupée dans la primitive église par les catéchumènes. Cette séparation paraît s'être conservée par tradition et sans objet apparent, fort longtemps après que les usages des premiers chrétiens étaient tombés en désuétude; vient ensuite la nef; puis le transept, ou, dans les basiliques, le chalcidique ; enfin, le chœur. Cette disposition, toujours marquée par des différences dans l'architecture, ne souffre guère d'exception que dans les églises circulaires ou dans celles qui ont une double apside.

En général, la couverture d'une église se compose de trois toits, dont un pour la nef principale, et deux autres pour les nefs latérales, ces derniers n'ayant qu'une seule pente. Plus rarement voit-on un seul toit pour toute une église, et, dans ce cas, les bas côtés ont d'ordinaire un étage supérieur. Au lieu de cet étage supérieur, on trouve plus communément une étroite galerie pratiquée dans l'épaisseur du mur de la nef et se prolongeant autour du chœur [1]. Des arcades marquent cette galerie, et son emploi est devenu si habituel dans l'architecture byzantine, que, lorsqu'elle manque réellement, on la voit presque toujours figurée [2].

Les fenêtres sont rares dans l'architecture byzantine. Il n'y en a qu'une dans le haut de chaque travée de la nef, une autre dans les bas côtés, toutes fort étroites; ou, si leur diamètre dépasse quelques pieds, on les divise par des colonnettes en deux arcades que surmonte un œil-de-bœuf. Quoique plus éclairées que les basiliques orientales, nos églises sont encore fort sombres.

Rarement dans les transepts existe-t-il de division longitudinale semblable à celles de la nef; on en voit cependant qui ont de véritables bas côtés distingués par une ou deux rangées d'arcades [3]. La disposition la plus ordinaire présente une chapelle semi-circulaire pratiquée dans un renforcement du mur oriental. Au milieu du transept s'élève une

1. Il y a des églises où cette galerie est extérieure, comme à Spire et dans quelques villes rhénanes.
2. Il me semble que la pratique la plus ancienne a été de donner aux bas côtés un étage supérieur; la galerie fut une innovation, ou, si l'on veut, une altération du style primitif.
3. Sainte-Marie du Capitole à Cologne, la cathédrale de Soissons. — Je crois qu'une disposition semblable existait autrefois dans l'église de Cluny.

coupole, c'est la voûte la plus haute de l'église; quelquefois, elle est encore surmontée d'une tour moindre que celle de la façade. Cette addition de hauteur et de poids nécessite un renforcement considérable des piliers placés à l'orient de la nef, et de ceux qui leur correspondent à l'entrée du chœur. Là, sans doute pour cacher le nu de ces quatre piliers, on multiplia les colonnes engagées, peut-être aussi observa-t-on dès lors qu'en groupant un faisceau de colonnes, il résultait du jeu de la lumière et de l'ombre une apparence de diminution dans la masse. De l'entrée des transepts, on transporta bientôt les faisceaux de colonnes dans la nef, et dans la suite, lorsque l'art gothique eût remplacé le style byzantin, on apprit à tirer de cet agencement un parti tout nouveau.

L'aire du chœur fut presque toujours plus élevée que celle de la nef, d'abord afin de permettre aux assistants de voir l'officiant à l'autel, puis afin de donner un peu de jour aux cryptes ou caveaux sur lesquels le chœur est placé. car l'emplacement du chœur fut ordinairement marqué par le tombeau d'un saint[1]; à son défaut, la crypte rappelait les premières persécutions du christianisme et le mystère dont il entourait ses pratiques. Elle

---

1. Sainte-Radegonde à Poitiers, la cathédrale de Bonn.

servait encore de dépôt pour les reliques, et même de chapelle privilégiée.

Lorsque l'allongement du chœur devint une règle constante, l'apside, qui longtemps avait renfermé le maître-autel, se transforma en une grande chapelle, qui de très-bonne heure fut dédiée à la Vierge. Sa forme la plus commune fut semi-circulaire, ou hexagonale; cependant, il existe des exemples anciens, rares il est vrai, d'une autre forme [1], ou même de la suppression totale de l'apside [2]. D'autres chapelles, d'abord au nombre de deux, puis de quatre, de six, quelquefois même davantage, entourèrent le chevet de l'église, disposées de chaque côté de la chapelle de la Vierge. L'idée bizarre de représenter dans le plan d'une église l'instrument, l'emblème de notre salut, paraît avoir cherché, dans l'addition de ces chapelles, l'imitation de la couronne du Christ ou du nimbe qui entoure sa tête. On doit encore peut-être attribuer à une allusion mystique le nombre presque constamment impair de ces chapelles. Je ne me rappelle qu'un seul exemple qui fasse exception à cette pratique, c'est le chœur de Saint-Hilaire à

---

1. Saint-Martin d'Angers : le chœur, du XIIe siècle, a la forme d'un trapèze.
2. Saint-Pierre à Poitiers, Saint-Martin à Worms, plusieurs églises d'Auvergne.

Poitiers. On peut dire en général que le nombre des chapelles correspond à celui de arcades dans l'hémicycle du chœur.

L'*ornementation* des églises byzantines est extrêmement variée, et, comme je l'ai dit plus haut, il n'y a guère de parties de la construction qui n'aient offert des motifs à la sculpture. Les représentations d'hommes ou d'animaux de ronde bosse ou de bas-relief y sont fort nombreuses. Non-seulement les tympans et les frises en sont couverts, mais ce même genre de décoration s'applique encore aux modillons, aux corniches, aux chapiteaux. On voit jusqu'à des soubassements formés par une masse d'hommes et d'animaux sculptés [1]. D'ailleurs, il ne faudrait pas croire que cette immense variété de compositions ne fût pas réglée par quelques lois ou par quelques usages. On est frappé, au contraire, de la répétition continuelle d'un certain nombre de sujets. Ainsi la figure du Christ entouré des Apôtres occupe presque toujours le tympan de la porte principale. Le Jugement dernier, les Vierges sages et les Vierges-folles, la Nativité, etc. sont des sujets de prédilection qu'on croirait affectés aux portes. Quelquefois, mais plus rarement, on trouve l'illustration de la légende qui retrace

---

1. A Saint-Gilles, par exemple.

la vie du patron de l'église[1]. Ce fut peut-être, un souvenir antique qui fit placer en évidence sur les portails les douze signes du zodiaque ; mais je crois que c'est plutôt à l'ignorance des ouvriers qu'à certains calculs mystiques ou astronomiques qu'il faut attribuer les intervertissements qu'on remarque très-souvent dans la disposition des signes.

A part ces sujets, et d'autres faciles à expliquer, et dont la position semble soumise à certaines règles, il serait impossible d'entrer dans le détail ou même de spécifier le caractère de tous ceux qu'on a jetés avec profusion sur les stylobates, les archivoltes, les pieds-droits, sur presque tous les membres de l'architecture. Rien de plus commun que d'en trouver de ridicules ou d'obscènes. On peut remarquer pourtant la prédilection des artistes pour les compositions tragiques et effrayantes, surtout pour la représentation des supplices que l'enfer réserve aux pécheurs. Ils se sont complu à montrer des diables hideux, des monstres bizarres déchirant, torturant des damnés. L'intention d'agir par la terreur sur les imaginations est évidente, et l'on dirait que, par ces images de supplice, les artistes ont voulu venir en aide à l'éloquence des prédicateurs.[2]

---

1. Église d'Andlau.
2. Il faut se rappeler qu'alors les prédicateurs et les sculpteurs appartenaient souvent au même couvent. Plusieurs moi-

Enfin il n'est pas inutile de faire observer le grand nombre d'animaux réels ou fantastiques originaires de l'Orient qui figurent sur ces bas-reliefs. Ce sont, je crois, autant de souvenirs des pèlerinages qui formaient alors le texte de tous les récits populaires [1].

L'emploi des compositions de bas-reliefs représentant des êtres animés à la décoration des chapiteaux, que pour cette raison on nomme *historiés*, bien que très-répandu, ne fut pourtant point général ; quelques provinces, celles de l'Est surtout, en ont usé sobrement. En Alsace, un chapiteau historié est une exception, tandis que, dans le centre et le midi de la France, c'est une forme presque constante.

Concurremment avec les chapiteaux historiés, on en voit d'autres ornés de feuilles fantastiques, toujours variées d'espèce, mais offrant presque toutes dans leur corbeille le galbe du chapiteau corinthien. Je ne connais guère qu'un seul chapiteau dont le profil soit tout à fait propre au moyen âge, du moins je n'ai jamais vu son analogue dans le Bas-

---

nes se rendirent célèbres par leurs talents dans les arts aussi bien que par leur éloquence.

1. A Vezelay, par exemple, on voit des chameaux, des lions; à Saint-Sauveur de Nevers, des éléphants, des dromadaires, etc; presque partout la fameuse *Simorgue*, si célèbre dans les contes orientaux.

Empire. C'est le chapiteau cubique de l'Alsace et des bords du Rhin. C'est un type constant dans ces provinces pendant toute la durée de la période byzantine [1]. Une remarque fort importante que je ne dois point oublier ici, c'est qu'à la mode du chapiteau historié, même dans les provinces où elle fut le plus en vogue, succéda, vers la fin du XIIe siècle, celle du chapiteau à feuillages fantastiques, laquelle régna presque exclusivement pendant toute l'époque de transition [2].

Je viens de passer en revue les détails, et, si je puis m'exprimer ainsi, les membres de l'architecture des XIe et XIIe siècles ; je vais maintenant essayer d'apprécier le caractère de son ensemble. — Je suppose qu'un voyageur absolument étranger à l'étude de l'architecture entre dans une église comme il y en a tant en France, commencée dans un style et finie dans un autre, ayant par exemple, une nef du XIe au XIIe siècle, et un chœur du XIIIe au XIVe. L'impression générale qu'il recevra de ces deux parties sera toute différente ; pourtant, s'il vient à

1. Sainte-Marie du Capitole à Cologne ; Rosheim et Maurmoutier (Bas-Rhin).
2. On suit comme pas à pas cette transition dans la nef de Saint-Julien au Mans. Les bas côtés du XIe siècle ont des chapiteaux historiés ; la grande nef du XIIe a des chapiteaux à feuillages, parmi lesquels on en voit deux ou trois qui offrent de petites figurines sortant de l'aisselle des feuilles. Ce mélange offre les derniers souvenirs du chapiteau historié.

comparer leurs détails, il n'en pourra point d'abord saisir aussi facilement la dissemblance ; car je suppose qu'il ne connaît point les nuances d'ornementation, d'ailleurs fugitives, dont l'habitude de l'observation permet d'apprécier la date au premier coup d'œil. Des deux côtés, il verra des colonnes groupées en faisceaux, des chapiteaux de feuillages, une riche ornementation, une sculpture finie et minutieuse. Cependant, il emportera l'idée que la nef et le chœur ne datent point du même temps. Il est même impossible qu'il ne fasse pas cette remarque, savoir, que la nef offre l'apparence de la solidité, qu'on a même sacrifié à cette apparence et qu'on l'a exagérée, tandis que le chœur lui semblera d'une surprenante légèreté, et, partant, il sera conduit à croire que cette légèreté a été systématique.

Dans cette différence d'impression, je trouve, en dernière analyse, un jugement plus sûr que celui qu'on ferait porter uniquement sur certains détails, dans lesquels plusieurs antiquaires ont fait résider toute la différence entre le style byzantin et celui qui lui a succédé et que l'on nomme communément gothique. En effet, toutes les parties de la construction gothique, on pourrait les retrouver dans la fabrique byzantine ; les détails d'ornementation offriraient même, dans bien des cas, des analogies frappantes.

Apparence de solidité d'une part, apparence de légèreté de l'autre, voilà des caractères qui ne peuvent se confondre. Je me hâte de les développer. A la première vue d'une église romane, on est frappé de sa largeur comparée à sa hauteur. Sur ce point, il serait inutile de formuler une règle mathématique ; mais, si le rapport de ces dimensions est variable quant aux chiffres, l'apparence d'une large base est constante. Ni les voûtes ni les arcades ne sont fort élevées. Toujours remarquablement épais, les murs sont encore renforcés de contre-forts, dont les dimensions s'accroissent avec la hauteur du monument. Si l'on examine la masse, on observera la prédominance des parties pleines sur les vides. Ainsi les fenêtres n'occupent, dans chaque travée, qu'une fort petite place, et leur ouverture est encore rétrécie par des colonnes qui leur servent de chambranle ou les divisent par le milieu. Les colonnes sont fortes, souvent trapues, les piliers massifs, et les colonnes engagées qui montent le long des murs de la nef jusqu'aux retombées des arcs doubleaux, peuvent, en raison de leur importance, passer pour de véritables contreforts intérieurs.

Étudions les mêmes parties dans une église gothique ; nous remarquerons d'abord, à l'extérieur, la hauteur de sa façade et l'élancement de toute la construction ; à l'intérieur, l'élévation des arcades, celle des voûtes pour ainsi dire suspendues sur de minces colonnettes. Au lieu de ces piliers lourds et robustes, nous verrons des piliers élevés dont le diamètre réel est déguisé par leur plan en étoile, et par la multiplicité des colonnettes grêles qui les composent. On peut comparer les premiers à un tronc de chêne, les seconds à un faisceau de roseaux légers. Les fenêtres, tout à l'heure si étroites, occupent maintenant tout le haut de la travée, et les *meneaux* qui les divisent sont si longs et si minces, que, loin de paraître ajouter à la solidité de l'arc qui les surmonte, on conçoit à peine qu'ils résistent à l'effort du vent. Au-dessus des premières arcades règne une galerie, non plus sombre comme dans les églises romanes, mais ouverte à jour des deux côtés, en sorte qu'on dirait que toute la partie supérieure de l'édifice, son toit et ses voûtes, n'ont pour tout appui que des colonnettes fragiles, qu'un faible choc mettrait en pièces.

Eh bien, ces galeries, nous les avons vues dans les basiliques romanes, mais basses et ouvertes seulement à l'intérieur ; ces faisceaux de colonnes, nous les avons vus, mais lourds et massifs. Cette division des fenêtres par *meneaux*, nous en avons vu le principe dans les colonnes qui séparent en deux arcades les fenêtres byzantines ; ces colonnes, appliquées au mur de la nef pour soutenir les retombées des voûtes, nous les avons vues, mais épaisses et comme une garantie surabondante de force et de résistance. En un mot, chaque travée, dans les deux styles, se compose des mêmes éléments : seulement, dans l'une le but des architectes a été la solidité ; dans l'autre la légèreté.

IV

Jusqu'ici, j'ai évité de parler d'une forme que, le plus souvent, on regarde comme absolument caractéristique, et qu'on propose même comme une distinction suffisante entre les deux architectures que je viens de comparer. Le lecteur a déjà nommé l'ogive. C'est ici le lieu d'exposer mon opinion sur l'importance qu'il convient de lui donner, et d'examiner si sa substitution au plein cintre constitue véritablement une révolution dans l'architecture.

L'origine de l'ogive est encore fort obscure ; mais je crois qu'il serait ridicule de la croire unique, c'est-à-dire trouvée par un seul homme qui l'aurait transmise ensuite à une foule de nations différentes. En effet, on la voit dans les plus anciennes constructions de peuples entre lesquels on chercherait en vain à établir des relations. **Tous** les ouvrages d'architecture offrent des dessins et des coupes du tombeau d'Atrée, des portes de villes pélasgiques en Italie, des nurages de Sardaigne et de Corse. En Nubie et en Amérique, on trouve des exemples des formes ogivales [1]. Presque partout l'ogive naît d'un arc formé par un encorbellement, et cette manière de produire un arc ou une voûte étant la plus simple, pour ne pas dire la plus grossière de toutes, il n'est pas extraordinaire qu'elle ait été employée en beaucoup de lieux simultanément, partout où des matériaux convenables se trouvaient à la disposition des architectes.

Que les Orientaux, au moyen âge, aient fait les premiers un assez grand usage de l'ogive, c'est ce qui paraît constant aujourd'hui ; il est moins certain que ce soit à leur importation immédiate que les peuples du Nord en soient redevables ; du moins son emploi, dans les plus anciens édifices de notre pays où nous l'ayons observée, est-il très-différent de celui qu'on lui a donné dans les premières constructions sarrasines. En effet, dans le Méquias, l'ogive forme un ornement de ses faces; dans la mosquée de Tayloûn, elle figure dans les fenêtres et les portes ; il en est de même au château de la Ziza, en Sicile. En France, au contraire, l'ogive ne

---

[1]. Voyez *Architecture moderne de la Sicile*, par Hittorf, planches 73 et 74.

paraît d'abord qu'à l'intérieur des édifices ; son usage est restreint aux arcades et aux voûtes. Longtemps affectée à certaines parties inférieures de la construction, ce n'est que fort tard qu'elle se montre dans l'amortissement des portes et surtout des fenêtres, de même que dans la décoration proprement dite.

Quelle que soit chez nous l'origine de l'ogive, question qu'on ne peut espérer résoudre complétement que lorsque l'histoire de l'architecture orientale nous sera révélée, ce qu'il importe de faire remarquer, quant à présent, c'est que l'arc brisé a paru de bonne heure dans nos constructions du moyen âge, et qu'il y a paru sans les modifier d'une manière sensible. On voit, dans le midi de la France, nombre d'arcades et de voûtes ogivales, évidemment de construction primitive, qui remontent au xie et au xiie siècle. Je crois même qu'il n'en existe pas de plus anciennes[1]. Le genre d'ornement qui les accompagne, les parties de bâtisse qui s'y lient, ne peuvent laisser aucun doute sur leur date, confirmée d'ailleurs par des témoignages historiques incontestables. Au xiie siècle, l'arc brisé était de-

---

1. La chapelle de Saint-Quinin à Vaison, est du viiie siècle ; l'ancienne cathédrale de la même ville date du commencement du xie. Voyez la lettre de M. Ch. Lenormant à M. de Caumont, sur l'origine de l'ogive.

venu, dans plusieurs de nos provinces, une forme constante pour les voûtes et les arcades, sans que pour cela le style byzantin en fût altéré le moins du monde[1]; c'était, au contraire, l'époque la plus brillante de cette architecture. Saint-Maurice d'Angers, où l'on voit tant d'ogives, passe avec raison pour un des plus élégants modèles du style byzantin. Enfin, Saint-Gilles, qu'il faut toujours citer comme le type le plus achevé de ce style, présente des arcades ogivales dans ses parties les plus anciennes.

Prenons une église byzantine d'un caractère bien prononcé, Saint-Germain-des-Prés à Paris, par exemple[2] : supposons qu'au lieu des deux seules ogives qu'on voit à l'orient du chœur, supposons, dis-je, que toutes les arcades aient cette forme : qu'en résultera t-il? Saint-Germain cessera-t-il d'être une basilique byzantine? son style, lourd et sévère, pourra-t-il se confondre avec celui des églises gothiques? se méprendra-t-on enfin sur sa date, et la trouvera-t-on beaucoup plus moderne? Que si l'on retourne la proposition, si l'on donne à une église gothique des arcs en plein cintre, on n'en détruira pas pour cela le caractère essentiel; et, sans parler

---

1. Voir l'église Saint-André à Chartres, bâtie en 1108.
2. Bien entendu que je ne parle que des parties inférieures de l'église.

de nombreuses galeries du xiiie siècle dont les arcades sont des cintres trilobés, on voit dans quelques contructions du xve siècle le plein cintre mêlé à l'ogive, sans que le système gothique cesse de dominer dans l'ensemble [1].

Ceux-là mêmes qui ont fait de l'ogive la forme caractéristique du style gothique, ont été forcés d'admettre l'existence d'ogives byzantines fort anciennes. Ce sont des exceptions, disent-ils ; singulière forme qui caractérise un style d'architecture, et qui pourtant existe dans un autre style sans le caractériser.

Pour nous, l'ogive est un élément d'architecture applicable à plusieurs styles, mais qui n'est caractéristique d'aucun. On ne peut pas plus la prendre pour caractère essentiel, qu'on ne peut prendre la colonne ou l'archivolte, ou tout autre membre d'architecture. Autant vaudrait, ce me semble, attribuer au marbre un certain caractère, un autre à la brique, un autre à la pierre et au moellon. L'ogive est un moyen, non un système.

Le docteur Milner, dont le patriotisme se révoltait à l'idée qu'une découverte eût été faite hors de

1. On remarquera dans les premiers essais de la renaissance au xvie siècle, que l'on conserva quelque temps l'ordonnance et la disposition gothiques, tout en substituant aux détails de ce style des détails classiques. Voir les niches de Solesmes et la tribune de Vitré.

son pays, a prétendu trouver l'origine de l'ogive dans un ornement fréquemment reproduit dans les plus anciennes constructions du moyen âge, et qui consiste dans une suite de cintres entre-croisés. De leur intersection naissent des ogives. Milner déclare, bien entendu, que cet ornement a paru pour la première fois en Angleterre; il en cite la date précise. Il est inutile de faire observer la faiblesse de l'argument. L'intersection des cintres se trouve dans l'ornementation de tous les peuples. On ne peut dire qu'elle ait été inventée, pas plus qu'on ne peut inventer un cercle ou bien un triangle. Enfin, de l'observation d'une certaine forme de décoration, à l'emploi de cette forme comme moyen de construction, la distance est immense.

Loin d'attribuer au hasard la découverte de l'ogive, je crois remarquer dans le premier usage qu'on en a fait en Europe une espèce de raisonnement et de calcul. L'utilité de l'arc brisé, ses propriétés de résistance, surtout la facilité de sa construction, qui exige une bien moins grande précision que l'arc en plein cintre, durent la faire adopter de préférence par des artistes timides et encore peu habiles. L'emploi de l'ogive était pour ainsi dire forcé dans beaucoup de cas. On sait, par exemple, que, dans la partie demi-circulaire d'un chœur, le besoin de solidité exige le rapprochement des piliers. Si les arcades de ces piliers sont en plein cintre, il s'ensuivra que le rayon de ces arcs, que leur hauteur ne sera pas la même que celle des autres arcades. Il en résulterait un effet désagréable à l'œil. Si, pour y remédier, on essaye, en surhaussant les cintres, de leur donner partout une hauteur égale, il en résultera un vice notable de construction, la poussée des masses s'exerçant d'une manière inégale sur des courbes différentes. L'ogive remédie à tout, en permettant à la fois de reproduire des courbes semblables et de conserver la hauteur désirée. Voilà de ces cas où l'ogive est une nécessité [1].

Une nécessité semblable, ou, si l'on veut, la même raison d'utilité, fit préférer l'ogive pour les arcs d'une grande portée, comme offrant plus de garantie de résistance que les cintres. Rien de plus commun que de voir la voûte d'une nef en ogive, tandis que ses bas côtés sont en plein cintre. Je pourrais accumuler les exemples d'ogives évidemment employées dans le seul but de solidité. Je citerai seulement celles de la cathédrale de Vaison, si larges qu'on ne compte que trois arcades dans l'étendue

[1]. Nulle mesure exacte, nulle symétrie dans les édifices du moyen âge. Tout se faisait *de sentiment*. Dans des arcades, même en ligne droite, les largeurs sont rarement égales; aussi voit-on l'ogive employée souvent pour corriger cette irrégularité et pour conserver l'égalité de hauteur dans les arcades.

de la nef, et celle qui termine la crypte du Munster à Strasbourg, et qui est destinée à renforcer le mur oriental de l'église [1]. Rarement, même à la fin du XIIe siècle, l'ogive paraît-elle dans la décoration. On ne la voit point ou presque point dans les façades. Elle ne forme point, nous l'avons déjà dit, l'amortissement des fenêtres ou des portes [2], parties ordinairement décorées avec un grand luxe de moulures et d'ornements. Ajoutons encore que l'ogive se montre plus fréquente et plus ancienne dans les églises de médiocre importance, que dans celles qui ont été bâties sur de vastes plans et avec de puissantes ressources. C'est que longtemps l'ogive ne fut qu'une espèce de *pis aller*, une forme nécessaire il est vrai, mais dont il semblait qu'on eût honte, et que l'on n'osait mettre en évidence. Le plein cintre était la forme *noble*, si je puis m'exprimer ainsi, tant parce qu'elle existait dans tous les grands monuments antiques qui servaient de modèles, que parce qu'elle était d'une exécution savante et difficile. Dans le Midi, l'arc en plein cintre persista comme forme noble jusque fort avant dans le XIIIe

---

1. Pareil emploi de l'ogive se voit à Saint-Maurice d'Angers, et au Mans dans l'église de Notre-Dame de la Coulture; seulement, ce sont les murs latéraux qui sont renforcés de la sorte.

2. Les fenêtres de la cathédrale de Chartres sont encore en plein cintre.

siècle. Il ne disparut même que lorsque l'influence des hommes du Nord eut prévalu dans ces provinces et y eut détruit l'art national.

L'ogive fut longtemps à se naturaliser en Europe, au point d'être admise à figurer dans la décoration. Mais, lorsqu'elle en fut arrivée à ce point, on dut tout naturellement la préférer, on dut même être forcé de la choisir lorsqu'il s'agit, avant tout, de donner à l'architecture de l'élévation et de la légèreté.

V

Il est à remarquer que, dès ses premiers débuts, l'art gothique s'essaya sur des monuments très-considérables, et cette circonstance ne contribua pas peu sans doute à lui donner ce caractère de grandeur auquel conduisait d'ailleurs la tendance générale du système. Au moment de son apparition en France, le pouvoir longtemps divisé entre une multitude de petits tyrans féodaux, commençait à se concentrer entre les mains d'un moindre nombre de seigneurs plus riches et plus influents. De cette centralisation résultait l'accroissement des ressources et, avec elles, la possibilité d'entreprendre de vastes constructions ; ajoutons que jamais les richesses du clergé n'avaient été si considérables, son influence moins contestée. Avec des indulgences, il pouvait disposer de milliers de travailleurs. Jusqu'alors, on avait beaucoup bâti, il est vrai, mais isolément en éparpillant pour ainsi dire ses ressources. Il semblait qu'aux xi⁰ et xii⁰ siècles, on se fût plus attaché à multiplier les églises qu'à en construire de monumentales. Au xiii⁰ siècle, au contraire, le zèle religieux se porta sur un moindre nombre de fondations ; mais, en revanche, il agit d'autant plus puissamment que ses efforts étaient moins divisés. Les plans s'agrandirent à mesure que le nombre des constructions isolées diminuait. Jadis, chaque seigneur, chaque abbé, avait voulu attacher son nom à l'érection d'une chapelle ; maintenant, on verra des princes, des villes, des nations même s'associer pour élever des cathédrales.

L'art gothique parut avec un système nouveau : il choisit dans l'architecture romane, s'appropria les éléments déjà en usage et les perfectionna tous ; il sut composer un ensemble de ces éléments, et l'on eût dit qu'il les transformait en les mettant en œuvre. Son principe, je l'ai déjà indiqué : c'est la légèreté. Suivons-le dans une de ses applications.

L'architecture byzantine avait multiplié les colonnes ; mais, toujours timide, elle les avait faites énormes et trapues, ou bien engagées dans des massifs épais. Tout d'abord, l'architecture gothique les allonge démesurément et en diminue le diamètre. Elle en fait un des principaux moyens de décoration. C'est même leur seul but, car elles cessent d'être nécessaires pour assurer la solidité. Souvent les architectes se plaisent à isoler de longues et frêles colonnettes, qui, par leur position, rappellent leur usage ancien, mais qui, par leur forme grêle et par leur fragilité, semblent plutôt offrir un sujet d'effroi qu'un moyen de résistance [1]. Ainsi, de très-bonne heure, nous voyons de hautes nefs divisées par des colonnettes sur lesquelles semble reposer la masse d'une voûte élevée. Par un artifice de construction, cette masse en réalité ne porte point sur des colonnettes, elle se décharge sur des murs latéraux d'une solidité à toute épreuve [2]. Une disposition semblable, mais sur une très-petite échelle, s'observe dans quelques cryptes byzantines, par exemple dans celles de Neuwiller, du Munster, de Notre-Dame de la Coulture, etc. Mais il n'y a là aucune prétention à faire illusion. On n'a voulu que rappeler la disposition d'une église, et c'est une preuve de plus de l'art avec lequel les architectes du XIII⁰ siècle perfectionnèrent toutes les inventions de leurs devanciers. On poussa si loin le

---

1. Voir la nef de la cathédrale de Dol en Bretagne.
2. Voir le chœur de Saint-Serge et l'hôpital d'Angers, le réfectoire du prieuré de Saint-Martin à Paris, et la chapelle basse de la Sainte-Chapelle.

goût, la passion pour l'apparence de la légèreté, qu'on s'étudia à dissimuler tous les moyens qui peuvent garantir la solidité. Je citerai un exemple remarquable de cette prétention à la légèreté. Les piliers du chœur de Saint-Julien, au Mans, représentent en plan deux ovales, se pénétrant à leur sommet et ayant leur grand axe commun. Deux colonnettes isolées très-grêles cachent le point de jonction des deux ovales. De l'intérieur du chœur ou des bas côtés, l'œil n'aperçoit qu'une partie du pilier, lequel paraît une colonne ronde d'une légèreté surprenante, les colonnettes ne permettant pas de voir à la fois plus que le sommet de l'un des deux ovales. Perçant partout les murailles, on voulut forcer le spectateur à l'étonnement, et le raisonnement seul peut lui faire croire à la solidité des masses suspendues au-dessus de sa tête. Pourtant, il fallut bien songer à cette solidité, et, pour soutenir en l'air des voûtes à une prodigieuse hauteur, on dut augmenter successivement les contre-forts; il fallut étayer de tous côtés, par des arcs-boutants [1], ces masses pyramidales qui menaçaient le

---

1. Les architectes du xie siècle avaient déjà fait usage des arcs-boutants, mais à l'intérieur des églises. Couvrant les bas côtés d'une nef, et partie des transepts d'une *demi-voûte*, ils appuyaient ainsi d'une manière très-énergique les murs des hautes nefs et les coupoles qui surmontent les transepts. Voir les églises de Saint-Sauveur à Nevers, de Conques, et

ciel et aussi les habitants de la terre. On ne recula devant aucune conséquence du système, et l'on n'hésita pas à sacrifier l'extérieur des faces latérales, à l'effet que l'on espérait de l'intérieur : l'accroissement des contre-forts, la multiplicité des arcs-boutants, n'en déplaise aux amateurs passionnés du style gothique, voilà de tristes nécessités, des palliatifs assez grossiers. Si, en entrant dans une église gothique, nous admirons la hardiesse des voûtes, l'élancement des colonnes, en un mot, sa fabrique tout aérienne, pour me servir de l'expression si juste de M. Dusommerard, on éprouve, en la contemplant de loin, le sentiment pénible qu'excite la vue d'une ruine chancelante et soutenue par des étais.

presque toutes les églises byzantines de l'Auvergne et du Velay.

VI

En cherchant à caractériser la différence des architectures byzantine et gothique, j'ai déjà signalé les modifications partielles amenées par le changement d'un principe. Je crois inutile d'insister davantage sur une comparaison que tous mes lecteurs auront déjà faite ; je me contenterai de la résumer en quelque sorte en indiquant une des conséquences principales du système gothique, conséquence dans laquelle on suivra le développement constant du principe que nous avons posé.

Tout le monde remarque, dans l'architecture byzantine, la saillie des corniches, la manière très accentuée de marquer les lignes horizontales ; dans l'architecture gothique au contraire, ce sont les lignes verticales qui prennent cette prépondérance ; et je n'ai pas besoin de faire observer le but évident de ce changement. Les divisions horizontales des travées sont faiblement indiquées dans une église gothique, quelquefois même déguisées par de faibles ornements, tandis que la forte saillie des colonnettes qui les séparent verticalement attire l'œil sur une ligne dont rien n'interrompt la longueur.

De même, dans la disposition des façades, les architectes du XIVe siècle se sont particulièrement étudiés à faire pyramider l'ensemble du frontispice, en rompant par la multitude de leurs pinacles les lignes horizontales, que leurs devanciers accusaient, au contraire, avec une espèce d'affectation. Pour citer un exemple frappant, je prierai le lecteur de jeter les yeux sur un dessin de la façade de Saint-Gilles et sur un autre de la façade de la cathédrale de Reims. La comparaison de ces deux édifices, admirables chacun dans leur système, en dira plus que tout ce que je pourrais ajouter. Je ferai remarquer pourtant encore la multitude des plans en saillie et en retraite sur la façade gothique et le plan uni de la façade byzantine; enfin, la division de la première en une infinité de parties distinctes, et toutes d'une importance secondaire en soi, mais qui, de loin, se réunissent facilement en un ensemble systématique; et la division de la seconde en un moins grand nombre de parties, mais beaucoup plus indépendantes les unes des autres.

VII

Il me reste à dire un mot de l'ornementation gothique, de son origine et de son développement. A son début, elle n'eut point de caractère qui lui fût propre ; car nous voyons les cathédrales du XIIIe siècle commencer avec les ornements du XIIe à peine modifiés. On se rappellera seulement que dès lors on avait déjà presque entièrement renoncé aux représentations d'hommes ou d'animaux formant le relief autour de la corbeille des chapiteaux. Le chapiteau historié était définitivement remplacé par le chapiteau à feuillages fantastiques. A mesure que les ouvriers se perfectionnaient, la sculpture faisait des pas rapides vers l'imitation. Les statues roides et longues outre mesure du XIIe siècle, s'animent au XIIIe, prennent du mouvement et de la grâce. On étudie les draperies, et l'on commence à travailler d'après nature. Dès lors seulement, l'ornementation gothique se sépare tout à fait des traditions byzantines, et son caractère propre s'est formé. A mesure que l'on faisait des progrès dans la pratique, que les difficultés d'exécution disparaissaient petit à petit, on remplaçait les feuilles fantastiques du xiie siècle par des feuillages fidèlement copiés, tels que les offre la nature. On commença par rendre les feuilles les plus larges et d'un contour nettement dessiné ; ainsi la feuille d'eau, celle du chêne, du châtaignier se présentent d'abord. Bientôt il n'y eut pas une feuille des champs ou des bois qu'on ne parvînt à rendre avec une surprenante vérité. Sous le rapport de la naïveté dans l'imitation des formes végétales et de la finesse du travail, la sculpture avait atteint, dès le xive siècle, un degré de perfection qu'on ne pouvait plus dépasser[1]. D'ailleurs, l'emploi des ornements était le même, je veux dire qu'ils s'appliquaient aux mêmes parties que dans les siècles précédents; seulement, on ne les prodiguait plus comme dans les dernières années de l'architecture byzantine, où il semblait que l'on eût à cœur de ne pas laisser une seule

---

1. Les chapiteaux byzantins conservèrent presque tous le profil corinthien; mais, quand, aux végétaux conventionnels, on en substitua de réels, ces profils s'altérèrent. En effet, comment conserver les volutes quand on remplaça les feuilles d'acanthe par des feuilles de chêne et de peuplier?

partie lisse. La décoration gothique eut quelque chose de plus large et de plus grand. Puis, par cette tendance à généraliser, à systématiser, propre à cette période du moyen âge, on adopta presque exclusivement pour l'intérieur des églises les motifs tirés du règne végétal; du moins les figurines et les compositions de bas-relief ne parurent-elles plus d'ordinaire que dans les voussures et les tympans des portails. Au demeurant, pas plus alors qu'auparavant, on ne pensait donner à toutes les parties de l'édifice une ornementation uniforme et symétrique. La plus grande variété dans les détails continuait à être en usage. Il fallut que les ouvriers fussent devenus des machines pour qu'on songeât à tout régulariser.

C'est donc au XIVe siècle que l'architecture gothique arrive à son plus haut point de splendeur. Hardiesse de plan, habileté d'exécution, finesse de travail, elle possède toutes ces qualités. Son système est complet, homogène; elle a des écoles et des principes arrêtés. Déjà elle peut rendre à l'Orient les emprunts que lui avait faits l'architecture byzantine.

1837.

II

L'ÉGLISE DE SAINT-SAVIN[1]
ET
SES PEINTURES MURALES

La peinture est, de tous les arts du moyen âge, celui dont les monuments sont les plus rares en France; et cependant il est certain que la plupart de nos églises ont été revêtues autrefois d'une riche ornementation coloriée, et que leurs voûtes et leurs parois, enduites aujourd'hui d'un badigeon uniforme, présentaient de vastes compositions peintes à fresque ou en détrempe. « On ne comprend pas le moyen âge, dit M. Vitet[2]; on se fait l'idée la plus

1. Dans le département de la Vienne.
2. Rapport au ministre de l'intérieur, 1831, page 35.

mesquine et la plus fausse de ces grandes créations d'architecture et de sculpture, si, dans sa pensée, on ne les rêve pas couvertes du haut en bas de couleurs et de dorures. »

Pour expliquer comment le goût de la décoration polychrome s'est perdu parmi nous, il faut se reporter au temps où l'art, transformé sous une influence étrangère, subit en France une transformation complète. Le XVIe siècle, si glorieux pour l'Italie, est marqué dans l'histoire de notre architecture par l'abandon de ce style, que nous pouvons appeler national, et auquel nous devons tant de monuments originaux. D'inventeurs qu'ils étaient, nos artistes devinrent d'ingénieux copistes, qui mirent leur gloire à reproduire et à naturaliser, pour ainsi dire, en France les chefs-d'œuvre admirés dans d'autres pays. Dès ce moment, les arts du dessin, qui jusqu'alors avaient été cultivés à la fois par les mêmes hommes, ou, du moins, soumis à une direction unique, se divisèrent et devinrent comme indépendants les uns des autres. Au moyen âge, le génie, aveugle peut-être en son ambition, aspirait à l'universalité. La renaissance, plus froidement pratique, ouvrait au talent une multitude de routes distinctes : il devint plus facile d'atteindre le but; la raison l'avait abaissé, ou plutôt chaque artiste s'en était fait un à sa portée et pour lui seul. Le sculpteur s'éloigna de l'architecte, le peintre du sculpteur, et, si quelquefois ils se réunirent encore, ce fut dans une espèce de lutte, où chacun s'efforça de prouver la supériorité de son art et d'enlever à son émule les suffrages du public. La peinture murale, florissante au delà des monts, se perdit en France, soit parce que nos peintres furent assez modestes pour reconnaître leur infériorité vis-à-vis des maîtres italiens, soit parce qu'ils furent assez orgueilleux pour rougir du titre de décorateur. Le perfectionnement des procédés matériels leur permit de faire de leurs tableaux des meubles, en quelque sorte, dont le fini et la délicatesse devinrent le mérite principal, et qu'on pouvait vendre ou échanger, comme un candélabre ou bien un vase ciselé, à chaque variation de la mode. Réduites à de faibles proportions, les compositions peintes cessèrent de se produire dans nos églises, ou ne s'y montrèrent que par hasard, n'étant déjà plus considérées comme nécessaires à la décoration. Au lieu de se concerter avec l'architecte pour embellir la maison de Dieu, le peintre suspendit ses tableaux au jour le plus favorable, heureux s'il pouvait attirer sur son œuvre une attention exclusive. En même temps, l'affaiblissement des croyances religieuses, les railleries du scepticisme, l'oubli des traditions, et, il faut l'avouer aussi, le raffinement du goût, amenèrent l'indifférence et bientôt le mépris pour les anciennes peintures, productions d'une époque que déjà l'on taxait de barbarie. L'action seule du temps suffisait pour altérer ou détruire, dans la plupart de nos grands édifices, une décoration naturellement peu durable ; les ravages de la guerre, l'ignorance, et surtout les caprices de la mode, se réunirent pour la faire disparaître plus rapidement. Mais, je n'hésite point à le dire, ni les fureurs iconoclastes du protestantisme, ni le vandalisme stupide de la Révolution, n'ont imprimé sur nos monuments des traces aussi déplorables que le mauvais goût du xviiie et du xixe siècle. Les barbares laissaient au moins des ruines : les prétendus réparateurs ne nous ont laissé que leurs tristes ouvrages.

L'existence d'une vaste église conservant encore un ensemble immense de peintures murales, qui remontent à une époque fort reculée du moyen âge, est une espèce de prodige aujourd'hui : aussi l'on n'en cite plus qu'une seule en France, c'est Saint-Savin. Après huit siècles, ses fresques subsistent, et, bien que dégradées, elles offrent toujours un vaste sujet d'études à l'artiste et à l'antiquaire. Depuis peu d'années seulement, elles sont l'objet de la sollicitude d'une administration éclairée, et l'auteur de ce travail s'applaudit d'avoir, un des premiers, signalé son importance. Des sommes considérables accordées par M. le ministre de l'intérieur pour les réparations de l'église, les soins minutieux et intelligents qui dorénavant ne leur manqueront plus, permettent d'espérer que ces grandes compositions auront encore une longue durée. Malheureusement, les secours ont été tardifs, et ne pouvaient d'ailleurs avoir d'autre effet que de reculer l'époque d'une destruction complète. Chaque jour, cependant, doit effacer quelques traits, affaiblir quelque couleur. Le seul moyen de conserver efficacement ces peintures, ou plutôt d'en perpétuer le souvenir, c'était de les reproduire par le dessin et la gravure. Tel est le but d'une publication que M. Villemain, ministre de l'instruction publique, a bien voulu autoriser avec sa libéralité ordinaire [1]. Le talent du dessinateur, M. Gérard Seguin, les ressources fécondes de l'industrie moderne, garantissent la fidélité de la copie, et, s'il est impossible de reproduire ces peintures telles qu'elles furent autrefois, on a pu du moins donner l'idée la plus exacte de ce qu'elles sont aujourd'hui.

Chargé [2] de rédiger ce travail sur les fresques

1. *Peintures de l'église de Saint-Savin*, imprimerie royale; in-folio, 1845.
2. Par le comité des arts et monuments.

de Saint-Savin, j'ai pensé que ma tâche ne se bornait pas à l'interprétation des sujets peints sur les murs de l'église; il m'a semblé que je devais encore rechercher l'origine, la date, les procédés matériels de ces peintures. Dès lors, une étude complète de l'église qui les renferme m'a paru nécessaire. En effet, dans l'absence ou l'insuffisance des renseignements historiques, les caractères particuliers à l'architecture du monument peuvent nous fournir des témoignages de la plus haute importance. Il était difficile d'ailleurs de séparer la peinture de l'architecture dans l'œuvre d'une époque où elles étaient si étroitement unies; enfin, l'abbaye de Saint-Savin offrant dans ses fresques un système de décoration complet et original, c'eût été en méconnaître l'harmonie que de ne pas le considérer dans ses rapports avec la disposition architectonique de l'édifice.

Je décrirai donc d'abord l'église telle qu'elle existe actuellement, et je m'occuperai ensuite de rassembler tous les documents historiques que j'ai pu recueillir sur l'abbaye de Saint-Savin [1]. Je

---

1. M. le maire de Poitiers a bien voulu m'envoyer en communication les deux volumes du recueil de dom Fonteneau, qui contiennent un certain nombre de pièces relatives à l'abbaye de Saint-Savin; ces renseignements m'ont été de la plus grande utilité pour mon travail. Je dois encore des remerciments au savant M. Redet, archiviste de la préfecture de la Vienne,

commencerai par un abrégé de la légende du saint dont elle porte le nom. Bien que absolument dépourvue de toute critique historique, cette légende conserve le souvenir d'une tradition évidemment fort ancienne, et dont il était impossible de ne pas tenir compte. Elle est, en outre, nécessaire à l'intelligence d'une partie des peintures qui retracent la vie de saint Savin.

J'écris l'histoire d'un monument, et non celle d'une communauté religieuse : aussi je m'attache-

qui m'a indiqué avec beaucoup de complaisance quelques documents curieux conservés dans le dépôt important confié à ses soins.

« Dom Léonard Fonteneau, né à Jully, diocèse de Bourges, a fait profession, à l'âge de vingt et un ans, dans l'abbaye de Saint-Allyre, à Clermont, le 7 septembre 1726. Il entreprit en 1741, conjointement avec dom Marie-Joseph Boudet, non-seulement de travailler à l'histoire du Poitou, mais encore à celle de toute l'Aquitaine. La mort ayant enlevé son compagnon d'études en 1743, il ne perdit pas courage. Il s'appliqua sans relâche à la recherche des diplômes, chartes et autres monuments relatifs à l'histoire des provinces de Poitou, d'Aunis et de Saintonge. Il a collationné ses copies sur les originaux avec beaucoup de soin et d'exactitude. Ces matériaux, ramassés pendant vingt-sept ans et mis en ordre, forment une collection très-nombreuse. » (Notice de dom Tassin, *Histoire litt. de la congrégation de Saint-Maur.*) Les manuscrits de dom Fonteneau, conservés à la bibliothèque de Poitiers, composent quatre-vingt-sept volumes in-folio. Voir l'intéressante notice publiée sur les travaux de ce laborieux bénédictin par M. Foucart, dans le tome II des *Mémoires de la société des Antiquaires de l'Ouest.*

Le recueil de dom Fonteneau contient, outre un assez grand nombre de chartes, diplômes, actes judiciaires, etc : quel-

rai principalement aux faits qui ont quelque rapport à la fondation, à l'agrandissement, à la dégradation de l'église. Toutefois, je noterai avec soin les périodes de prospérité de l'abbaye et celles de décadence; car, de même que les richesses de ses religieux ont eu la plus grande influence sur sa décoration monumentale, de même sa pauvreté l'a préservée des altérations que tant d'autres églises ont subies aux époques de révolutions dans les arts.

ques mémoires manuscrits sur l'abbaye de Saint-Savin. Plusieurs de ces mémoires me semblent des copies ou des abrégés du même ouvrage, que, d'après une note inscrite sur l'un des manuscrits, je crois devoir attribuer à dom Nozereau, de la congrégation de Saint-Maur. Je n'ai pu, d'ailleurs, me procurer aucun renseignement sur ce religieux ou sur ses ouvrages. Pour la rédaction de cette notice, je me suis servi principalement d'un manuscrit de la même collection, écrit en latin par dom Estiennot, qui paraît avoir visité l'abbaye de Saint-Savin et exploré ses archives avec un soin particulier. Dom Claude Estiennot de la Serre, né à Varennes, diocèse d'Autun, en 1639, prit les ordres dans l'abbaye de Vendôme en 1658. Il fut intimement lié avec Mabillon, et fit avec lui, à pied, le voyage de Flandre. Il mourut en 1699, dans les bras de B. de Montfaucon. Ses manuscrits formaient quarante-cinq volumes in-folio, presque tous écrits de sa main. « Ce ne sont pas seulement des copies, dit dom Tassin; on y rencontre souvent des notes très-judicieuses qui supposent un goût exquis, une grande justesse d'esprit et une profonde érudition. » Les manuscrits de dom Estiennot ont été mis en œuvre par Mabillon, les auteurs du *Gallia Christiana*, dom Vaissette, dom Bouquet, etc. : Mabillon le cite souvent sous le nom de *Stephanotius*. (Voir dom Tassin, *Histoire littéraire de la congrégation de Saint-Maur*, page 177 et suivantes.)

Après avoir comparé entre eux les renseignements que nous auront fournis l'histoire et l'étude du monument, j'examinerai les procédés d'exécution et les caractères généraux des peintures; j'essayerai d'en indiquer l'âge, et même de présenter l'hypothèse la plus probable, à mon avis, sur leur origine. La dernière partie de ce travail sera consacrée à l'explication des peintures.

Quatre visites à l'abbaye de Saint-Savin m'ont permis d'étudier son architecture avec tout le soin qu'elle mérite, et le concours le plus généreux de la part d'artistes et d'antiquaires instruits ne m'a pas manqué pour l'accomplissement de la tâche que j'avais entreprise. M. Denuelle, qui a séjourné assez longtemps à Saint-Savin depuis que les travaux de restauration ont fait découvrir des fresques inconnues il y a peu d'années, a bien voulu mettre à ma disposition plusieurs beaux dessins inédits. M. Joly Leterme, architecte de l'église, m'a communiqué ses plans et une foule d'observations importantes. M. Viollet-Leduc, qui m'avait accompagné dans mon dernier voyage, m'a ouvert son précieux portefeuille. Je dois enfin à M. de Chergé, correspondant du ministère de l'intérieur, et l'un des antiquaires les plus savants et les plus zélés du Poitou, beaucoup de renseignements utiles sur un monument qu'il connaît depuis son enfance. Je suis heureux d'offrir ici à ces messieurs l'expression de ma reconnaissance.

I

DESCRIPTION DE L'ÉGLISE

L'église de Saint-Savin est située dans une vallée étroite, ou, pour mieux dire, dans un de ces longs ravins qui sillonnent et séparent les grands plateaux du Poitou. Dans le thalweg du ravin coule, du sud vers le nord, la Gartempe, petite rivière qui va se jeter quelques lieues plus loin dans la Creuse; l'apside de l'église n'est séparée de la rivière que par un chemin large de quelques mètres. Malgré sa flèche fort élevée, on n'aperçoit l'abbaye que lorsqu'on en est assez près, et, pour juger de la grandeur de l'église, il faut la regarder du haut des plateaux qui la dominent. On sait que la plupart des monastères de l'ordre de Saint-Benoît sont situés, comme Saint-Savin, dans des vallées profondes.

Sauf la flèche dont je viens de parler, et qui est

une addition évidente du xve siècle, tout l'édifice présente, au premier coup d'œil, l'apparence d'une construction homogène et d'un même jet, si l'on peut s'exprimer ainsi. Dans son ensemble, de même que dans ses détails, il offre un type très-complet de l'architecture romane, telle qu'elle se montre dans le Poitou, pendant la première moitié du xie siècle. Plus légères et plus élancées que dans le nord de la France, les églises poitevines se distinguent par l'absence de triforium et de fenêtres dans la nef centrale. Celle-ci n'est éclairée que par les fenêtres des collatéraux, qui, par une conséquence nécessaire, ont leurs voûtes presque aussi hautes que celles de la nef centrale. Cette disposition caractéristique, et presque constante dans le Poitou et la Saintonge, se retrouve à Saint-Savin très-distinctement exprimée.

L'église, régulièrement orientée, a la forme d'une croix latine. Ses transepts sont fort courts. A l'entrée de la nef s'élève une tour carrée, surmontée de la haute flèche dont j'ai déjà parlé. Le chœur est entouré de cinq chapelles ; deux autres s'ouvrent dans les transepts. Les murs sont élevés, d'appareil régulier à l'extérieur, flanqués au nord de contre-forts puissants, mais qui, je le crois, sont des additions au plan primitif. Au sud, les cloîtres et les bâtiments réguliers de l'abbaye, contre-boutant les murs latéraux, ont suppléé au peu de saillie des contre-forts, très-faibles de ce côté. A Saint-Savin, ce qui frappe surtout le voyageur habitué à la richesse des églises poitevines, c'est la nudité des murailles, l'absence presque complète de toute sculpture, enfin une apparence austère, qui suffirait à faire assigner une date très-ancienne à l'église, surtout si on la compare aux églises voisines, dont les plus pauvres étalent souvent un luxe d'ornementation remarquable.

On peut diviser l'église de Saint-Savin en quatre parties distinctes, sur lesquelles, pour plus de clarté, j'appellerai successivement l'attention du lecteur : ce sont le porche et la tour qui le surmonte, la nef, les transepts, le chœur. Je terminerai cette description en ajoutant quelques observations générales sur la construction de l'église.

A. — Vestibule.

De la place du bourg, on descend par quelques marches dans le vestibule placé sous la tour. La porte d'entrée est moderne ; mais il est facile de voir que la porte qu'elle a remplacée devait être encore plus étroite et tout aussi dépourvue d'ornementation ; elle annonçait plutôt l'entrée d'une forteresse que celle d'une édifice religieux. Cette apparence militaire est aussi celle de la partie inférieure de la tour, carrée, très-solidement bâtie, flanquée de contre-forts épais, avec deux fausses arcades sur chacune de ses faces. Dans la maçonnerie qui remplit les arcades du côté de l'orient, on aperçoit de longues ouvertures destinées à la manœuvre d'un pont-levis. On doit noter que la maçonnerie de la tour ne se lie pas à celle de la nef. Plus tard, j'aurai occasion d'exposer mes conjectures à ce sujet, en m'occupant de l'histoire du monastère. Le vestibule est une salle carrée, basse, recouverte par une voûte cintrée en berceau, renforcée dans son milieu pas un arc doubleau très-épais. Pas une colonne engagée auprès de la porte qui donne dans la nef, pas une moulure, pas la plus légère trace d'ornementation sculptée. La décoration ne consiste qu'en peintures, dont j'aurai tout à l'heure à rendre compte. A gauche, au fond du vestibule, s'ouvre une porte, donnant sur un escalier en vis, pratiqué dans une tourelle accolée à la tour carrée, qui conduit aux combles de l'église et à une tribune élevée au-dessus du vestibule, laquelle communiquait autrefois avec la nef par une large arcade[1] ; cette pièce, que j'appelle *tribune*, se retrouve dans beaucoup d'églises ro-

---

[1]. Cette arcade est bouchée ; aujourd'hui, un autel, évidemment moderne, est placé au-devant.

manes et même gothiques : il est malaisé d'en déterminer l'usage. Souvent on y trouve un autel, quelquefois une cheminée, en sorte que deux destinations fort différentes semblent avoir été données à *la tribune* : l'une en ferait une chapelle, l'autre un lieu privilégié pour assister aux offices sans se mêler à la foule. Aujourd'hui, la tribune de Saint-Savin ne reçoit la lumière que par les ouvertures destinées à la manœuvre du pont-levis. Autrefois, elle tirait du jour de la nef; peut-être y avait-il originairement des fenêtres à l'orient, que l'on aurait bouchées pour les remplacer par les longues baies du pont-levis. Cependant, je ne vois aucune trace de cette disposition dans l'appareil, et je serais plutôt porté à croire que le pont-levis appartenait à l'époque de la construction primitive [1].

De même que le vestibule inférieur, la tribune est couverte par une voûte cintrée, renforcée par un arc doubleau qui la divise en deux parties égales; elle est, comme le vestibule, dépourvue de toute ornementation sculptée. Je reviendrai sur sa décoration peinte, retrouvée depuis peu de temps, mais malheureusement trop dégradée pour qu'il fût possible de la reproduire aujourd'hui.

1. Ou du moins à l'époque de la construction de l'église. Je crois la base de la tour plus ancienne encore.

B. — Nef.

La grande nef de l'église est vaste, et très-haute si on la compare aux constructions romanes du nord de la France ; elle est également remarquable par la légèreté des piliers ou plutôt des colonnes qui soutiennent les voûtes, et rappelle par son apparence les basiliques romaines. Les collatéraux, d'une hauteur presque égale à celle de la nef centrale, ont de grandes fenêtres en plein cintre, percées à peu près à la hauteur des arcades de la nef. Destinées à donner du jour à toute l'église, on conçoit pourquoi, dans leur disposition et leurs proportions, elles n'ont rien de commun avec les fenêtres romanes du nord de la France [1]. J'ai déjà dit que la plupart des églises du Poitou étaient construites dans le même système : Saint-Savin en offre un des exemples les plus anciens, et la cathédrale de Poitiers un des plus modernes.

Les voûtes de la nef et celles des collatéraux sont épaisses; en plein cintre et en berceau, les unes et les autres sans arc doubleau, si ce n'est aux trois premières travées, à partir de la porte

---

1. On sait que les fenêtres basses des églises romanes du nord de la France sont étroites à l'extérieur, et fort ébrasées à l'intérieur.

occidentale. Dans cette partie de l'église, l'arc doubleau n'a point pour but d'ajouter à la solidité de la voûte; il est destiné plutôt, ce me semble, à marquer une division dans la nef. Cette division est encore mieux indiquée par la forme des piliers. Les deux premières travées s'appuient sur des piliers formés par un faisceau de quatre colonnes engagées ; vient ensuite un autre pilier carré avec une colonne engagée sur ses quatre faces. Dans la nef, au lieu de piliers, on ne trouve plus que de longues colonnes cylindriques. Ne pouvant attribuer une différence si marquée dans la forme des piliers à un changement dans les plans de l'architecte, encore moins à des époques de construction distinctes, je pense qu'il faut y voir l'intention de conserver un souvenir de la disposition particulière aux premières basiliques chrétiennes. On sait que, pendant longtemps, une place fut réservée vers l'entrée de la nef, aux catéchumènes et aux excommuniés. Cette place, marquée par une barrière plus ou moins fortement accusée, s'appelait le narthex intérieur. A Vezelay, à Tournus, des portes séparent le narthex intérieur de la nef. A Saint-Savin, toute barrière a disparu ; il ne reste plus qu'une indication de séparation, souvenir traditionnel d'une disposition qui peut-être n'avait plus d'objet à l'époque où on l'exprimait de la sorte.

L'ornementation de cette partie de l'église se distingue encore de celle de la nef à proprement parler : dans les travées du narthex, les chapiteaux, presque nus, ne présentent qu'une corbeille lisse, avec des saillies au sommet qu'on peut considérer comme des rudiments de volutes ; les chapiteaux de la nef ont une forme toute différente : leur corbeille, fort évasée, est entourée de rinceaux et d'entrelacs, d'un travail grossier sans doute, mais qui dénote pourtant quelque recherche. On verra tout à l'heure que l'on s'est efforcé de donner encore plus de richesse aux chapiteaux des colonnes qui entourent le chœur. Au reste, on se ferait l'idée la plus inexacte de la sculpture poitevine, si l'on en jugeait par les chapiteaux de Saint-Savin. Ces derniers se font remarquer par leur rudesse, dans une province où la sculpture d'ornementation est parvenue de bonne heure à l'élégance la plus raffinée.

Les colonnes de la nef n'ont point de base, à moins qu'on ne veuille donner ce nom à une faible saillie, sans la moindre moulure, ménagée au bas du fût, à quelques centimètres au-dessus du pavement.

L'axe de la nef ne correspond point exactement à celui du chœur, et les piliers de la nef sont fort mal alignés. Ces irrégularités tiennent, soit à une négligence très-commune à l'époque romane, soit à une cause particulière que j'aurai plus tard à rechercher.

J'ai encore à répéter ici ce que je disais tout à l'heure de l'absence de décoration sculptée dans le vestibule. Je citerai comme un fait caractéristique la nudité des fenêtres, sans archivoltes ornées, sans colonnes engagées. Sauf les chapiteaux, on ne voit pas trace de sculpture dans toute la nef.

C. — Transepts.

Les piliers placés au centre des transepts, et destinés à soutenir la coupole et le clocher, ayant une très-forte saillie sur l'alignement des colonnes de la nef, le chœur est masqué en grande partie au spectateur entrant dans l'église, qui, de loin, pourrait croire que, pour arriver au maître-autel, il a une porte à franchir. Cette disposition nuit à l'effet pittoresque qu'on pourrait attendre de la grandeur réelle de l'édifice, et a, de plus, ce désavantage, qu'elle empêche de voir le chœur du point de vue où le chevet et les chapelles qui l'entourent paraîtraient de la manière la plus favorable. A Saint-Sernin de Toulouse, on observe une disposition semblable, mais elle n'appartient pas au plan primitif. L'érection tardive d'une très-haute tour au-dessus de la coupole des transepts a nécessité le renforcement des piliers au centre de l'église. Ici, l'on serait tenté, au premier abord, d'attribuer à un motif analogue la saillie extraordinaire des piliers des transepts. Un examen plus attentif ne permet point cependant d'admettre cette hypothèse. En effet, le clocher a des proportions médiocres, et rien dans ses détails ne semble appartenir à une époque postérieure à la construction générale. Le rétrécissement disgracieux de la nef et la saillie de ces piliers pourraient s'expliquer simplement par la timidité ordinaire aux premiers architectes de l'époque romane. Bien différents de leurs successeurs, qui recherchaient les constructions difficiles et hardies, ils craignaient de donner à leurs voûtes une portée trop grande, et exagéraient la force des massifs destinés à les soutenir. Je reviendrai, au reste, sur ce point, et je proposerai une autre explication, peut-être plus satisfaisante, qui me sera fournie par l'histoire du monastère.

Les croisillons des transepts sont fort courts, et leurs murailles absolument nues. Chacun a une petite chapelle semi-circulaire qui s'ouvre à l'ouest, et qui forme comme la base de la couronne d'apsides et d'autels qui entoure le chevet.

Au XVIIe siècle, on avait fait une sacristie dans

le croisillon nord, au moyen d'un mur qui l'isolait du reste de l'église. En démolissant ce mur, au commencement de la présente année (1845), on l'a trouvé formé en partie de débris sculptés, appartenant, comme il semble, au xiie ou au xiiie siècle. Le fragment le plus considérable et le plus curieux est une grande statue d'ange, complétement peinte, mais malheureusement mutilée. Elle était encastrée dans le mur du transept, sous la retombée de l'arc que forme l'ouverture de l'apside. Il est évident qu'elle n'avait été mise là qu'à une époque assez récente, et pour faire office de moellons. On ignore où elle a pu être placée dans l'origine.

Un peu plus loin, à l'angle rentrant du même croisillon, le long de la muraille orientale du transept, entre le mur nord et l'apside, on a trouvé en 1844 un tombeau de pierre de forme trapézoïde, composé de deux pièces : l'une en façon d'auge, avec une place creusée et arrondie pour la tête du cadavre ; l'autre servant de couvercle, plate en dessous et présentant à l'extérieur un angle très-obtus. Sur le côté plat, *à l'intérieur*, on lit l'inscription suivante, tracée en creux :

HIC RCQVICZET ODO ABBAZ

| Hic | Requiescit | Odo | Abbas |

Les caractères sont très-frustes et de la forme la plus barbare. Il paraît que ce tombeau aurait été déjà fouillé, car on n'y a trouvé ni ossements, ni aucun de ces objets que renferment d'ordinaire les sépultures du moyen âge. La tête du mort, ou plutôt la partie du tombeau destinée à la recevoir, était tournée au nord.

On connaît deux Odon, abbés de Saint-Savin, — le sixième et le neuvième; — l'un mort en 942, l'autre vers le milieu du xie siècle. Il est impossible de déterminer aujourd'hui auquel des deux appartient ce tombeau. D'ailleurs, il est si étrange de tracer une inscription à l'intérieur d'un sépulcre, qu'on se demande si le couvercle n'a point été retourné et taillé pour une nouvelle destination. On pourrait peut-être expliquer cette inscription cachée, par un motif d'humilité, qui aurait porté l'abbé Odon à vouloir dérober sa dépouille mortelle aux hommages de ses successeurs immédiats.

Dans l'apside de l'autre croisillon, et dans l'épaisseur du massif de maçonnerie qui supportait l'autel, on a découvert tout récemment un tombeau en pierre dont l'origine est inconnue. D'après sa forme, et surtout d'après l'ornementation des chapiteaux des colonnettes qui le soutiennent, on doit présumer qu'il remonte aux premières années du xiiie siècle. Sa disposition m'a paru curieuse.

Un peu plus loin, et dans le mur même, on a trouvé une fiole en verre blanc, de forme allongée, avec un goulot étroit, scellée à ses deux extrémités du sceau de l'abbaye, et renfermant une substance jaunâtre qui s'est solidifiée après avoir été liquide. Auprès de la fiole était un méreau de l'ordre de saint Benoît, portant les initiales ordinaires de ces sortes de jetons[1]. La forme de la fiole, celle du cachet, enfin la présence du méreau ne permettent pas de croire que ce singulier dépôt ait été fait à une époque fort ancienne. Très-probablement, il ne remonte pas au delà du xviie siècle. Pourquoi ces objets ont-ils été cachés de la sorte dans l'intérieur d'un mur? C'est ce qu'il serait, je crois, difficile de deviner aujourd'hui.

Du croisillon sud, on passait autrefois dans le cloître et dans les bâtiments réguliers de l'abbaye.

---

1. Au droit, le monogramme IHS ; une croix au-dessus et trois clous au-dessous ; puis les lettres suivantes disposées en cercle : †VRSNMSV†SMQLIVB, c'est-à-dire « Vade Retro Satanas; Nunquam Mihi Suade Vana; Sunt Mala Quæ Libas; Ipse Venena Bibas. » Revers : une croix ancrée, avec les initiales suivantes : sur la ligne horizontale, NDSMD, « Non Draco Sit Mihi Dux ; » sur la ligne verticale, CSSML, « Crux Sacra Sit Mihi Lux ; » enfin, dans les angles rentrants de la croix sont disposées les lettres suivantes : CSPB, « Crux Sancti Patris Benedicti. » (Voyez Duby, *Traité des monnaies des barons et des prélats*. T. 1, p. 74.)

Le cloître est absolument détruit ; ce qui reste des bâtiments réguliers date du xviie ou xviiie siècle, et sert maintenant de logement à la brigade de gendarmerie de Saint-Savin.

D. — Chœur.

Le chœur est élevé de quelques marches, et les colonnes qui l'entourent reposent sur un stylobate orné d'une arcature qui se répète dans les chapelles du chevet et sur les murs latéraux ; ce chœur est fort court. Il n'a que onze arcades assez étroites disposées en demi-cercle, et surmontées autrefois de petites fenêtres ou de niches ; au-dessus est une voûte de la même hauteur que celle de la nef et de même construction. Les chapiteaux du chœur, les plus riches qui se voient dans l'église, sont d'un travail assez médiocre, mais pourtant recherché ; ils sont alternativement historiés et ornés de feuillages fantastiques. Les arcades, revêtues d'un crépi de mortier, n'ont point d'archivoltes sculptées, et si, comme il est probable, le sculpteur de Saint-Savin a épuisé tout son talent sur les chapiteaux du chœur, il est facile de juger combien l'art était encore loin de l'éclat où il parvint dès les premières années du xiie siècle.

Les cinq chapelles semi-circulaires autour du

chœur n'offrent rien de remarquable. Toutes sont fort étroites et chacune est percée d'une fenêtre assez grande pour donner du jour au chœur, qui sans cela serait fort mal éclairé [1].

Il faut remarquer que l'entrée du passage semi-circulaire entre le chœur et les chapelles ne s'ouvre point dans l'axe des collatéraux de la nef, disposition singulière et assurément peu gracieuse. Je me borne à présent à la signaler; j'essayerai d'en rechercher les motifs en étudiant l'histoire de l'abbaye.

On descend dans la crypte par un escalier pratiqué dans l'axe du chœur, en face de la chapelle n° 4 dite de Saint-Marin. L'entrée de cet escalier, recouverte par une espèce de trappe, rétrécit ou plutôt envahit le passage entre le chœur et les chapelles, et il me paraît très-probable que l'architecte, pour adopter une disposition aussi peu commode, a dû obéir à des nécessités résultant de la

---

[1]. J'ai déjà parlé d'un manuscrit de dom Estiennot, qui fait connaître les noms des différents autels et les inscriptions très-anciennes que l'on y a tracées. J'ai suivi, dans l'indication des autels de l'église, l'ordre marqué dans ce manuscrit. Il désigne par le n° 1 l'autel placé dans le transept nord; le n° 2 est l'autel du chœur voisin du n° 1, et ainsi de suite. En faisant le tour du chœur de gauche à droite, on revient au transept, et l'autel placé dans le croisillon sud porte le n° 7. Il y avait encore deux autels situés entre le narthex et la nef, et dédiés l'un à Marie, l'autre à saint Joseph; leur construction ne remontait qu'à l'année 1664. Aujourd'hui, l'on n'en trouve plus la moindre trace.

sainteté particulière de ce lieu. La crypte n'a d'autre ornementation que ses peintures. C'est une salle basse, voûtée en plein cintre, qui occupe à peu près tout l'espace entouré par les colonnes du chœur. Sous la chapelle de Saint-Marin, il existe un petit caveau carré, communiquant avec une sorte de puits récemment découvert ; peut-être était-ce un *trésor* ou plutôt une cachette comme il en existe une dans la crypte de la cathédrale de Chartres.

E. — Remarques sur la construction de l'église.

A ne voir l'église qu'à l'extérieur, ses assises en moellons uniformes et régulièrement disposés, on ne devinerait pas la grossièreté singulière de l'appareil. Ces assises de moellons ne sont qu'un parement derrière lequel on trouve un *opus incertum* composé de pierres de toute grandeur, de briques et de gravois noyés pêle-mêle dans le ciment, et revêtus d'un crépissage à l'intérieur de l'édifice. Les colonnes ne sont pas construites en meilleurs matériaux; leurs tambours sont de moellons assemblés sans beaucoup de soin, et séparés par des lits de mortier d'une épaisseur remarquable. Le tout est couvert, ainsi que les arcades, les voûtes et les parois, d'un enduit assez fin, évidemment destiné à recevoir des peintures.

Les voûtes sont fort épaisses, en moellons, et cintrées en berceau. Avant les dernières réparations, elles étaient dans l'état le plus alarmant. La charpente est moderne, ou du moins très-postérieure au xvi° siècle. Le clocher, à l'intersection des transepts et de la nef, est octogone, percé de fenêtres en plein cintre, flanquées de colonnettes courtes et d'un travail grossier. L'une d'elles se distingue par l'ornementation à la fois curieuse et barbare de son fût : il est guilloché ou cannelé horizontalement.

Résumons en quelques mots les caractères de l'église de Saint-Savin :

Rudesse et timidité de la construction ; mauvaise qualité des matériaux ; emploi excessif du mortier ;

Voûtes en berceau non contre-boutées par les voûtes des collatéraux ;

Rareté et grossièreté de l'ornementation sculptée ;

Emploi exclusif de l'arc en plein cintre.

Toute personne familiarisée avec l'architecture du moyen âge assignera sans hésiter à l'église de Saint-Savin une date fort reculée dans le xi° siècle. soit, pour plus de précision, de l'an 1000 à l'an 1050.

II

LÉGENDE DE SAINT-SAVIN.

J'ai tiré le récit qu'on va lire, d'un manuscrit latin faisant partie du recueil de dom Fonteneau, et copié sur le légendaire de saint Cyprien à Poitiers. Ce manuscrit est un petit in-4° de vingt-huit pages, d'une écriture très-fine qui me paraît appartenir au commencement du xviie siècle. On lit à la fin du cahier cette note, écrite d'une autre main : « Nota que ledit extrait nous fut laissé par MM. les anciens et ceux qui officiaient à Notre-Dame l'Ancienne, qui est une paroisse proche Saint-Pierre le Puellier. On dit qu'il y avait un autre légendaire, mais qu'on ne put trouver. » La vie des saints Savin et Cyprien, telle qu'elle est rapportée dans la Bibliothèque de Labbe, tome II, page 665, ne diffère pas essentiellement du manuscrit dont je vais donner l'extrait ; peut-être même n'en est-elle qu'un abrégé. J'ai pensé que, pour l'explication des peintures qui se rapportent à la vie de saint Savin, je devais donner la préférence au légendaire conservé dans l'abbaye. Quant à l'authenticité de la légende même, je ne puis que m'en rapporter aux propres paroles du P. Labbe : « Hinc patet ab imperitis temporum scriptoribus aut conficta, aut saltem vitiata, in plerisque fuisse martyrum acta. »

Il m'a paru inutile de traduire littéralement le latin détestable et le style ampoulé de l'auteur de la légende, qui emprunte les noms des compagnons des deux martyrs, et de donner une idée de la manière du narrateur et de sa latinité.

En l'an 458 de l'incarnation de N.-S., Maximus et Ladicius étant consuls à Amphipolis, ville d'Italie (*sic*), un redoublement de ferveur se manifesta parmi les gentils, par des sacrifices continuels à Dionysius, leur principale idole. Il y avait alors à Amphipolis deux frères d'une naissance illustre, Savin et Cyprien, natifs de Brixia (Brescia), ville voisine, célèbres l'un et l'autre par leur sagesse et leurs vertus. Ils voyaient avec horreur les grossières superstitions des Amphipolitains et les exhortaient à quitter leurs idoles de bois ou de métal, pour adorer le seul vrai Dieu.

Cinq mois après la fête de Dionysius, que les gentils avaient célébrée par des danses et des orgies, Ladicius vint à Amphipolis, et tout le peuple, animé contre les chrétiens, courut les dénoncer et demander leur mort au proconsul (*sic*). Celui-ci fit aussitôt comparaître les deux frères devant son tribunal, et les interrogea d'abord avec douceur. Savin, comme l'aîné, parla le premier, et, plein d'une noble audace, confessa qu'il était chrétien. Il reprocha même à Ladicius son aveuglement. Le magistrat, espérant que la jeunesse de Cyprien serait plus facile à séduire, tâcha d'obtenir de lui une rétractation. Prières, menaces furent inutiles ; les tourments n'eurent pas plus d'effet. D'abord on les suspendit à un poteau, et on les déchira avec des ongles de fer [1]. Les bourreaux se fatiguaient, lorsque Ladicius voulut tenter encore une fois de séduire les deux chrétiens et d'obtenir d'eux qu'ils sacrifiassent aux idoles. Il s'aperçut alors que leur constance n'était pas ébranlée. Savin, s'approchant de l'idole de Dionysius, fit le signe de la croix, et aussitôt l'idole, tombant de son piédestal, se rompit en morceaux. Furieux à ce spectacle, Ladicius fit jeter les deux soldats du Christ dans une fournaise ardente ; mais le feu les respecta et n'endommagea pas même leurs vêtements. Sous cette voûte ardente, les deux jeunes martyrs louaient le Sei-

---

[1]. L'auteur invente un verbe pour ce supplice : c'est *ungulari*.

gneur, lorsque tout à coup les flammes, sortant avec impétuosité de la fournaise, consumèrent Ladicius et cent soixante des gentils qui assistaient au supplice. On ne put retrouver le moindre débris de leurs cadavres. Un des principaux de la ville, nommé Gelasius, peu touché de ce miracle, fit conduire les saints dans la prison.

Quelques jours après arriva Maximus, collègue et parent de Ladicius, attiré à Amphipolis par la nouvelle de la mort de ce dernier. On lui amena les deux saints. « Parle, dit-il à Savin, toi qui es supérieur de taille et d'années ; comment te nommes-tu[1] ? » Or, Savin était d'une haute stature, terrible à voir, le visage gracieux et rondelet[2] bien proportionné de tous ses membres, et, quant à l'esprit, le plus doux et le plus aimable des hommes. « Mon père, répondit Savin, se nommait Magnus, ma mère Tatia, je m'appelle Savin.

---

1. « Dic mihi qui ætatis corpore es prolexior et temporis quantitate, quo censeris nomine? »

2. Je traduis ainsi les mots *cicerina facie*, que je ne comprends guère. L'auteur veut-il dire que le saint avait le visage rond comme un pois chiche, *cicer*, ou bien le mot est-il défiguré dans le manuscrit, et faut-il dire : *cincinnata facie*, tête frisée? Voici le texte : « Erat nempe Savinus statura procerus, terribilis visu, venusta et cicerina facie, decens corpore, et mente benignissimus. » L'auteur ayant dit dans sa préface qu'il écrivait pour le vulgaire, avec un style rustique, j'ai donné la préférence à la leçon *cicerina facie*, qui sent son paysan en effet.

Élevé par eux dans l'étude des bonnes lettres, je suis un humble clerc. — Et toi, quel est ton nom? demanda le proconsul à Cyprien. — Moi, je suis Cyprien. Nous sommes frères de père et de mère, fils de Magnus de Brescia, trois fois consul, et revêtu de la dignité préfectorale. Notre mère est également de famille consulaire, étant fille de Campadia [1]. — Eh bien, dit Maximus, en dépit de votre illustre naissance, sachez que, si vous n'adorez pas sur l'heure le dieu Apollon, vous serez mis à la gêne, puis livrés aux bêtes de l'amphithéâtre. On devine la réponse des deux héros chrétiens. Trois jours leur supplice fut différé, non point par commisération; mais on voulait faire jeûner une lionne et deux lions terribles, afin de rendre inévitable la mort des martyrs. Le jour venu, Maximus assis sur son tribunal, tout le peuple se pressant dans l'amphithéâtre, on lâcha d'abord la lionne, qui, d'un bond, s'élança au milieu de l'arène en poussant un rugissement effroyable. Mais, ô surprise! à la vue des deux frères, sa fureur disparaît; elle remue la queue comme un chien, et leur lèche les pieds. Les deux lions qu'on lâche ensuite montrent la même douceur, et caressent

---

1. Le texte porte que la mère des saints était *consul* aussi: « Mater autem nostraæque consul de matre sua Campadia est orta. »

humblement les victimes offertes à leurs dents homicides. Mais tout le peuple s'écria : « Ils charment les lions par art magique ! qu'on leur donne la mort ! » Le proconsul les fit ramener en prison, pour méditer quelque genre de supplice aussi nouveau qu'épouvantable. Trois jours les deux frères demeurèrent en prison, *restaurés par la nourriture du jeûne.* Au bout de ce temps, un ange leur apparut : « Sortez, leur dit-il, prenez le chemin des Gaules ; là, vous trouverez la récompense que le Seigneur vous destine. » Aussitôt les murailles de la prison s'écartèrent à droite et à gauche, et les chrétiens se virent libres.

Les saints sortirent de la prison vers les calendes de mai. Ils se rendirent d'abord chez deux prêtres chrétiens, Asclepius et Valère, qui jusqu'alors avaient échappé à la persécution en déguisant leur croyance. Animés par la fermeté de Savin et de Cyprien, ils trouvèrent assez d'audace non-seulement pour les accompagner dans leur long voyage, mais même pour les suivre jusqu'à leur martyre. Tous ensemble ils traversèrent les Alpes pennines, et parvinrent au bord du Rhône ; leur renommée les précédait et partout ils étaient entourés d'un grand concours de peuple avide de les voir et d'entendre leurs touchantes exhortations. Une femme païenne, nommée Emmenia, vint déposer à leurs pieds son enfant mort. « Si vous êtes, leur dit-elle, comme on le prétend, les amis du grand Dieu, faites, par vos prières, qu'il me rende ma seule espérance, mon fils unique. Je suis chrétienne si vous me le rendez. » Saint Savin fit une courte oraison; puis, prenant la main de l'enfant, il le releva plein de vie. Avertis par un ange, les saints et leurs compagnons poursuivirent leur voyage. A Lyon, ils passèrent la Saône à la nage (*sic*), et, cheminant par la haute Bourgogne, ils parvinrent jusqu'à Auxerre. Là, ils trouvèrent le très-glorieux Germain, et Loup, évêque de Troyes, l'un et l'autre revenant d'un voyage en Irlande, île habitée par les Scots et les Bretons, vers lesquels le souverain pontife les avait dépêchés pour extirper l'hérésie des Pélagiens (*sic*). D'abord, Germain voulut le retenir; mais, éclairé par une révélation divine, il les bénit et les accompagna jusqu'à trois milles d'Auxerre. Après avoir passé la Loire et traversé le pays de Tours, saint Savin et ses compagnons se trouvèrent sur le territoire des Poitevins, au confluent de la Gartempe et de la Creuse : là, comme ils prenaient quelque repos, il aperçurent le proconsul Maximus qui les poursuivait.

Maximus avait juré de ne revoir l'Ausonie (*sic*) que lorsqu'il aurait vengé la mort de son parent Ladicius; il s'était mis en route avec deux cents satellites italiens, et, suivant partout les saints à la piste, il venait enfin de les découvrir. Déjà les chrétiens se croyaient parvenus au terme fatal de leur voyage, quand tout à coup une barque parut au bord de l'eau. Ils y entrèrent, et la barque, sans voiles, sans rames, les porta en un instant à l'autre rive. Aveuglé par la fureur, Maximus se jeta sans balancer dans la rivière pour les atteindre. Il y perdit la moitié de son monde, qui se noya dans les flots. Sans se décourager, il recommença sa poursuite, et atteignit enfin les illustres fugitifs sur le bord de la Gartempe, à un mille environ d'Antigny, dans un lieu nommé Cerisier (*Cerasus*). Aussitôt, il les fit garrotter, et les conduisit dans une île de la Gartempe, en face d'un champ appelé Sceaux (*Sellis* ou *Psellis*). Là, il leur fit souffrir tous les supplices que sa rage sut imaginer. Un malheureux, tourmenté par un esprit de ténèbres, assistait à ce triste spectacle. « Tu vois ce fou, dit Maximus à Savin ; ne saurais-tu faire sur ce misérable quelqu'un de ces miracles que tu faisais en Ausonie, par la vertu de ton Christ crucifié ? » Savin, levant les yeux et les mains au ciel, supplia le Seigneur de délivrer le possédé : incontinent l'esprit immonde sortit du corps de ce malheureux avec une horrible puanteur. Le possédé demanda le baptême, et avec lui dix des satellites de Maximus. Nul miracle ne pouvant toucher ce maudit, il fit trancher la tête à Savin et à ses dix soldats; quant à Cyprien et à ses deux compagnons, Asclepius et Valère, il les emmena avec lui à Antigny.

La nuit même, les deux prêtres Asclepius et Valère, miraculeusement délivrés de leurs fers, se rendirent dans l'île où gisait abandonné le cadavre du martyr; ils le portèrent de l'autre côté de la rivière, sur une hauteur que l'on nommait alors le mont des Trois-Cyprès (*ad Tres-Cupressos*). Il y avait une chapelle ruinée par les Vandales, consacrée jadis au bienheureux saint Vincent. Ce fut ce saint lieu que les deux prêtres choisirent pour la sépulture de Savin. Ils l'y déposèrent le 9 des ides de juillet. Cyprien trouva le martyre à Antigny et fut enterré à côté de son frère. Pour Maximus et ses soldats, livrés au démon et agités d'une fureur divine, ils périrent tous misérablement bientôt après. Ainsi finit la légende. — L'île de la Gartempe, où Savin souffrit le martyre, existe à quelque distance du bourg actuel de Saint-Savin, non loin d'Antigny : on la nomme l'île du Gué de Sceaux; elle est en face d'un hameau nommé Saint-Cyprien, qui longe une voie romaine. On voyait encore, il y a vingt-cinq ou trente ans, près de l'île, sur la rive gauche de la

Gartempe, les ruines d'un village nommé le Gué de Sceaux. Quant au mont des Trois-Cyprès, il est connu aujourd'hui sous le nom de Saint-Savin. On passe par cette hauteur pour aller au hameau du Breuil. Je n'y ai observé nul vestige de chapelle; mais, au XVIIe siècle, il y avait, sur le coteau, une église dédiée à saint Vincent. Le P. Labbe l'appelle l'église paroissiale de Saint-Savin [1].

Un des religieux réformés de l'abbaye de Saint-Savin, à propos de la légende dont on vient de lire l'abrégé, a écrit en note : « L'endroit qu'on appelle le mont Saint-Savin, où l'on prétend que ce saint a été martyrisé [2], n'est décoré d'aucune marque ni aucun monument d'antiquité. L'église est d'un goût très-moderne. Tout ce qu'on dit sur le martyre de saint Savin, arrivé dans ce lieu, n'est fondé que sur une tradition, aussi bien que ce qu'on dit sur le martyre de saint Cyprien, son frère, au Gué de Sceaux. »

1. Bibli : Labb. II, 665.
2. L'auteur de cette note confond les faits et les lieux. Le mont des Trois-Cyprès est le lieu de la sépulture et non celui du martyre de saint Savin. Saint Cyprien fut décapité à Antigny, et non au Gué de Sceaux.

Le *Martyrologium gallicanum* (p. 1144), d'André Dusaussay, rapporte en deux mots le martyre des saints Savin et Cyprien. Il croit à tort que le monastère de Cerisier fut consacré à un autre saint.

III

HISTOIRE DE L'ABBAYE DE SAINT-SAVIN.

Les archives de l'abbaye de Saint-Savin ont été détruites pendant les guerres civiles du xvi⁰ siècle. Le titre le plus ancien qui se soit conservé, d'ailleurs sans importance, ne remonte qu'au commencement du xi⁰[1]. Auparavant, on ne trouve qu'inexactitudes et contradictions.

Plusieurs mémoires recueillis dans la précieuse collection de dom Fonteneau, bien que d'une date assez récente (ils sont tous du xvii⁰ ou même du xviii⁰ siècle), m'ont paru cependant offrir le témoignage d'une tradition locale qui ne pouvait

---

[1] C'est une lettre de Guillaume, duc d'Aquitaine, à Aribert, abbé de Saint-Savin, auquel il demande dix de ses religieux pour établir la réforme à Charroux. Cette pièce paraît, d'ailleurs, incertaine. Dans le texte, Aribert n'est point qualifié d'abbé de Saint-Savin, et ce titre lui serait contestable, si j'en crois une note de dom Fonteneau, t. XXV, p. 585.

être négligée, et j'en ai fait un fréquent usage.

On attribue généralement à Charlemagne la fondation de l'abbaye de Saint-Savin. Vers 800, suivant la chronique de Maillezais[1], en 810, suivant un mémoire manuscrit du recueil de dom Fonteneau, Charlemagne fit bâtir un monastère et une forteresse dans un lieu nommé Cerasus ou Cerisier, et y déposa quantité de reliques qu'il avait rapportées d'une expédition au delà des Pyrénées. Cerasus est, ainsi qu'on l'a vu dans la légende, le lieu où saint Savin aurait été arrêté par les soldats de Maximus, et toutes les traditions sont d'accord pour y reconnaître l'emplacement actuel de l'abbaye. Aujourd'hui, il peut paraître surprenant qu'un prince guerrier comme Charlemagne ait choisi cette localité pour y construire un château fort. En effet, c'est une vallée commandée par des hauteurs facilement accessibles. La Gartempe, qui coule au milieu, étant presque toujours guéable, on ne peut guère supposer que le château de Cerisier fût destiné à défendre un pont ou un passage. Mais sans doute l'aspect des lieux a changé considérablement. Autrefois, lorsque les plateaux du Poitou étaient boisés, la Gartempe avait peut-être assez de profondeur pour former un obstacle

---

1. *Chronicon Malleacense*, Bibl. Labb. II, 199.

sérieux ; et il était facile, au reste, par quelques travaux, de la faire contribuer puissamment à la défense d'une forteresse bâtie sur ses bords. Il y a deux siècles, l'abbaye était encore entourée de fossés. En 1626, on arrivait par un pont-levis à la porte occidentale, et probablement ce pont-levis traversait un fossé rempli par la rivière. Qu'il fût défendu par la nature ou par l'art, l'emplacement choisi par Charlemagne n'offrait pas les inconvénients qu'il présenterait aujourd'hui, car la distance qui le sépare des coteaux voisins est plus que suffisante pour le mettre hors de la portée des machines de guerre connues au moyen âge.

Alors même que le hameau de Cerisier n'eût pas été célèbre au temps de Charlemagne comme le théâtre d'un martyre, le voisinage du château fort offrait à une communauté religieuse une protection trop nécessaire à cette époque pour qu'elle ne fût pas recherchée avec empressement. On n'a, d'ailleurs, aucune raison de penser que l'établissement du monastère ait été postérieur à celui de la forteresse de Cerisier ; mais il est incertain que Charlemagne ait terminé ces constructions. Selon la chronique de Maillezais, Louis le Débonnaire les aurait trouvées détruites et les aurait réparées. Dans l'impossibilité d'expliquer comment les bâtiments auraient pu être renversés si peu de temps après leur fondation, les auteurs de la *Gallia Christiana* supposent avec beaucoup de vraisemblance que le fils acheva l'œuvre de son père. Quoi qu'il en soit, Louis le Débonnaire dota richement l'abbaye et en remit la direction à saint Benoît d'Aniane.

La découverte des reliques de saint Savin et de saint Cyprien mit en réputation le monastère de Cerisier, et sans doute occasionna son changement de nom. Je lis, dans un des mémoires manuscrits déjà cités, que cet événement arriva sous le règne de Charlemagne; mais les noms de quelques personnages qui figurent dans le récit font soupçonner que c'est au temps de Charles le Chauve qu'il faut le rapporter. « C'est, dit l'auteur du mémoire, d'après un vieux bréviaire escript en lettres gothiques, gardé au monastère, en la translation de saint Savin, qu'il a trouvé la relation des miracles qui firent découvrir les corps saints. » Une brebis égarée du troupeau, passant dans un taillis, tomba tout à coup frappée d'un engourdissement surnaturel. Le berger, qui la suivait à la piste, se frayant avec le fer un passage au milieu des broussailles, voulut faire lever l'animal, et reconnut à son immobilité qu'il s'était abattu sur le tombeau d'un saint. Il se hâta d'en informer le voisinage. Bientôt après, un prêtre, nommé Bonitus, perdit son cheval qu'on lui déroba. Plein d'une naïve confiance, il alla porter selle et bride sur la sépulture des martyrs, protestant qu'il les y laisserait jusqu'à ce que son cheval fût retrouvé [1]. De retour à sa maison, il le vit qui rentrait de lui-même à l'écurie.

Ces miracles, et bien d'autres encore, furent attestés à Charlemagne, suivant le vieux bréviaire, par Baydilo, abbé de Maurmoutier, près Tours, et comte palatin, qui s'empressa de donner au nouveau monastère la terre de Cerisier qu'il possédait.

Dès le commencement du ixe siècle, l'abbaye de Cerisier ou de Saint-Savin jouissait de grands priviléges. Elle est citée, en 817, comme franche et libre de toute prestation et de tout service militaire envers l'empereur, tenue seulement à prier pour son salut, celui de ses fils et la stabilité de l'em-

---

[1]. Ce trait caractéristique me semble prouver l'ancienneté, sinon l'authenticité de la tradition. Voici la traduction du texte cité dans le mémoire manuscrit : « Il prit la selle et la bride, les porta au sépulcre de ces martyrs, et, avec une simplicité qui a été souvent suivie de miracles dans la vie des pères, protesta qu'il les laisserait là jusqu'à ce qu'ils eussent réparé cette perte, lui rendant son cheval. » Le même miracle est raconté dans la Translation de saint Savin, attribuée au moine Rimoin, mais en d'autres termes ; le même auteur rapporte un autre miracle de saint Savin, presque aussi notable que celui du cheval.

pire[1]. Le second abbé de Saint-Savin, Odon, ou plutôt Dodon, fit exécuter de grands travaux dans le monastère, ainsi que l'attestait l'inscription gravée sur son tombeau; ce qui donnerait lieu de croire que les bâtiments fondés par Charlemagne ou Louis le Débonnaire n'avaient qu'une médiocre importance. Les formidables remparts élevés autour du couvent assuraient à ses religieux une sécurité enviée par toutes les communautés voisines dans ce temps de troubles et de pillages. Saint-Savin était un lieu de refuge pour les moines chassés de leurs couvents par la terreur que répandaient dans toute la Gaule les incursions des barbares du Nord. En 846, les religieux de plusieurs monastères y arrivaient en fugitifs, apportant de villes fort éloignées leurs reliques et leurs trésors. Les portes de la forteresse s'ouvrirent à la fois pour recevoir les châsses de saint Maixent, de saint Florent et de saint Romard. Les moines de Glanfeuil y déposèrent les dépouilles sacrées de saint Maur; enfin, ceux de Saint-Martin d'Autun vinrent y demander

---

1. *Gallia Christiana*, II, 1285.

Jacques Loubbes, dernier abbé régulier qui avait encore les titres de la maison, déclare, dans l'hommage qu'il rendit au roi en 1537, « que l'abbaye de Saint-Savin est de fondation royalle, et qu'il la tient de la franche aumosne des roys de France, à la charge d'une messe chaque jour de l'année, qui est la conventuelle, de deux messes à chaque muauce de roy, etc. » *Recueil de dom Fonteneau*, XXV, p. 661.

un asile. Moins confiants que les étrangers dans la force de leurs murailles, les religieux de Saint-Savin, sur le bruit d'une irruption de pirates, transportèrent à Bourges la châsse de leur patron et l'y laissèrent trente années. Pourtant, au milieu de la dévastation générale, il ne paraît pas que l'abbaye de Saint-Savin fut attaquée. Elle demeurait debout, presque seule, en 878, parmi les ruines fumantes que les barbares venaient de laisser partout dans l'Aquitaine.

En même temps, la réputation de sainteté de ses religieux s'étendait au loin. C'était aux abbés de Saint-Savin qu'on demandait des réformateurs pour rétablir la discipline dans les monastères du midi de la France. Depuis le IX° jusqu'au XI° siècle, ils envoient de pieuses colonies dans le Poitou, l'Angoumois, le Limousin et jusque dans la haute Bourgogne [1]. S'il en faut croire les traditions locales du monastère, la fameuse abbaye de Cluny serait une fille de Saint-Savin.

Je ne puis m'empêcher de rapporter ici une anecdote intéressante qui fait connaître quelle était la rigueur de la règle de saint Benoît et la ferveur de ses disciples. « Nous lisons dans un vieux manu-

---

1. A Ruffec, Saint-Cybard d'Angoulême, Saint-Martial de Limoges, la Baulme (probablement Baulme-les-Messieurs dans le Jura).

scrit de Limoges, dit l'auteur anonyme de l'histoire de saint Savin d'où nous tirons ces détails, et qui fait partie des manuscrits de dom Fonteneau, que, ces barbares (des pirates normands) ayant rencontré un soir, près de Châtellerault, un de nos religieux et l'ayant fait prisonnier, ils lui firent en vain éprouver tous les tourments que leur malice put inventer, pensant l'obliger à parler, sans en venir à bout; dont étant extrêmement surpris, ce saint personnage leur fit réponse, lorsque l'heure de primes du lendemain fut passée, que, s'il ne leur avait pas parlé, ce n'était pour autre raison, sinon que sa règle ne lui permettait pas de rompre le silence depuis complies jusqu'au lendemain après primes. »

Peu après leur translation de Bourges, les reliques de saint Savin disparurent sans qu'on pût savoir où elles avaient été déposées. A l'approche d'une troupe de pillards, les religieux avaient enterré la châsse dans leur église, qui, bientôt après, fut saccagée et détruite. Probablement les moines qui avaient pris part au dépôt des reliques périrent dans la catastrophe qui suivit, et avec eux s'éteignit le secret. La destruction du château et de l'église est niée par quelques-uns des historiens de l'abbaye : il est impossible, néanmoins, d'expliquer autrement la disparition des reliques de saint

Savin dans une communauté si pieuse et si intéressée à leur conservation.

Lorsque la tranquillité fut un peu rétablie dans le Poitou, vers 888 ou 890, un prêtre nommé Bonitus (si je lis bien un nom surchargé dans le manuscrit d'où je tire ces renseignements) répara le monastère et probablement aussi le château de Cerisier.

Au commencement du xie siècle, Adelmondis ou Almodie, comtesse de Poitiers, première femme de Guillaume IV, surnommé Fier-à-bras, duc d'Aquitaine, laissa une somme d'argent très-considérable par testament, à Odon II, abbé de Saint-Savin, pour qu'il en fît l'usage qui lui semblerait le plus utile au salut de son âme. Odon fit aussitôt reconstruire l'église de son monastère sur un plan plus vaste, et l'église actuelle de Saint-Savin passe pour être son ouvrage.

Odon prit en 1023 la direction de l'abbaye de Saint-Savin, pendant l'absence de Gombauld, qui s'était rendu à Charroux pour y établir la réforme. On ignore la date précise de la mort de la comtesse Adelmondis; mais son mari, qui lui survécut, mourut en 1030. En 1040, Odon assistait à la consécration de l'abbaye de la Trinité, à Vendôme. L'époque de sa mort est inconnue. Gervais, son successeur, non pas immédiat, était abbé de Saint-

Savin en 1074. Il réforma, dit-on, la discipline, qui s'était relâchée sous l'abbé son prédécesseur : or, il est évident que le reproche ne peut s'adresser à Odon, qui avait tant fait pour le monastère. Il est donc probable que Odon mourut au plus tard vers 1050. Si, comme l'attestent les traditions de l'abbaye, l'église fut entièrement construite par lui, on ne peut douter qu'elle ne fût terminée au milieu du xie siècle. Commencés vraisemblablement vers 1023, avec des ressources considérables, on ne peut guère supposer que les travaux aient duré plus de vingt-sept ans.

Ainsi que nous l'avons vu, les caractères architectoniques de l'église de Saint-Savin se rapportent parfaitement à cette date, et l'archéologie, par ses inductions, confirme le témoignage de l'histoire. Il est vraisemblable que le plan d'Odon fut modifié, par l'existence de l'église du ixe siècle sur le même emplacement. D'un côté, le désir de conserver la crypte et certains autels a pu obliger Odon, soit à respecter la disposition primitive, soit à la reproduire dans l'édifice qu'il a fait élever; d'un autre côté, les anciennes fondations pouvaient être assez solides pour que les architectes en voulussent tirer parti. J'ai fait remarquer l'espèce de désaccord qui existe entre la nef et le chœur de Saint-Savin. Ce désaccord tient peut-être aux deux causes que je viens d'indiquer [1].

Admettons un moment, comme une pure supposition, que l'église du ixe siècle ait eu la forme d'une croix latine, qu'elle n'ait eu qu'une seule nef, et que le chœur n'ait consisté, comme dans la plupart des édifices de ce temps, qu'en une grande abside, laquelle aurait occupé tout l'espace compris aujourd'hui par le stylobate semi-circulaire. Supposons encore que, par un motif de respect religieux, ou seulement pour la commodité et l'économie de la construction, on ait conservé dans le nouveau plan les murs anciens ou du moins leurs fondations et leurs soubassements, qu'en serait-il résulté? Les murs de l'abside seraient devenus le stylobate du chœur; les murs des transepts auraient servi à soutenir la coupole et le clocher central; les fondations des murs latéraux de la nef ancienne auraient reçu les colonnes de la nef moderne. Cette hypothèse, que je ne présente qu'avec la plus grande réserve, pourrait expliquer, ce me

---

[1]. « Ce fut en jetant les fondements de cette nouvelle église, telle que nous la voyons aujourd'hui, qu'on retrouva les corps de saint Maixent ou Adjutor, de saint Romard, de saint Florent, de sainte Prudence, de saint Savin et de saint Marin; ce qui causa une joie incroyable à tous ces bons religieux, ainsi qu'à tout le peuple des lieux circonvoisins. » *Recueil de dom Fonteneau*, t. LXXX.

semble, le rétrécissement de l'église à l'intersection des transepts et la position des collatéraux du chœur sur un autre axe que celui de la nef. J'ajouterai que la tour occidentale ou plutôt la base de cette tour, qui n'est pas liée à la nef, a probablement fait partie des fortifications du château de Cerisier, et qu'elle ne s'est réunie à l'église que par suite de l'agrandissement de cette dernière sous Odon II. Le caractère tout militaire qu'on observe à la base de cette tour et l'absence de liaison avec les murs de la nef, me semblent une forte présomption en faveur de ma conjecture.

Je dois dire ici quelques mots d'une tradition du pays, à laquelle il ne faut pas attacher trop d'importance, mais que l'on ne doit pas négliger pourtant. Les habitants de Saint-Savin, probablement d'après les religieux de l'abbaye, tiennent pour constant que la tour occidentale a été construite par Charlemagne, et en allèguent une preuve singulière. Sur un grand nombre de pierres de parement, on observe des E gravés au ciseau, et voici, dit-on, le sens mystérieux de cette lettre. Charlemagne aurait fait vœu de fonder autant de monastères qu'il y a de lettres dans l'alphabet. Chaque monastère aurait été pour ainsi dire numéroté suivant son ordre de fondation, et Saint-Savin, comme le cinquième, aurait été désigné par un E. En effet, un E figure dans les armes de l'abbaye.

Mon savant confrère M. Natalis de Wailly a bien voulu me communiquer un document fort curieux relatif à ces fondations attribuées à Charlemagne, que les Bollandistes supposent avoir été écrit peu après 1165. Ils n'en ont publié que le prologue et la table des chapitres. Les extraits du manuscrit concordent parfaitement avec ceux qu'ont donné les Bollandistes [1], en sorte qu'on ne peut douter qu'ils n'appartiennent au même ouvrage [2]. Ce manuscrit, en confirmant le fait des vingt-trois fondations carlovingiennes, contredirait la tradition relative à Saint-Savin, puisque, d'après lui, sa lettre serait l'I et non pas l'E. On ne peut, d'ailleurs, considérer ce manuscrit comme une autorité irrécusable. Il atteste seulement une tradition répandue au XIIe siècle, qui, suivant toute apparence, était conservée avec des variantes dans les différents monastères dont elle intéressait l'histoire.

Je citerai, à cette occasion, un fait curieux que j'ai observé par moi-même. Il existe dans l'église de Conques (Aveyron), parmi un assez grand nombre de reliquaires anciens, un objet de forme triangulaire, en bois recouvert de cuivre doré ou peut-être de vermeil, incrusté de pierres précieuses

---

1. Tome II de janvier 1845.
2. Bibliothèque royale, manuscrits Bouhier, n° 29, page 189.

et de quelques intailles antiques, parmi lesquelles on remarque une Victoire écrivant sur un bouclier, d'un très-beau style. La base du triangle a été évidemment raccommodée, et très-maladroitement à une époque fort ancienne ; mais les parties qu'on peut regarder comme intactes sont d'un travail qui conviendrait au VIIIe siècle ou au IXe siècle. On appelle ce reliquaire l'A de Charlemagne[1] et il passe pour être un présent de ce prince. Il paraît qu'au XVIIe siècle plusieurs monastères conservaient d'autres reliquaires en forme de lettres auxquels on attribuait la même origine.

Pour revenir à Saint-Savin, alors même que, admettant l'authenticité de la tradition locale, on supposerait que les pierres de la tour portent, en effet, le chiffre particulier à ce monastère, il ne s'ensuivrait pas, comme une conséquence nécessaire, que ces lettres ont été gravées au temps de Charlemagne. Il est impossible, en effet, de prétendre apprécier la date de ces E par la comparaison de leur forme avec celle de quelques E empruntés à des inscriptions ou des manuscrits carlovingiens. On conçoit qu'il n'y a nulle conclusion à tirer de la forme de lettres grossièrement tracées à la pointe du ciseau par des ouvriers inexpérimentés.

---

1. D'après le manuscrit dont j'ai parlé, Conques devrait avoir un D.

J'avais toujours regardé les E de la tour de Saint-Savin comme des marques d'appareilleurs; la présence d'un E dans le blason de l'abbaye a quelque peu ébranlé ma conviction, et m'a engagé à réunir ici le petit nombre de renseignements que j'ai pu recueillir. Pour avoir une opinion arrêtée sur ce sujet, attendons que d'autres faits du même genre viennent jeter un jour nouveau sur la question.

Vers le milieu du XIIIe siècle, le monastère de Saint-Savin reçut des donations considérables. « En 1250, le comte Ildefonse, ou Alphonse, quatrième fils de Louis VIII et frère de saint Louis, donna à l'abbaye de Saint-Savin sa belle, noble et seigneuriale terre du Rillet, avec toutes ses dépendances s'étendant dans neuf paroisses circonvoisines... » Dans le même temps, les domaines de la communauté s'agrandissaient par suite d'un legs aussi important. Une mère désolée, dont les deux fils étaient morts à la chasse, la dame de Toiray, laissait tous ses biens au monastère de Saint-Savin. « La terre seigneurie de Toiray, dit le moine dont je transcris la relation, est un membre très-considérable de l'abbaye. » Par un sentiment d'humilité fréquent à cette époque, la noble légataire voulut être enterrée sous le clocher de l'église, devant la porte, « afin d'être foulée aux pieds de ceux qui entraient et sortaient de la nef. » — « Il faut convenir, ajoute mon auteur, qu'on n'enterrait personne dans l'église dans ces temps, parce qu'on la regardait comme remplie de corps saints. On enterrait les abbés dans le cloître. »

Les religieux de Saint-Savin étaient tenus de célébrer quatre services chaque carême pour leurs bienfaiteurs ; le premier, pour les rois fondateurs ; le second, pour la comtesse de Poitou, Adelmondis ; le troisième, pour le comte Ildefonse ; le dernier, enfin, pour la dame de Toiray. Je rapporte ces donations parce qu'elles peuvent donner une idée des richesses de l'abbaye, et que, dans le moyen âge, les grandes constructions avaient presque toujours lieu à la suite de legs ou de présents faits à des communautés monastiques. L'église de Saint-Savin, cependant, n'a point conservé les traces de travaux considérables exécutés dans le courant du XIII° siècle. Peut-être faut-il attribuer à cette époque l'érection d'un jubé dont j'ignore l'emplacement, et dont je n'ai connu l'existence que par une pièce manuscrite qui en mentionne la destruction. Il est probable, en outre, que les bâtiments conventuels s'agrandirent ou même se renouvelèrent au moyen d'autres libéralités dont le monastère fut alors l'objet. Enfin, on pourrait encore rapporter au même temps la construction des cloîtres détruits vers la fin du XVIe siècle.

Du XIIIe au XIVe siècle, l'histoire de l'abbaye de Saint-Savin n'offre aucun fait qui mérite d'être relaté. Déjà la prospérité du monastère touchait à sa fin, et une série de catastrophes allait fondre sur son église.

Les guerres acharnées du XIVe siècle entre la France et l'Angleterre lui portèrent le premier coup. En 1368, une troupe d'Anglais s'était retranchée à Saint-Savin, de l'aveu de l'abbé, nommé Jocelin, Anglais lui-même, ou du moins dévoué aux intérêts de la Grande-Bretagne. Un religieux, en 1370, pour se venger de lui, livra l'abbaye aux Français, qui en massacrèrent la garnison. L'année suivante, le prince Noir reprit le monastère et y mit tout à feu et à sang.

Nous touchons à l'époque des guerres de religion, si fatales à nos monuments. Je laisse parler un des historiens de l'abbaye :

« Il n'y a rien de remarquable de cette maison, depuis l'an 1400 jusqu'en l'an 1500, que des aliénations, des usurpations et des démembrements, dont on trouve encore des mémoires, quoique fort imparfaits, de sorte que, pendant ce siècle, par la négligence des abbés et des religieux particuliers, qui, bien loin de s'opposer à ces aliénations, y prétaient la main autant qu'il dépendait d'eux, toutes les maisons, particulièrement de noblesse, des environs de Saint-Savin se sont enrichies des dépouilles de cette pauvre abbaye...

» Les édits du roi Charles IX, de 1562, qui ordonnaient de grosses impositions sur les ecclésiastiques, et qui permettaient, pour le payement d'icelles, d'aliéner le bien d'Église, donnèrent lieu à bien des usurpations, et il n'y eut point d'officier ni de bénéficier qui n'imitât son abbé en déchirant les entrailles de sa mère, c'est-à-dire en aliénant le plus beau et le meilleur de l'abbaye et du couvent...

» Il n'est pas possible de marquer en détail toutes les pilleries non plus que toutes les prises et reprises qui ont été faites de ladite abbaye, tant par les huguenots que par les catholiques, depuis l'année 1550 ou environ que commencèrent les troubles; mais il sera parlé des principales.

» En 1562, le sieur de Bourdeille fut envoyé avec cinq cents chevau-légers à Saint-Savin, qu'il prit et pilla avec un grand carnage.

» En 1568, le 10 novembre, le comte de Choisy et Beauvoisin et autres capitaines, s'étant saisis de l'abbaye sans beaucoup de résistance, firent de ce sanctuaire un lieu de désolation. Nous ne lisons pas qu'ils tuèrent les moines, comme ils firent à

Saint-Michel en Erm la même année, car ils s'étaient retirés de là, ne pensant qu'à sauver leur vie, sans pourvoir aux choses sacrées. Les huguenots pillèrent tout ce qu'ils purent et ce qui était resté du pillage de 1562; ils mirent le feu à l'église, à la charpente du clocher, qui allait jusqu'au sommet de la flèche, et aux chaises du chœur, qui étaient magnifiques; les grandes et les petites orgues et les images eurent le même sort.

» L'image de Notre-Dame, qui, avec le chef de saint Savin, était en grande vénération parmi le peuple (on appelait cette Notre-Dame *Notre-Dame des Enfants*), fut jetée dans la rivière, dans un grand trou qui est sous la chute de l'eau du moulin. Un habitant de Saint-Savin, âgé de quatre-vingts ans, a raconté que, les troubles étant passés, le peuple, s'étant assemblé, avait fait plonger un homme dans l'eau pour attacher ladite image avec des cordes, qui, avec des chevaux et des bœufs, n'avait pas eu l'industrie de la retirer. Outre cela, dans le même pillage, le comte de Choisy détruisit le monastère et se saisit des papiers et titres de l'abbaye; il en fit brûler beaucoup et emporta le reste à Naillé.

» Il y a aussi apparence que ces brigands firent brûler les reliques qu'ils purent découvrir et qui étaient en grand nombre dans ce monastère, ou qu'ils les jetèrent dans la rivière, quoique quelques-uns assurent qu'elles sont cachées dans quelque lieu secret... »

L'abbaye n'eut pas moins à souffrir de l'indiscipline des troupes catholiques. En 1574, elle fut saccagée par l'armée royale, qui y tint garnison jusqu'à la paix de 1576.

Les fortifications de Saint-Savin, impuissantes pour défendre l'abbaye contre un siége régulier, suffisantes cependant pour protéger les bandes de pillards qui rançonnaient la province, attirèrent de nouveaux malheurs sur l'église pendant les guerres de la Ligue. Le monastère fut pris et repris plusieurs fois, et toujours de plus en plus maltraité. En 1585, les ligueurs y assiégèrent le capitaine Taillefer, qui s'était retranché dans l'église.

« Ils appliquèrent le pétard du côté de l'église qui regarde le jardin de Saint-Marin [1], dans le coin qui joint la chapelle de la croisée ; et, ayant fait une large ouverture, qui n'a été bouchée qu'avec de la terre, s'en rendirent par force les maîtres et y firent un grand butin, en ce que ledit capitaine Taillefer y avait amassé beaucoup de richesses.

» Après la mort d'Aymeric de Rochechouart,

---

1. Chapelle n° 7, d'après le manuscrit de dom Estiennot. M. Joly a retrouvé des traces évidentes de l'explosion.

abbé de Saint-Savin, qui arriva en 1580, M. Claude de Villequier, père du vicomte de la Guerche, trouva moyen d'obtenir l'abbaye de Saint-Savin, vacante, pour un tiers confidencier nommé Mathurin Vincent, sous le nom duquel il en jouit douze ans ou environ, car Vincent n'était abbé que de nom... Son fils, le vicomte de la Guerche, voyant que la garnison qu'il y fallait entretenir pour défendre la place, consommait la plus grande partie des revenus, et que les moines demandaient qu'on réparât les lieux réguliers brûlés et détruits par les huguenots, et qui n'avaient été réparés que par des bousillages et de la terre, sur les magnifiques ruines de l'ancien cloître et de l'ancien bâtiment, la condamna à être démolie et détruite, sous prétexte de la ruine que sa forteresse apportait au pays, quoiqu'on pût dire que c'était plutôt pour mieux recueillir les revenus, qui bien souvent étaient dissipés par les garnisons.

» Le sieur de Champagne, prévôt des marchands de Montmorillon, qui était sujet de l'abbaye, eut commission de détruire la forteresse de Saint-Savin. On avait lieu d'espérer qu'il userait sobrement de son pouvoir; mais, bien loin de là, il outre-passa tellement sa commission, qu'il démolit non-seulement la forteresse, il démolit et fit mettre par terre tout le monastère, sans épargner le cloître ni le chapitre, ni le dortoir, ni le réfectoire, ni la cuisine, ni les logis des officiers particuliers, ni les chambres des hôtes. On prétend aussi que son impiété le porta jusqu'à vouloir faire sauter le clocher, que les huguenots mêmes avaient épargné : car les religieux de la congrégation de Saint-Maur, faisant restaurer ledit clocher en 1664, pour réparer le dommage que le feu et les injures du temps y avaient porté, découvrirent un conduit qui avait été pratiqué sous les fondements dudit clocher, dans lequel dix hommes se seraient tournés, ce qui avait été fait pour faire sauter le clocher par le moyen de la poudre [1]. On présume que M. de Champagne fit cela, en ce que ni les huguenots ni les Normands n'ont jamais si fort maltraité cette pauvre maison qu'il fit, n'y laissant aucun vestige de maison religieuse. Ledit sieur de Champagne fit aussi conduire beaucoup de matériaux des débris de l'abbaye en sa maison de Champagne pour l'embellir...

1. Il s'agit probablement de la tour qui s'élève au-dessus du vestibule, laquelle avait un pont-levis et pouvait être considérée comme une espèce de donjon, en raison de la hauteur et de l'épaisseur de ses murs. Il est évident, d'ailleurs que l'accusation portée contre le sieur de Champagne n'est pas fondée. Un conduit « où dix hommes se seraient tournés » n'est pas une mine. Un petit baril de poudre eût suffi pour renverser la tour de Saint-Savin.

» Il paraît encore évidemment aujourd'hui que le cloître a été démoli deux fois, par la naissance des voûtes dont il reste encore quelques vestiges du côté de l'église, dont l'une (sic) paraît avoir été d'une structure magnifique, c'est-à-dire celle qui fut faite du temps d'Odo par la libéralité de la comtesse Adelmondis, duchesse d'Aquitaine ; l'autre en berceau, qui n'était qu'une faible réparation de l'entretien et selon que le temps le permettait[1]. »

Charles d'Enan, évêque de Poitiers, puis de Langres, abbé de Saint-Savin, se démit, en 1611, de son abbaye en faveur d'un certain Vautron, créature d'un misérable nommé le baron des Francs, qui, s'établissant dans le monastère, en fit bientôt une demeure de bandits. Pendant plusieurs années, à la tête de quelques coupe-jarrets, il renouvela dans les environs de Saint-Savin toutes les violences et les pillages qu'on raconte des capitaines d'aventure du xivᵉ siècle. Les crimes de ce scélérat ont laissé de telles traces dans le monument dont j'écris l'histoire, qu'il m'est impossible de les passer sous silence.

1. Le bon moine montre ici peu de connaissance en architecture. La voûte *en berceau* est la seule qui puisse appartenir à l'époque d'Odon. L'autre partie du cloître datait probablement du xiiiᵉ siècle. Il ne reste plus rien de ces cloîtres aujourd'hui.

Quand on lit dans le recueil de dom Fonteneau ou dans les archives de la préfecture de la Vienne le récit des excès de tout genre commis par le baron des Francs, on peut se croire transporté à l'époque où les barbares campaient en vainqueurs sur les ruines des cités gallo-romaines. Le seigneur des Francs arrive à Saint-Savin escorté de quelques bandits et suivi d'une troupe de concubines et de bâtards. Aussitôt il s'installe militairement dans le monastère ; de la tribune il fait son corps de garde ; il prend son bois de chauffage dans la charpente du couvent. Il démolit une partie des voûtes ; on n'arrive plus à lui qu'en traversant une planche jetée sur cette coupure, car il ne peut dormir tranquille que derrière un retranchement. Tant qu'il y aura de la poudre et des balles, il n'est point en peine pour faire vivre sa petite garnison. Voyez-le sortir au fourrage : il monte son bon cheval de bataille et se met en marche avec dix ou douze valets armés jusqu'aux dents. « Voici un troupeau de moutons : il est à nous ! Voici des bœufs : choisissez les plus gras ; ce sera pour le saloir. Il faut penser à l'hiver. » Si, par hasard, quelque paysan, le bonnet à la main et la larme à l'œil, vient supplier le baron d'avoir pitié de lui : « Tu raisonnes ! Qu'on mé charge de coups ce maraud. » La vendange n'embarrasse pas davantage le seigneur des Francs. Comme ses ancêtres, il ne plante ni ne sème ; mais il sait bien récolter, et militairement. Au mois de septembre, ses vendangeurs prennent la serpette, sans oublier la dague au côté et le pistolet à la ceinture. « Quel est le meilleur clos? C'est celui de ce gentillâtre qui ose se croire notre égal. N'est-ce pas une honte qu'un petit noble d'hier ait de si bon vin ? Mais, mort-Dieu ! il n'en boira pas ! Allons, enfants, à l'ouvrage ! et, si le hobereau vous dérange, souvenez-vous que vous avez au côté un porte-respect. »

Le baron des Francs n'a pas toujours ce ton terrible : de bandit, il sait devenir escroc. Il rencontre un bourgeois de Saint-Savin qui passe pour riche : « Bonhomme, que faites-vous de votre fils? Il est bien fait, il a une belle voix, il a tout ce qu'il faut pour être d'Église. Çà, voulez-vous que nous en fassions un chantre? S'il me convient, pourquoi ne serait-il pas prieur un jour? Mais je suis mal en fonds, et vous m'obligeriez en me donnant cent pistoles pour sa réception... » Qu'on s'avise, plus tard, l'argent payé, de parler de l'office promis : « Ton argent, bonhomme ! il me servira à te plaider, à te ruiner. Vraiment ! c'est pour ton fils qu'il y a des offices dans l'abbaye royale de Saint-Savin ! »

Outre son sérail, le baron des Francs a une femme

légitime, belle et de haut lignage, dame Éléonore
Turpin, des comtes de Crissé; elle n'est point jalouse et aime les bâtards de son mari comme s'ils
étaient ses enfants. La noble dame passe une moitié de son temps à la ville, l'autre dans son abbaye.
Sa vie de Paris ne ressemble guère à sa vie de
campagne. A la cour, elle sollicite les juges, car le
baron plaide toujours, et de temps en temps est
condamné à mort; elle visite les grands, elle
voit le ministre et les seigneurs les plus puissants;
elle séduit tout ce qui l'approche. C'est une femme
aimable, spirituelle, de bel air et de grandes
manières. Vient-elle à Saint-Savin, elle fait d'autres visites : elle va chez les femmes du bourg, suivie de porteurs d'épée et de pistolets; elle arrache les coiffes des pauvres bourgeoises, distribue
des soufflets libéralement, force les armoires, prend
le linge, l'argent : tout lui est bon. D'ailleurs,
elle sait bien se faire rendre les respects qui lui
sont dus. On a sonné la messe depuis une heure;
qu'importe! la messe attendra. Si les moines ont
commencé, tant pis pour eux. Elle entre à grand
bruit; son écuyer tire son sabre, et d'un revers
coupe les cierges de l'autel. Ces façons toutes militaires réussissent peu auprès des moines de Saint-
Savin. Aussi le baron des Francs a-t-il eu soin de
placer parmi les religieux un homme à lui, qui,

7.

bien que tonsuré, porte une courte épée sous sa robe, et dans le chapitre il en laisse voir la poignée, et plus, lorsque les discussions ne sont pas conduites au gré du baron. Son emploi est de menacer de couper bras et jambes : il s'en acquitte à ravir ; mais on veut qu'il assassine, et il faiblit. La vengeance du baron est terrible : ou prend ce misérable, on l'enchaîne ; puis on le jette dans le coin d'une chambre, replié sur lui-même. Bientôt on trouve qu'il a trop d'air pour respirer : on bâtit autour de lui une prison ; elle n'a que trois pieds de long, deux pieds et demi de large. On l'y laisse huit mois !...

Comme je ne veux point que l'on m'accuse d'exagérer les traits de ce tableau, je vais citer les propres expressions d'un des chroniqueurs de l'abbaye, auteur d'une enquête judiciaire, où se trouvent ces renseignements curieux sur l'état où le baron des Francs mit l'église de Saint-Savin.

« Ledit Descards, en 1611, se démit de son abbaye en faveur de Vautron, confidentaire et à la puissance du baron des Francs, qui épousa la fille naturelle dudit Descards. Ledit des Francs, sieur de Neuchèze, était d'une grande qualité, mais fort dépourvu de biens : c'est pourquoi sa femme lui apporta en mariage l'abbaye de Saint-Savin. Il s'en vint, l'année même, avec ses armes et bagages, faire sa demeure audit Saint-Savin, car il n'avait pas d'autre bien. Le premier meuble qu'il envoya fut une charge de bâtards, et la première chose qu'on vit fut un mulet avec des paniers chargés de cette denrée. Les mères accompagnaient leur marchandise et le fruit de leurs débauches; elles mirent pied à terre et se logèrent au milieu des masures dans quelques cabanes que quelques pauvres religieux avaient raccommodées du mieux qu'ils avaient pu, pour y faire leur demeure. Ces nouvelles abbesses commencèrent d'abord, sous l'autorité et la violence de ceux qui les entretenaient, à faire la recette des revenus de la maison, et en donner des acquits comme de leur propre bien. Les religieux furent obligés de prendre la fuite, les uns à Laulier, les autres à Mérigny, les autres ailleurs. Les violences et les concussions se répandirent aussi sur les vassaux de l'abbaye; les plaintes en furent portées par tous les tribunaux de justice, ce qui obligea ledit des Francs, pour s'assurer le bénéfice, de demander au roi un nouveau brevet, qu'il obtint en 1613, par lequel le roi déclare vouloir que ledit des Francs jouisse de l'abbaye de Saint-Savin sous le nom de Claude Vautron, et ce à la prière et recommandation de M. le duc du Maine.

» Comme il y avait des décrets de prise de corps

contre ledit sieur des Francs, il fut contraint de se retirer sous les voûtes de l'église, où il fit bâtir une cheminée qui y est encore [1]; il fit aussi rompre la voûte du côté du clocher à l'entrée du degré pour faire une espèce de chausse-trappe ou pont-levis, pour éviter les mains des prévôts qui le cherchaient. Là accoucha la fille d'un procureur de Bèse que ledit des Francs avait enlevée et séduite sous promesse de mariage, et naquit Charles de Neuchèze, dit de l'Épine, qui depuis a été abbé. Ainsi les gueuses étaient sur les voûtes de l'église et les chevaux dans la nef. Il avait fait murer la grande porte de l'église aussi bien que les deux qui sont pour entrer dans le monastère, n'ayant rien laissé d'ouvert que la moitié de celle du cloître, dont il avait fait murer l'autre moitié, de sorte qu'on avait peine à y faire passer un cheval.

» Il y avait aussi une petite porte du côté de la rivière, par laquelle ledit des Francs se donnait du large, sans passer par la ville, de crainte d'être arrêté; mais il passait la rivière à gué. Vautron, tout méchant qu'il était, ne l'était pas assez pour prêter la main à tous ces désordres : c'est pourquoi le sieur des Francs lui fit faire une démission de l'abbaye en faveur d'un misérable appelé Pierre

1. On en voit les traces aujourd'hui dans les combles de l'église du côté nord.

Prandion. C'est sous le nom de celui-ci qu'il fit pis que jamais... Tous ces désordres firent tant d'éclat, que le marquis d'Effiat se résolut de prendre le dévolu sur ladite abbaye et envoya le prévôt de l'Ile-de-France avec ses archers sur les lieux, tant pour lever lesdits fruits que pour mettre en exécution les décrets. Il fut obligé d'y demeurer longtemps, et, n'y trouvant pas de logement, se retrancha dans la tour du Chantre[1], où il demeura plus de huit mois avec tout son monde. Ledit sieur des Francs obligea son confidentaire de résigner ladite abbaye à son fils naturel Charles de Neuchèze, qui avait environ douze ans, et s'en alla à Paris pour soutenir son droit contre le sieur d'Effiat, qui mourut sur ces entrefaites. Mais la dame d'Effiat soutenait les prétentions de feu son mari. Ledit sieur des Francs mena sa femme, qui avait de l'esprit et de la beauté (Éléonore Turpin de Crissé), car il n'osait pas se produire, de peur d'être pris. Sa femme se servit si adroitement des talents que la nature lui avait donnés, tant envers la dame d'Effiat qu'envers les juges, qu'enfin elle obligea ladite dame de se désister. Le gain de ce procès les enfla tellement, qu'on peut dire qu'ils ne s'en revinrent

---

1. Cette tour, aujourd'hui détruite, faisait partie autrefois de l'enceinte fortifiée de l'abbaye. Elle flanquait, au sud-ouest, la courtine levée devant la façade de l'église.

de Paris que pour augmenter les désordres. Tout le monde était scandalisé de leurs désordres : les religieux, par la rétention de leurs pensions; les gentilshommes, par l'usurpation de leurs droits; et les habitants, par les violences qu'on leur faisait. En 1627 et 1628, il y eut encore des plaintes et des arrêts par lesquels il fut ordonné que visite serait faite par l'ordinaire. En 1634, les grands jours se tinrent à Poitiers. Les plaintes de tous ces désordres y furent portées et la cour députa un commissaire sur les lieux, pour faire visite et informer. Sur son rapport, intervint un arrêt en exécution duquel l'évêque de Poitiers donna commission à son grand vicaire de se transporter sur les lieux, pour en faire la visite et remédier au désordre. Il en dressa procès-verbal le 28 janvier 1634, et fit plusieurs ordonnances touchant le service divin, les réparations de l'abbaye, etc... Il n'y eut rien d'exécuté, par les violences du sieur des Francs.

» Charles de Neuchèze, son fils naturel, ayant reçu quelques mécontentements de la dame des Francs, prit un cheval la nuit et s'enfuit, dans le dessein de se démettre de son abbaye en faveur de quelque personne puissante, moyennant quelque récompense, ce qui étonna beaucoup... Le sieur des Francs se préparait à le poursuivre ;... mais

Charles de Neuchèze n'alla pas bien loin sans se départir de sa résolution : il s'en revint trouver son père, ce qui le réjouit beaucoup. C'est pourquoi il lui fit tant de caresses, qu'il l'obligea à se démettre de son abbaye en faveur de Bénigne de Neuchèze, qui n'avait pas douze ans. Après quoi, la guerre ouverte fut déclarée entre lui et les habitants de Saint-Savin. Il ne sortait plus de la ville qu'avec des coupe-jarrets ; il fut contraint de quitter les masures de l'abbaye, ne pouvant s'y mettre à couvert, et résolut d'aller rester à Saint-Cyprien [1], où il fit garnir de guérites [2] une méchante maison qui y était, et s'y retrancha avec des gens de sac et de corde, faisant tous les jours quelque nouvelle violence sur les uns et sur les autres. Un jour, il prenait les bœufs d'un paysan, les faisait tuer et saler ; le lendemain, il enlevait les meubles d'un autre et maltraitait encore ceux qui s'y opposaient, de sorte qu'il ne se passait point de jour qu'il ne fît quelque tour de son métier.

» M. Jacques d'Allemagne, sieur de Naillé, se voyant inquiété par ce méchant homme, trouva moyen de faire avertir Son Éminence monseigneur

---

1. Hameau près de Saint-Savin, entre ce bourg et Antigny.
2. On appelait alors guérite une barricade avec des embrasures qui permettent de tirer à couvert. Le mot *guérite* est emprunté à l'espagnol *guarida,* retraite, asile.

le cardinal de Richelieu, ministre d'État, de sa mauvaise vie, et Son Éminence, bien informée de ses désordres et de l'inexécution des arrêts de la cour, y apporta l'autorité du roi, et fit expédier une commission au grand prévôt du Poitou, de l'arrêter prisonnier. Cet ordre fut donné si secrètement, que ledit des Francs n'en put rien découvrir, et sa femme, qui était à Paris depuis deux ans pour poursuivre son procès, lui marquait toujours que dans les greffes il n'y avait rien contre lui.

» Un nommé Boisjoli, habitant de Saint-Savin, fut accusé d'avoir dit qu'il avait vu le sieur des Francs dans la garenne qui faisait une très-mauvaise action que la pudeur ne permet pas de nommer, dont ledit des Francs témoigna être fort offensé. Un jour de dimanche, ledit Boisjoli étant à la porte avec ses voisins, un des coupe-jarrets dudit sieur des Francs, passant par là, lui tira un coup de pistolet, le tua sur place et s'enfuit. La ville en fut émue, et les habitants, qui se voyaient assassinés jusque chez eux, se liguèrent tous ensemble contre le sieur des Francs et les siens. Ils furent trouver le grand prévôt et lui promirent de le lui mettre entre les mains, ce qui se fit de la sorte. Ayant été averti, par une des femmes qu'il avait débauchées et qu'il entretenait, qu'il la devait venir voir cette nuit, et qu'on le trouverait à Saint-

Cyprien, ils en avertirent promptement le grand prévôt et lui donnèrent le rendez-vous la nuit dans un petit bois qui est auprès du village des Buissons, d'où ils purent investir la maison de Saint-Cyprien ; et le grand prévôt, ayant disposé tout son monde autour d'icelle, frappa à la porte. Incontinent le sieur des Francs cria à ses malheureux : « Aux guérites ! aux guérites ! » Mais, ayant appris que la maison était investie, il leur défendit de tirer, et, ayant ouvert une fenêtre qui regarde vers Saint-Savin pour se sauver, il en fut empêché par ceux qui avaient investi la maison. Il courut d'abord à la porte pour demander au prévôt qui il était, et, après l'avoir reconnu, il se rendit à lui. Il lui demanda quel ordre il avait de le prendre, et, après avoir su que c'était par ordre de Sa Majesté, il fut tout étonné. Le jour étant venu, le prévôt commanda à ses gens de monter sur les chevaux du sieur des Francs, car il en avait huit ou neuf des plus beaux ; il fit monter le sieur des Francs sur un petit bidet sur lequel il le fit lier ; et le mena passer à Saint-Savin pour le conduire à Poitiers. Quand il vit qu'on le menait à Saint-Savin, il s'écria fort, disant au prévôt que ce n'était pas ce qu'il lui avait promis, qu'il l'allait livrer à la rigueur et à la rage de ses ennemis, à quoi le prévôt répliqua qu'il avait ordre de le faire passer par là, mais qu'il ne lui serait fait aucun mal. Je ne dis rien des imprécations et malédictions dont il fut chargé dans toutes les rues de Saint-Savin où il fut promené en cet état, et ensuite il fut conduit en prison à Poitiers, d'où, après quelque temps, mené à la Bastille par ordre du roi, où il mourut peut-être bien de poison, comme l'on croit, n'ayant pu se tirer d'affaire, quoique des proches se fussent empressés de solliciter pour lui. »

Le monastère de Saint-Savin ne jouit pas de plus de tranquillité après la détention et la mort du baron des Francs ; sa veuve et son fils, Bénigne de Neuchèze, malgré vingt arrêts rendus contre eux, continuèrent à disputer la possession de l'abbaye et à vexer les habitants du bourg avec une audace inconcevable. En 1639, dame Éléonore de Turpin-Crissé, veuve de Henri de Neuchèze, baron des Francs, accompagnée d'une troupe d'hommes armés, se rendait dans la vigne de messire Gabriel Casseloup, notaire à Saint-Savin, et la vendangeait de force. L'information judiciaire d'où je tire ces détails rapporte, d'après plusieurs, qu'elle avait dit, en jurant, « qu'elle voulait que le diable lui mangeât le corps si ledit Casseloup buvait le vin de sa vigne ». Une lettre du roi Louis XIII avait chargé l'évêque de Poitiers et l'intendant de la généralité du Poitou d'établir la réforme dans le monastère, et de prendre à cet effet toutes les mesures qui lui sembleraient convenables. Des religieux de la congrégation de Saint-Maur furent établis dans l'abbaye le 29 août 1640, et défense fut faite sous peine de la vie, à l'abbé de Neuchèze, à sa mère [1] et à ses domestiques, de se présenter dans la ville de Saint-Savin ou sur les domaines de l'abbaye. On régla que les biens du monastère seraient administrés par une commission d'ecclésiastiques et de laïques, et qu'une partie des revenus serait employée aux réparations des édifices sacrés. Mais l'abbé Bénigne de Neuchèze, ou plutôt sa belle-mère, pendant sa minorité, avait su se ménager des protecteurs puissants. L'évêque de Châlons, Charles de Neuchèze, son parent, avait reçu ses pouvoirs et obtint, en 1641, la suppression de cette commission, dont l'autorité lui fut remise en partie. Bientôt l'abbé, avec sa belle-mère, reparut à Saint-Savin, accompagné d'une troupe de trente ou quarante hommes armés, et renouvela les violences de son père : il pillait les métayers, enlevait de force les récoltes et battait ceux qui osaient résister. Chaque année, les mêmes scènes se repro-

---

1. Il semblerait que la dame des Francs avait adopté Bénigne de Neuchèze, ou que sa naissance adultérine eût été déguisée; car, dans tous les actes, on appelle la veuve du baron des Francs « mère de l'abbé ».

duisaient. Un fermier nommé Hilaire Taffet, plus hardi que les autres, après s'être pourvu du lieutenant général de Poitiers, s'était fait accompagner de quelques gens armés pour faire la vendange. « Mais ledit sieur abbé ne manqua pas d'y venir à main forte avec ses domestiques et autres personnes, qui étaient au nombre de plus d'une centaine, armés d'épées, de fusils, de pistolets et de bâtons, lesquels jurant et blasphémant le saint nom de Dieu, en la présence même du lieutenant particulier assesseur criminel de Poitiers, qui s'y était transporté à la requête dudit Taffet, pour lui faire prêter main forte, se jetèrent impétueusement sur ledit Taffet et ses assistants, les battant, frappant et excédant de plusieurs coups de leurs armes et bâtons, en sorte que plusieurs en furent cruellement blessés et en danger de leurs personnes, dont l'un d'eux, appelé Rousseau, mourut de ses blessures en 1652. »

Les plaintes, les enquêtes, les arrêts, se succédaient, sans que la situation changeât en rien. L'abbé, devenu d'âge à se faire craindre, semblait avoir pris le baron des Francs pour modèle, et, dans une enquête faite à Saint-Savin en 1654, il disait tout haut « qu'il voulait venger la mort de son père, mort en prison pour de semblables violences commises sur les mêmes lieux ».

Un procès-verbal de visite faite par ordre du

lieutenant général de Poitiers nous apprend quelle était la situation de l'abbaye au moment de sa réforme.

« Une partie des voûtes de l'église était fondue, les piliers endommagés, les chapelles, et le jubé ruinés, la charpente des couvertures pourrie, les fenêtres sans vitres, à demi murées, le chœur sans cloisons et sans stalles. Il n'y avait que deux cloches, une fêlée et l'autre usée. Pour tous ornements, une aube, une chasuble, un calice et un ciboire d'étain ; une croix de bois, avec un christ de cuivre brisé, était attachée avec une corde. L'office divin avait cessé, les religieux étaient dispersés ; tous les bâtiments qui composaient autrefois le cloître, le dortoir et les autres lieux réguliers, entièrement ruinés et renversés, n'y restant d'iceux que quelques pans de murailles. »

Les réparations étaient estimées, en 1650, à 77,683 livres.

Un autre procès-verbal de visite faite par le lieutenant général de Poitiers, le 3 juin 1652, contient quelques détails intéressants sur l'église, et particulièrement sur la tour occidentale.

« ... Et, étant entrés sous le clocher de pierre de ladite église, nous ont fait voir lesdits religieux, sur la main droite en entrant, un lieu tout noir de fumée, là où il paraît y avoir eu du feu depuis peu de temps, à cause de la noirceur de la fumée et à cause de l'odeur qui y est encore très-grande, quoique le lieu soit beaucoup exposé à l'air. La première voûte dudit clocher paraît tout enfumée ; et nous ont prié lesdits religieux de remarquer que, à cause que les soldats dudit sieur abbé faisaient leur corps de garde ordinaire sous ledit clocher et y faisaient du feu continuel, ayant la plupart du temps la porte fermée, que la fumée qui sortait dudit feu n'ayant pas d'autre sortie, elle entrait toute en l'église par la porte qui entre dudit clocher dans le bout de la nef[1], comme il paraît par la noirceur qui est à ladite porte et à la muraille au-dessus d'icelle, tant du côté du clocher que par le dedans de l'église, laquelle noirceur va jusqu'au haut de la voûte ; et nous ont pareillement lesdits religieux montré plusieurs grotesques contre la muraille dudit clocher. En sortant de ladite église, nous ont lesdits religieux fait voir à la porte qui y est du côté où ont été d'autre part tous les cloîtres et bâtiments de ladite église, qui sont présentement tous en mazures (*sic*). »

[1]. Il semble qu'il s'agit ici du vestibule ; mais on se rappelle que la « grande porte de l'église avait été murée » ; que par conséquent, dans le vestibule, les soldats n'auraient pas eu de *porte à fermer*. Le corps de garde n'aurait-il pas été placé dans la tribune ? Peut-être faut il entendre par « la porte qui entre dans le bout de la nef » l'arcade de la tribune bouchée aujourd'hui.

Un accommodement eut lieu, en 1655, entre l'abbé Bénigne de Neuchèze et les religieux, je n'en ai pu retrouver les conditions. Le *Gallia christiana* place en cette année seulement l'avénement de l'abbé; il faut croire qu'à dater de cette époque une administration moins irrégulière succéda à tant de désordres.

Probablement les bâtiments conventuels (aujourd'hui la caserne de gendarmerie) furent alors construits. Il ne paraît pas que des réparations importantes furent faites à l'église; je n'en ai trouvé nul indice. Peut-être commença-t-on à recouvrir les fresques des chapelles de ce badigeon blanc si souvent renouvelé dans la suite.

La Révolution n'a pas laissé dans l'abbaye de Saint-Savin les traces hideuses que conservent tant d'églises en France. Lorsque commença la guerre contre les saints et les fleurs de lis, toutes les fresques à la portée des vandales étaient déjà cachées sous plusieurs couches de badigeon; pour atteindre à la voûte du chœur, il eût fallu des échafauds; d'ailleurs, ce qui restait de peintures était protégé par le respect traditionnel des habitants du bourg.

Je crois devoir rapporter au commencement du xixe siècle quelques travaux exécutés dans la tour, qui l'ont gravement compromise. On voulut garnir de volets les fenêtres supérieures : sans doute on avait des volets tout faits qu'il ne fallait pas laisser perdre ; mais ils étaient carrés et les fenêtres étaient en plein cintre. Que fit-on ? On coupa les claveaux des cintres. Déjà l'incendie allumé par les soldats du comte de Choisy avait calciné les trompes sur lesquelles repose la flèche. Nulle réparation n'y fut exécutée ; il semble même qu'on ait entaillé au marteau les pierres que le feu n'avait que légèrement altérées. En dépit de tant d'efforts, l'immense flèche de fer subsista suspendue en quelque sorte. Cependant, les trumeaux des fenêtres, horriblement surchargés, se lézardaient en tous sens ; les pierres s'écrasaient, heureusement sans se disjoindre ; une longue crevasse se manifesta depuis les fenêtres mutilées jusqu'à la base de la tour ; les contre-forts se déversaient et avaient cessé d'adhérer à la muraille qu'ils devaient soutenir.

Le reste de l'église était dans une situation presque aussi alarmante ; depuis longtemps, la toiture délabrée laissait pénétrer les eaux pluviales. La voûte de la nef était lézardée suivant son axe dans toute sa longueur, et les crevasses avaient en quelques endroits plus de cinq centimètres de large. Le pilier nord-ouest de la coupole, à l'intersection de la nef et des transepts, présentait de nombreuses fissures verticales qui indiquaient une solution de continuité dans la maçonnerie, d'où pouvait résulter l'écroulement du clocher central.

C'était surtout du côté nord de l'église que les dégradations étaient le plus menaçantes. Plusieurs piliers s'écrasaient, et le mur, hors d'aplomb, était poussé en dehors par le poids énorme d'une voûte en moellons, surchargée encore par une couche de cendres, de tuiles et de toute sorte de débris, haute de plus d'un mètre.

Pour prévenir la chute imminente de la voûte, je ne sais quel détestable maçon, soi-disant architecte, avait entrepris de reprendre les piliers en sous-œuvre. Il avait entaillé les chapiteaux de deux cotés pour recevoir des pièces de bois transversales servant de chapeau à un chevalement destiné à soutenir les arcs des bas-côtés, pendant qu'on réparerait les piliers endommagés. Tout l'échafaudage était combiné de telle sorte, que, si les travaux eussent été continués, l'édifice se serait écroulé infailliblement.

Tel était l'état de l'église de Saint-Savin lorsque je la vis pour la première fois il y a quelques années. M. le ministre de l'intérieur, informé de l'imminence du danger, résolut d'y porter remède. L'église fut aussitôt classée au nombre des monuments historiques, et les autorités locales furent invitées à faire rédiger promptement un projet de restauration. A cette époque, les fonds alloués au budget de l'intérieur pour la conservation de nos monuments étaient tellement bornés, que toutes les réparations s'exécutaient sous la direction des architectes des départements, car le déplacement d'artistes envoyés de Paris eût absorbé les faibles allocations qu'on pouvait accorder. Le premier secours que reçut l'abbaye de Saint-Savin lui fut bien fatal. En attendant le projet général de restauration, une somme de quinze cents francs, seule disponible alors, avait été destinée à subvenir aux travaux de consolidation les plus urgents que réclamait la voûte de la nef. L'architecte du département de la Vienne avait eu l'ordre de prévenir l'écartement de la voûte par un système de tirants en fer; on lui avait recommandé de boucher les lézardes avec du ciment, et les instructions étaient tellement minutieuses, qu'on lui prescrivait expressément de couler le mortier par l'extrados de la voûte et de veiller à ce qu'il ne se répandît pas à l'intrados sur les peintures. L'architecte ne tint aucun compte de ces avertissements : il fit ouvrir la voûte par l'intrados, remplit les crevasses sans le moindre soin, et, qui pis est, fit remplacer dans le narthex une notable portion du crépissage intérieur, détruisant ainsi plusieurs compositions, à la vérité fort altérées déjà, mais encore reconnaissables. Ces inconcevables travaux furent exécutés avec une si grande rapidité, que le ministre n'en fut instruit que lorsqu'il était trop tard pour y porter remède. Quelques mois après, l'architecte qui les avait prescrits entra, me dit-on, dans une maison d'aliénés.

En 1841, la direction des travaux fut remise à M. Joly-Leterme, architecte de Saumur, qui venait de donner des preuves de son habileté dans la restauration de l'église de Cunault. Désormais les réparations furent conduites avec intelligence. Toutes les parties menacées du monastère furent consolidées, quelques-unes reprises en sous-œuvre, non sans des précautions infinies. Les trompes, les trumeaux, les cintres de la tour furent remplacés, opération périlleuse entreprise avec audace, on peut dire avec courage, et terminée aujourd'hui avec un bonheur complet. Maintenant, les contre-forts sont réparés, les murs raffermis ; les lézardes ont disparu. La conservation de l'église est désormais assurée pour longtemps, et il ne reste plus à y faire que de légères réparations de détail, dont on peut d'avance prédire le succès. En même temps que M. Joly dirigeait les travaux de consolidation, il prenait les précautions les plus minutieuses pour conserver tout ce qui restait des anciennes fresques. Bientôt il essaya d'en rechercher de nouvelles. En détachant le badigeon avec prudence, écaille par écaille, il conçut l'espoir de retrouver mainte ancienne peinture barbouillée peut-être depuis des siècles. Le succès a dépassé ses espérances. Grâce à ses soins, à sa patience, il est parvenu à rendre au jour une assez grande quantité de fresques inconnues et à découvrir des traces certaines de la décoration générale.

Tout l'intérieur de l'édifice était peint ou du moins badigeonné à fresque. Partout on a pu constater les couleurs, et le dessin des ornements courants. Une restauration complète de l'ancienne décoration était devenue facile. Cette restauration, je n'ai pas besoin de le dire, ne s'applique qu'au badigeonnage et aux ornements courants, dont il existait des indications incontestables. M. Joly a conservé scrupuleusement jusqu'aux moindres traces de la peinture primitive, autant comme une relique ancienne pour l'antiquaire que comme un témoignage de son exactitude. Enfin, ce n'est que sur les parties de l'église renouvelées entièrement, pour ainsi dire, qu'il a reproduit les motifs d'ornementation calqués sur ceux qu'il venait de découvrir.

En commençant cette notice, je disais que ni le temps ni les efforts malveillants des hommes n'ont porté à nos monuments des coups aussi funestes que des soins ignorants et une triste manie d'améliorer. L'église de Saint-Savin ne fournit-elle pas la preuve la plus complète de la vérité d'une assertion qu'on a peut-être regardée comme un paradoxe? Saccagée par les Anglais, brûlée par les protestants, dévastée dans toutes nos guerres civiles, repaire d'une horde de bandits pendant un demi-siècle, elle se distingue aujourd'hui, parmi les nombreuses églises du même temps, par l'unité de sa disposition et par la conservation de son caractère. Les malheurs de l'abbaye ont préservé l'église des réparations que subirent, dans le XVIIIe siècle, la plupart des monastères de l'ordre de saint Benoît. Si l'architecture du XIe siècle subsiste à Saint-Savin, c'est parce que ses religieux furent trop pauvres pour l'altérer.

IV

DISPOSITIONS DES PEINTURES DANS L'ÉGLISE.

Tout l'intérieur de l'église, ainsi qu'on l'a déjà dit, était revêtu d'un enduit de mortier peint ou badigeonné à fresque. Aujourd'hui, une partie seulement des peintures est assez bien conservée pour pouvoir être distinguée; partout, cependant, on a retrouvé des traces qui suffisent pour faire juger de la nature de la décoration.

Voici comment cette décoration était disposée:

Le porche, du moins la portion de voûte et de paroi comprise entre l'arc doubleau et le mur de la nef, présente plusieurs compositions tirées de l'Apocalypse. L'arc doubleau était orné d'une suite de médaillons, presque tous détruits maintenant: il m'a semblé y reconnaître quelques-uns des signes du zodiaque. Au-dessus de la porte qui donne dans la nef, on voit un Christ colossal assis sur un trône et entouré d'une gloire. Enfin, de chaque côté de la porte, on distingue trois compartiments l'un au-dessus de l'autre, remplis de figures fort effacées. Les deux compartiments inférieurs représentent, je crois, les apôtres : ils sont assis trois par trois, la tête entourée d'un nimbe et le corps dans une espèce de gloire. Dans l'encadrement supérieur, on voit trois anges, qui paraissent saluer le Christ, et on peut observer l'attitude tout orientale que le peintre leur a donnée. On salue encore dans tout le Levant un personnage de distinction en portant la main à terre, puis à son cœur, à ses lèvres et à son front. En Perse, on saluait de la sorte le grand roi, comme on peut le conclure de l'anecdote si connue d'Ismenias, qui, pour concilier le cérémonial persan avec la raideur républicaine de la Grèce, laissa tomber son anneau devant Artaxercès et le ramassa aussitôt.

Sur la voûte de la nef sont peints un assez grand nombre de sujets empruntés à la Genèse et à la l'Exode.

La salle principale de la crypte offre, sur les deux parois nord et sud, la légende des saints Savin et Cyprien. Un grand Christ dans une gloire, entouré des attributs symboliques des quatre évangélistes, occupe toute la voûte de l'escalier qui conduit à cette crypte.

D'autres fresques couvrent les parois de l'escalier et les chambranles de l'espèce de porte, ou plutôt la saillie de mur qui sépare l'escalier de la crypte. On reconnaît la Vierge et quelques saints de grandeur naturelle ; mais tout est horriblement salpêtré, et l'enduit même, partout crevassé, tombe en larges écailles. On remarque, autour d'une figure de sainte peinte dans l'escalier de la crypte, la disposition de l'arcade sous laquelle elle est représentée. A sa droite, au-dessus de la colonne, est une petite niche en ogive. C'est une singularité assez notable pour l'époque à laquelle, suivant toute apparence, ces peintures ont été exécutées.

Les murs de la nef, des transepts et du chœur, ainsi que les voûtes des collatéraux et des transepts, étaient badigeonnés en blanc, et sur ce fond on avait figuré par des lignes rouges un appareil régulier de moellons à assises horizontales. A 2 mètres 60 centimètres du sol (mesure prise du sol à la partie inférieure de la bordure), dans la nef et le transept, règne une espèce de litre ou de large bordure, sur laquelle sont tracés des ornements bizarres en blanc, jaune et rouge sur un fond bleu. Çà et là, on en a retrouvé des portions assez bien conservées pour qu'il fût possible de calquer le motif des ornements et de le reproduire, là où l'enduit s'était détaché de la muraille.

Les colonnes étaient également badigeonnées, ou plutôt peintes de manière à représenter des marbres et des agates. Il ne faut point s'attendre à une imitation fort exacte; on devine l'intention de l'artiste, voilà tout. Qu'on se représente de larges veines rouges, jaunes, vertes ou grises, toujours accompagnées d'autres veines blanches et se développant depuis le haut jusqu'au bas des fûts, tantôt en spirales, tantôt en zigzags opposés, tantôt en longues lignes légèrement ondulées. Chaque colonne a sa teinte particulière : on en voit de rouges, de jaunes, de grises, etc., mais toujours des veines blanches alternent avec des veines d'une autre couleur. Les tailloirs étaient peints de même. Quant aux chapiteaux, on n'a retrouvé que des traces très-incertaines de leur coloration. Les piliers qui séparent le narthex intérieur de la nef avaient une décoration plus recherchée. La colonne engagée du côté de la nef est divisée en un grand nombre de compartiments carrés, contenant chacun un animal fantastique d'une exécution très-grossière, mais facile et hardie. Ces compartiments sont accompagnés de quelques ornements courants d'un dessin bizarre, mais tout aussi *lâchés* d'exécution.

A l'intérieur de la nef, au-dessous de la porte occidentale, est pratiquée une assez grande niche dans laquelle on voit une Vierge assise, couverte de riches vêtements et tenant l'Enfant Jésus sur ses genoux. Cette peinture, très-élégante et d'une assez bonne conservation, a été découverte récemment, sous une épaisse couche de badigeon, par les soins de l'architecte M. Joly. Il est facile de voir qu'elle n'appartient pas à la même époque que les autres peintures. Elle est d'un style moins sévère et d'une exécution plus précieuse. Je doute qu'elle soit peinte à fresque, car les couleurs ont une transparence qu'on n'observe point dans les fresques voisines ; je serais disposé à croire qu'elle a été peinte à l'œuf ou par quelque autre procédé analogue. C'est, je pense, un ouvrage du XIIIe siècle.

Les derniers travaux exécutés au commencement de cette année (1845) dans la nef de Saint-Savin ont fait découvrir une série de peintures jusqu'alors ignorées : ce sont de grandes figures debout, les bras étendus et tenant des phylactères, qui occupent les pendentifs des arcades. M Joly en a reconnu dix, presque toutes fort endommagées. L'une d'entre elles est un Jonas, comme l'indique l'inscription sur le phylactère : *Jonas in ventre...*, probablement *ceti*.

Sur les grands murs du transept, sauf l'appareil figuré et la bande ou litre que j'ai déjà décrits, on ne voit d'autres traces de peinture qu'un grand saint Christophe presque entièrement effacé, et qui ressemble beaucoup à celui de Cunault. D'après quelques vestiges fort incertains d'ailleurs, on peut présumer que cette figure est du xve siècle. Je ne la crois pas exécutée à fresque, mais peinte en détrempe sur l'ancien badigeon.

On aperçoit quelques restes de peintures représentant des anges ou des saints dans la chapelle du transept nord. Le nom de l'un d'eux, Gabriel, est encore visible. Ces peintures touchent à la statue d'ange dont j'ai parlé plus haut.

Autrefois, la voûte du chœur était entièrement couverte de peintures ; mais, par suite du délabrement de la toiture, l'humidité a fait tomber l'enduit de presque tout le haut de l'hémicycle. Sur quelques rares écailles encore adhérentes aux moellons, on a reconnu un fragment d'un nimbe crucifère colossal, puis un autre nimbe plus petit dans lequel paraissait *une tête d'oiseau*. C'en est assez pour faire deviner le motif de la composition. L'oiseau nimbé étant évidemment l'aigle de saint Jean, la voûte devait représenter le Christ entouré des attributs symboliques des quatre évangélistes. Aux retombées de la voûte, et dans les niches placées au-dessus des arcades, on a découvert sous le badigeon plusieurs grandes figures, fort effacées il est vrai, mais dont l'attitude et même le caractère sont encore reconnaissables. Il y en a quelques autres semblables, peintes sur les piliers du transept du côté qui regarde le chœur. Plusieurs ont des vêtements pontificaux, des mitres et des crosses. La plupart sont nimbées. Toutes, d'ailleurs, ont tellement souffert de l'humidité et des insultes des badigeonneurs, qu'il serait bien difficile aujourd'hui de les reproduire par le dessin. Ce ne sont plus que des ombres colorées, dont l'œil saisit l'ensemble à distance et qui, de près, deviennent des taches confuses.

Les archivoltes des arcades du chœur sont ornées d'une bordure et de chevrons, d'une disposition originale, peints en rouge, en jaune et en blanc. Des rinceaux de motifs variés, tous très-simples et un peu lourds, couvrent l'intrados de l'arcade qui sépare le chœur du transept, l'ébrasement de quelques-unes des fenêtres, ou bien sont jetés çà et là dans des entre-colonnements entre les fenêtres des chapelles.

La chapelle de Saint-Marin a conservé des vestiges plus distincts d'une décoration fort élégante. A l'intérieur, comme dans toutes les autres chapelles, règne une arcature à hauteur d'appui. Dans chaque arcade, on voit une figure de saint peinte, de proportion médiocre et sur un fond jaune uni. Les archivoltes sont peintes en vert et entourées de bordures rouge et jaune. D'autres saints en buste occupent les pendentifs de l'arcature, et autour d'eux se groupent de petits anges vêtus de longues draperies, dans différentes attitudes.

On lit auprès de deux personnages peints dans l'intérieur de l'arcature : HÉLISABET (*sic*) et ZACHARIAS. Dans un des trumeaux au-dessus de l'arcature, on distingue une figure en buste d'assez grande proportion, la tête entourée d'un nimbe ailé, et tenant un livre à la main. On voit dans la même chapelle un autre sujet de plus petite proportion également sur un trumeau : deux personnages nimbés déposent dans un cercueil une figure nimbée aussi, et revêtue d'une longue draperie noire ; une main divine sort du ciel et se dirige vers le bienheureux qu'on va ensevelir. D'après le nom très-ancien de la chapelle, je suppose que c'est l'enterrement de saint Marin qu'on a voulu représenter.

Dans la chapelle voisine, paraissent encore quelques gra des figures de saints et d'évêques fort semblables à celles du chœur et tout aussi altérées ; auprès de l'une d'elles, on lit : SCS. NICOLAVS.

Il me reste à décrire la salle supérieure du vestibule, ou la tribune placée au premier étage de la tour occidentale ; elle a souffert plus qu'aucune autre, et il suffit de rappeler qu'elle a servi d'antichambre et peut-être de corps de garde au baron des Francs. Un assez grand nombre de compositions sont cependant encore reconnaissables, et ce qu'on peut distinguer fait vivement regretter la perte du reste. Il y a quelques années, tous les murs de cette salle étaient couverts de cette singulière couleur rose qu'on voit si souvent dans les vieux édifices, et qu'on pourrait prendre pour un badigeon : c'est m'a-t-on dit, un lichen qui s'implante dans les pierres exposées à l'humidité. En balayant cette espèce d'efflorescence rose, on observa dessous, d'abord des couleurs, puis des figures ; on parvint même à reconnaître plusieurs sujets. Malheureusement, l'enduit a été rongé presque partout, et les couleurs y sont encore moins adhérentes que sur les parois qu'on a badigeonnées. A force de soins et de précautions minutieuses, M. Joly est parvenu à mettre à découvert ces vestiges précieux. S'ils sont trop altérés pour être facilement reproduits par le dessin, du moins on peut se faire une idée de la décoration remarquable de cette salle, et apprécier même le caractère très-original de ses peintures.

On sait que la tribune est partagée en deux parties par un arc-doubleau ; la paroi du côté de l'ouest est la seule qui soit demeurée nue.

Sur la portion de voûte comprise entre l'arc-doubleau et la nef, paraissent deux figures colossales ; l'une, nimbée est assise sur un trône, dans une de ces gloires que quelques antiquaires nomment *vesica piscis*, doit représenter le Christ dans ses attributions de juge suprême ; quant à l'autre figure, placée sous une arcade ou dans une gloire, elle est trop mutilée par la chute de grandes plaques d'enduit pour qu'il soit possible de la déterminer avec quelque certitude. Peut-être avait-on voulu réunir dans le même lieu le Père et le Fils, ou même la Trinité, ainsi que l'ont fait plusieurs artistes du moyen âge [1]. L'état de ces fresques est tel aujourd'hui, que l'on ne peut présenter pour leur explication que des conjectures.

Paroi faisant face à l'est.

Entre l'intrados de la voûte et l'extrados de l'arcade très-profonde dont la muraille de la nef forme le fond :

Trois grandes figures presque effacées, dont l'attitude même n'est pas facile à distinguer. Peut-être l'artiste a-t-il voulu représenter la Transfiguration. Le Christ serait placé entre Moïse et Élie.

Deux anges drapés de longues robes, grands comme nature, se dirigeant l'un et l'autre vers le

---

[1]. Dans la chapelle de Montoire, près de Vendôme, par exemple, au XIIe ou XIIIe siècle, ou bien dans le tableau attribué au roi Réné, qu'on voit à l'hôpital de Villeneuve-lez-Avignon.

sommet de l'archivolte, où l'on voit un médaillon[1], soutenu par deux autres anges, de proportion plus petite, dans l'attitude des Renommées antiques.

Intrados de la niche.

Répétition du motif précédent : deux anges soutenant un médaillon.

Côté droit de la niche : un personnage, tête nue, assis sur une chaise et sous une arcade ; son manteau est rouge brun, sa robe jaune. Sa main droite est sur sa poitrine ; la gauche est légèrement soulevée, l'index et le pouce élevés en signe de commandement. Les compositions suivantes étant évidemment tirées de la Passion de Notre-Seigneur, je suppose que cette figure représente Pilate ; si c'était Hérode, il aurait la couronne en tête.

Du côté opposé, en regard, un homme pendu à un arbre. Évidemment, c'est Judas.

Fond de la niche ou tympan au-dessus de l'arcade donnant dans la nef.

Dans la partie supérieure de ce tympan, on aperçoit, disons mieux, on devine une composition qui

---

1. Sans doute ce médaillon représentait le Christ en buste. C'est un motif assez fréquent dans les peintures du moyen Age.

n'a été, je crois, traitée que rarement par les artistes byzantins : c'est une descente de croix. Tout le haut du corps du Christ a disparu, le mortier s'étant depuis longtemps détaché de la muraille. Cette figure est colossale. Ses pieds touchent presque à terre ; les disciples et les saintes femmes, d'une moindre proportion, mais cependant grands comme nature, paraissent s'empresser autour du Sauveur. Les jambes et la partie inférieure des draperies, seules parties conservées, font juger de leurs mouvements. Deux personnages, qui vont recevoir le Christ dans leurs bras, sont montés, non point sur une échelle, mais sur une espèce de petit tabouret placé au pied de la croix.

Deux anges, de faible proportion et fort effacés, occupent les espèces de pendentifs entre le bas de la composition précédente et l'archivolte de l'arc qui donne dans la nef. Cette archivolte est ornée d'un rinceau, qui se termine par des têtes fantastiques d'un très-mauvais dessin.

Deux compositions peintes l'une au-dessus de l'autre, sur le côté gauche de la niche, sont devenues absolument méconnaissables. On lit cependant sur le fond de l'une d'elles, le mot *christicolis*, ainsi écrit : ΧΡΙCΟLΙS.

Sur le côté opposé de la niche, on trouve des vestiges un peu plus distincts. Il est facile de reconnaître un sarcophage vide, à cannelures ondées, dans un édicule ou une espèce de crypte voûtée, au-dessous de laquelle quelques soldats paraissent à mi-corps, couchés sur leurs boucliers et endormis. Dans l'édicule, au-dessus du cercueil, on voit un objet carré, peint en rouge avec des ornements jaunes ; c'est, je le présume, une lampe funéraire. On lit sur le fond et près du sarcophage : SEPVLCRO DNI (*sic*). Les soldats ont des cuirasses à écailles et des casques à nasal, pointus du cimier, fort semblables à ceux de la tapisserie de Bayeux. Le sujet n'a besoin d'aucune explication.

On voit plus loin une apparition de Jésus-Christ à Marie-Madeleine. Les têtes seules sont assez bien conservées : celle de la sainte est remarquable par l'expression de vive tendresse mêlée de douleur. La recherche de l'expression est rare, comme on sait, chez les artistes du moyen âge. Cette fresque se distingue encore par le type des têtes, qui s'éloignent de cet ovale de convention qu'on observe presque toujours dans les peintures byzantines.

Paroi sud.

Il s'y trouve : 1° Trois figures revêtues de longues draperies, debout sous des arcades. 2° Trois personnages (assis ?). 3° Deux personnages nimbés, ensevelissant un cadavre, nimbé également, dans un caveau; au-dessus du cercueil volent deux anges. Le nimbe qui entoure la tête du cadavre m'a paru crucifère : ce serait alors l'ensevelissement du Christ par Joseph d'Arimathie et Nicodème. 4° Deux figures debout, tenant des phylactères.

Contre-fort intérieur, paroi sud.

Il contient 1° Quatre saints ou quatre évêques, debout l'un au-dessus de l'autre, séparés par des lignes de couleur ou des encadrements fort minces. Dans le compartiment inférieur, on lit ces mots : S. GELASIVS. On m'assure qu'on distinguait encore, il y a quelques années, le nom de saint Fortunat; ce qui donnerait lieu de croire que l'on avait peint sur ce contre-fort, et sans doute sur celui qui lui est opposé, les premiers évêques du diocèse de Poitiers. 2° Quatre saints presque entièrement effacés. Une grande meurtrière a été percée au milieu de ces peintures.

Paroi nord.

On y voit : 1° Trois figures sous des arcades. 2° Une figure nimbée; deux anges volent au-dessus de sa tête; une grande foule se presse alentour. Un des personnages semble désigner le saint d'un geste de menace. On lit sur le fond : DIONISIVS. Ce seul mot me semble donner la clef de cette composition. Saint Savin fut mené, comme on l'a vu, devant l'idole de Dionysius par le proconsul Ladicius. Ce serait donc une scène de son martyre qui serait représentée ici ; et l'on peut supposer, non sans vraisemblance, que deux compositions qui précédaient celle-ci, et qui sont aujourd'hui effacées, se rapportaient à la même légende.

Sur le contre-fort intérieur du même côté, quatre saints ou quatre évêques, font pendant aux personnages semblablement disposés sur la paroi sud.

Les peintures du panneau le plus élevé de la paroi nord sont encore un pendant aux peintures de la portion de muraille opposée. On y distingue trois personnages sous des arcades ; probablement ce sont, comme les précédents, des saints, patrons de l'église.

Le reste de la paroi nord a perdu son enduit de mortier. La paroi occidentale ne paraît pas avoir été jamais recouverte de peintures ; on se rappelle qu'elle est percée d'ouvertures pour la manœuvre d'un pont-levis.

Résumons en peu de mots cette immense décoration historiée :

Dans le vestibule, une série de sujets tirés de l'Apocalypse ;

Sur la voûte de la nef une suite de compositions prises dans la Genèse et l'Exode ;

Le chœur réunissait autour du Christ les saints protecteurs de l'abbaye, ou qui ont illustré la province d'Aquitaine ;

Les chapelles offraient également les images des patrons de l'église et des évêques du pays ;

La crypte était consacrée à la légende des saints Savin et Cyprien ;

La tribune enfin, outre une série de sujets empruntés à la Passion et à la légende locale, réunissait, comme en une espèce d'iconostase, les images d'une foule de saints honorés particulièrement dans le monastère.

V

OBSERVATIONS SUR LES PEINTURES DE SAINT-SAVIN.

Les peintures de Saint-Savin, du moins toutes celles que j'ai pu observer de près, sont des *fresques* [1], c'est-à-dire qu'elles ont été appliquées sur un enduit de mortier humide dans lequel les couleurs, préparées à l'eau de chaux, ont pénétré à quelques millimètres. L'action de la lumière a beaucoup affaibli la vivacité des teintes ; on peut s'en convaincre en comparant les peintures de la nef exposées au jour, avec celles de la crypte, qui sont

---

1. Il faut en excepter la Vierge du narthex et le saint Christophe du transept, l'un et l'autre peints assez longtemps après les grandes compositions de la nef et de la crypte. Les mortiers sur lesquels les peintures sont appliquées sont faits avec la chaux du pays et le sable tamisé ; on les a lissés avec beaucoup de soin, et sur la dernière couche on a passé un lavage de chaux, pour faire disparaître toutes les aspérités et boucher les interstices.

demeurées dans une obscurité continuelle : les premières sont *passées*, tandis que les autres ont conservé toute leur fraîcheur. Mais la cause principale de destruction paraît avoir été l'humidité ; lorsqu'elle n'a pas occasionné la chute du mortier, comme cela est arrivé malheureusement pour la voûte du chœur, elle a produit une espèce d'efflorescence (c'est cette végétation rose dont j'ai parlé tout à l'heure) qui a détaché les couleurs de l'enduit avec lequel elles devaient s'incorporer. Il ne reste plus alors qu'une poussière qui s'enlève au moindre frottement. En quelques places, les couleurs, soit qu'elles fussent trop épaisses [1], soit qu'elles aient été appliquées sur du mortier trop sec, soit enfin qu'elles soient des retouches en détrempe, se sont soulevées par écailles, ne laissant plus sur l'enduit qu'une empreinte très-faiblement colorée et souvent incertaine.

Les blancs et les tons de chair se sont altérés plus que les autres teintes. Sur les pendentifs du chœur et dans la chapelle de saint Marin, il y a des roses qui sont devenus d'un noir verdâtre. Probablement

---

[1]. Le moine grec, auteur du *Guide de la peinture* traduit par le docteur Paul Durand, recommande d'appliquer les différentes couches de peinture fort minces, afin qu'elles adhèrent bien les unes aux autres. Il paraît que cette recommandation n'était pas toujours exactement suivie. Voir *Manuel d'iconographie chrétienne*, p. 35, comment il faut faire les carnations.

les couleurs décomposées de la sorte sont des retouches anciennes, car on remarque qu'elles sont plus épaisses que les autres et imparfaitement fondues avec les teintes qu'elles recouvrent. Je pense, d'ailleurs, que ces peintures du chœur et des chapelles sont d'une autre date que celles de la nef et de la crypte, ou tout au moins exécutées par des artistes à qui les procédés de la fresque étaient moins familiers.

On sait que les maîtres italiens se servaient d'un style ou d'une pointe de métal pour ébaucher leurs compositions sur l'enduit du mortier. Ce trait, gravé plus ou moins profondément, n'existe pas dans les fresques de Saint-Savin[1]. L'ébauche a été faite au pinceau : c'est un trait esquissé en rouge. Grâce à la solidité de cette couleur, le trait s'est conservé, tandis que les teintes qui le recouvraient ont disparu. Les contours sont tracés avec une facilité singulière et une sûreté de main qui indique autant d'adresse que d'habitude. On ne voit point de *repentirs*, et, pour la netteté du trait, ces compositions rappellent la hardiesse

1. On voit cependant quelques traits d'une ébauche à la pointe dans une des chapelles. M. Joly, qui les a observés le premier, pense que cette ébauche n'a jamais été exécutée. Il a reconnu d'ailleurs qu'elle était tracée d'une main hardie, et il la compare à l'esquisse d'un artiste exercé plutôt qu'à un calque timide d'après un poncif.

des peintures antiques de Pompéi et d'Herculanum.

La peinture à fresque n'admet qu'un nombre fort borné de teintes, la chaux décomposant toutes les couleurs végétales et beaucoup de couleurs métalliques. La palette des artistes qui ont travaillé à Saint-Savin était des plus restreintes, et je doute qu'ils aient fait usage de toutes les ressources que comportait ce genre de peinture, même de leur temps. Les couleurs qu'ils ont employées sont le blanc, le noir, deux teintes de jaune, plusieurs teintes de rouge, plusieurs nuances de vert, du bleu, et les teintes résultant de la combinaison des couleurs précédentes avec le blanc.

Le blanc des fresques de Saint-Savin couvre peu; il s'est décomposé souvent, et parfois il est devenu comme translucide. Les inscriptions de la nef tracées en blanc sont maintenant illisibles.

Le noir a été rarement employé pur. Mêlé au blanc, il servait à faire diverses nuances de gris.

Les rouges se sont, en général, très-bien conservés. Ce sont, je crois, des ocres, et, par conséquent, ils n'ont jamais une grande vivacité. La teinte qui se reproduit le plus fréquemment est très-intense, un peu violacée et tirant sur le pourpre.

Les jaunes sont également bien conservés. Il y a

des draperies peintes en jaune qui ont un éclat remarquable, et que nos ocres n'ont point, ce me semble, aujourd'hui.

Le bleu est fortement altéré. On s'en est, d'ailleurs, servi assez rarement. Presque toujours, il a pris une teinte verdâtre et sale. L'analyse que M. Chevreul a bien voulu faire, à ma prière, a démontré que le cobalt était la base de cette couleur [1].

Le vert est quelquefois très-brillant et très-vif. J'ignore sa composition, mais je doute que ce soit une terre naturelle. La teinte la plus claire manque, je crois, à la fresque moderne.

Il est inutile de dire qu'aucune de ces couleurs n'a de transparence. Toutes ont un aspect terreux et terne. Il est évident qu'on ne les a jamais recouvertes d'un vernis et d'un encaustique, comme quelques peintures murales des anciens.

---

1. « La matière bleue provenant de l'église de Saint-Savin est colorée par le verre bleu de cobalt appelé *smalt*. Après avoir enlevé, au moyen de l'acide chlorhydrique, le sous-carbonate de chaux dont la matière était mêlée, j'ai isolé parfaitement l'oxyde de cobalt de verre bleu, qui ne s'était pas dissous dans l'acide.

» Il est certain que les anciens connaissaient la propriété qu'ont certains minerais de former un verre bleu avec la matière du verre, c'est-à-dire avec la silice et un alcali, potasse ou soude. H. Davy a constaté, en 1814, que des vases d'un verre bleu transparent, trouvés dans des tombes de la grande Grèce, étaient colorés avec le cobalt, etc. »

(Extrait d'une note de M. Chevreul.)

Les couleurs ont été appliquées par larges teintes plates, sans marquer les ombres, au point qu'il est impossible de déterminer de quel côté vient la lumière. Cependant, en général, les saillies sont indiquées en clair, et les contours accusés par des teintes foncées ; mais il semble que l'artiste n'ait eu en vue que d'obtenir ainsi une espèce de modelé de convention, à peu près tel que celui qu'on voit dans notre peinture d'arabesques. Dans les draperies, tous les plis sont marqués par des traits sombres, ordinairement rouges, quelle que soit la couleur de l'étoffe. Les saillies sont accusées par d'autres traits blancs assez mal fondus avec la teinte générale [1]. Il n'y a nulle part d'ombres projetées, et, quant à la perspective aérienne, ou même à la perspective linéaire, il est évident que les artistes de Saint-Savin ne s'en sont nullement préoccupés.

---

1. On observe, dans les fresques de Saint-Savin, l'application des procédés indiqués par Théophile et par le moine grec auteur du Traité de la peinture récemment publié par M. Didron. Ces deux auteurs recommandent de cerner les contours avec une teinte foncée et de marquer les saillies avec des teintes plus claires. L'un et l'autre enseignent à couvrir d'abord l'esquisse avec une teinte plate uniforme assez foncée, que Théophile nomme *posch*, et le Grec πρόπλασμα. Sur ce fond, on appliquait d'autres teintes plus foncées ou plus claires. Sans doute il faut attribuer à ce procédé singulier, surtout à la composition du posch ou proplasma, les singulières altérations que certaines couleurs ont subies, notamment la transformation de certains roses en verts.

J'ai parlé de la mauvaise qualité des bleus employés dans ces fresques. Le bleu de la plupart des fonds de ciel a disparu. La partie inférieure des fonds, je n'ose dire le terrain, s'est mieux conservée. Presque toujours les figures se détachent sur une couleur claire et tranchante ; mais il est difficile de deviner ce que le peintre a voulu représenter. Souvent une suite de lignes parallèles de teintes différentes offre l'apparence d'un tapis ; mais cela n'est, je pense, qu'une espèce d'ornementation capricieuse, sans aucune prétention à la vérité, et le seul but de l'artiste semble avoir été de faire ressortir les personnages et les accessoires essentiels à son sujet.

A vrai dire, ces accessoires ne sont que des espèces d'hiéroglyphes ou des images purement conventionelles. Ainsi les nuages, les arbres, les rochers, les bâtiments, ne dénotent pas la moindre idée d'imitation ; ce sont plutôt, en quelque sorte, des explications graphiques ajoutées aux groupes de figures pour l'intelligence des compositions.

Blasés aujourd'hui par la recherche de la vérité dans les petits détails que l'art moderne a poussée si loin, nous avons peine à comprendre que les artistes d'autrefois aient trouvé un public qui admît de si grossières conventions. Rien cependant de plus facile à produire que l'illusion, même avec cette naïveté de moyens qui semblent l'éloigner. Assurément un mur de scène en marbre, avec sa décoration immobile, n'empêchait pas les Grecs de s'intéresser à une action qui devait se passer dans une forêt ou parmi les rochers du Caucase ; et le parterre de Shakspeare, en voyant deux lances croisées au fond de la grange qui servait de théâtre, comprenait qu'une bataille avait lieu : la péripétie l'agitait, et chacun frémissait aux cris de Richard offrant tout son royaume pour un cheval [1].

A côté de cette indifférence pour les détails accessoires, ou, si l'on veut, de cette ignorance primitive, on remarque parfois une imitation très-juste et un sentiment d'observation très-fin dans les attitudes et les gestes des personnages. Les têtes, bien que dépourvues d'expression, se distinguent souvent par une noblesse singulière et une régularité de traits qui rappelle, de bien loin, il est vrai, les types que nous admirons dans l'art antique. Rarement les visages sont peints de profil, et,

1. Il me semble voir un commencement de prétention à l'imitation de détail, à ce qu'on appelle aujourd'hui la vérité de la mise en scène, dans une note de Cervantès, qu'il plaça en tête de son *Siége de Numance*, probablement pour l'instruction des directeurs de théâtre. Scipion se dispose à faire une allocution à son armée:

« Ici entreront autant de soldats que faire se pourra, habillés à la romaine, et *sans arquebuse.* »

lorsque l'artiste les a rendus de la sorte, il s'est presque toujours écarté de cette noblesse qu'il recherche ailleurs avec soin. Il semble qu'il eut ses modèles de prédilection, qu'il savait reproduire, incapable d'ailleurs d'inventer dès qu'il était réduit à ses propres ressources.

Dans les différentes compositions de la nef, de la crypte et de la tribune, les fabriques sont toujours peintes de couleurs vives et tranchées, à l'extérieur comme à l'intérieur. Évidemment ce n'est point là une invention de l'artiste; il n'a fait qu'exprimer un usage général de son temps.

Le Seigneur est toujours représenté revêtu d'une robe talaire et d'un manteau très-ample; ses pieds sont nus. Un nimbe crucifère entoure sa tête. On sait que les artistes du moyen âge ont toujours identifié le Seigneur ou le Père avec Jésus-Christ.

Partout on observe les mêmes costumes à peu près. Sauf les rois et les magistrats, qui portent de longues robes, tous les hommes sont revêtus d'une tunique à manches, fort serrée à la taille et tombant au-dessus du genou. Les poignets et le bas de la tunique sont souvent ornés d'une broderie ou d'une bande d'étoffe tranchante. Les jambes sont couvertes d'un pantalon étroit, et la chaussure la plus ordinaire paraît ne consister qu'en une semelle attachée à la jambe par des courroies qui s'entre-croisent et montent quelquefois jusqu'au genou. Sur l'épaule droite s'attache un manteau assez étroit et court, tombant jusqu'au jarret ; il est fixé non point par une agrafe, mais par un nœud fait par l'étoffe même du manteau, de la même manière exactement que les Bédouins fixent aujourd'hui sur leur épaule la longue draperie blanche dont ils s'enveloppent. Les anges, les rois, Moïse, et quelques personnages principaux, ont des robes qui descendent jusqu'à la cheville, et par-dessus un manteau long, tourné autour du corps de manière à laisser un bras et une épaule libres ; cet ajustement rappelle tout à fait celui de plusieurs statues antiques.

Les femmes ont la robe talaire et le manteau médiocrement ample. Les rois portent un bandeau sur le front ; mais, sauf quelques exceptions assez rares, tous les personnages sont figurés la tête nue. Dans la nef et dans la crypte, bien que quelques-unes des compositions représentent des soldats, on ne voit aucune armure [1]. La seule arme défensive est un bouclier arrondi par le haut, pointu par le bas. Quelques personnages semblent encore porter soit des casques, soit une espèce de bonnet plat et serrant la tête, dont la forme m'est nouvelle. J'ai

1. Voir une exception probable à l'explication des peintures, p. 213.

déjà remarqué qu'il y avait dans la tribune des soldats dont l'accoutrement rappelle celui des guerriers de la tapisserie de Bayeux. Il faut noter comme un fait curieux que les cavaliers de Saint-Savin n'ont point d'étriers. J'en conclus encore une tradition antique ; car, pour ne point copier le harnachement en usage à son époque, le peintre devait avoir l'autorité d'anciens modèles. Peut-être tant de détails sembleront minutieux : à mon avis, ils ont leur importance pour constater l'origine de nos peintures. Ce n'est point dans les costumes de son temps que l'artiste de Saint-Savin a trouvé ces larges manteaux qui drapent si élégamment ses principaux personnages. Ni au xie ni au xiie siècle, on n'allait tête nue en France : les soldats se couvraient de mailles, les cavaliers se servaient d'étriers. Si les personnages de Saint-Savin ont un costume de convention, si dans ces peintures on observe maints détails qui ne se rapportent pas au temps où elles ont été exécutées, il faut reconnaître que l'artiste n'a pas pris ses modèles dans la nature de son époque, mais qu'il a copié des types anciens et consacrés par la tradition.

Le mouvement des draperies, accusé en général assez correctement, et souvent très-gracieux, suffirait seul à prouver des réminiscences de l'antique. Il est facile d'y surprendre un souvenir non-seulement de l'ajustement familier aux artistes des beaux temps de la Grèce, mais encore de leurs procédés d'exécution. Cela est surtout remarquable dans la manière d'indiquer par un petit nombre de plis le mouvement des membres que les draperies recouvrent. A Saint-Savin, ces plis semblent tracés au moyen d'un poncif, tant leur disposition est constante dans la plupart des figures. Je dois surtout insister sur un point, c'est que les plis dessinés par l'artiste sont les plis essentiels, si je puis m'exprimer ainsi, et que leur indication tient à un système tout antique, qui consiste à marquer les détails importants et à négliger les détails inutiles [1].

A la première vue des peintures de Saint-Savin, on est frappé de l'incorrection du dessin, de la grossièreté de l'exécution, en un mot de l'ignorance et de l'inhabileté de l'artiste. Un examen plus attentif y fera reconnaître un certain caractère de grandeur tout à fait étranger aux ouvrages qui datent d'une époque plus récente. Comparez une des compositions de la nef, avec un tableau de Jean van Eyck, par exemple : celui-ci est sans doute bien plus correct, bien plus exact, bien plus près de la nature, mais le style en est bas, et *bourgeois*, pour me servir d'une expression d'atelier. Les fresques de Saint-

---

1. Comparer les draperies des fresques de Saint-Savin avec celles des vases grecs et des fresques de Pompéi.

Savin, au milieu de mille défauts, ont quelque chose de cette noblesse si remarquable dans les œuvres d'art de l'antiquité. Que si l'on poursuit l'examen jusque dans les détails de l'exécution, on observe une simplicité singulière de moyens et de procédés, des contours franchement accusés, une sobriété de détails, en un mot un choix dans l'imitation, qui n'appartient jamais qu'à un art très-avancé. La plupart des statues ou des tableaux du moyen âge présentent une minutie de détails qui trahit l'inexpérience de l'artiste. Hors d'état de distinguer dans son modèle les parties véritablement importantes, il s'attache aux petits accessoires, dont l'exécution est toujours plus facile. Depuis les enfants qui charbonnent des soldats sur les murs jusqu'aux artistes médiocres de tous les temps, le procédé d'imitation est le même : les uns comme les autres cherchent un but à leur portée ; ils ne voient dans la nature que ce qu'ils peuvent comprendre et reproduire. Les écoles de l'antiquité, au contraire, savaient, avec un admirable discernement, négliger les accessoires inutiles pour faire ressortir avec plus d'énergie ce qu'il y avait de caractéristique et de beau dans l'objet qu'ils voulaient imiter. Il suffit, pour s'en convaincre, de jeter les yeux sur les vases peints ou les statues grecques de la belle époque. Peut-on concevoir un modèle plus exact et plus correct que celui de la figure de l'Ilissus dans le tympan du Parthénon ? Et cependant il n'y a là nulle recherche, nulle prétention à la science de l'anatomie [1] ; c'est une nature d'élite, où le statuaire n'a exprimé que ce qui servait à caractériser la force, la grâce et la beauté. Outre le talent d'imitation, il y a toujours dans les œuvres des grands maîtres cette délicatesse de goût qui sait distinguer et choisir. Je n'ai pas besoin de dire que je ne veux établir aucune comparaison entre les fresques de Saint-Savin et les chefs-d'œuvre que nous a transmis l'antiquité. Il faut cependant reconnaître qu'un système commun a présidé à l'exécution d'ouvrages si différents. Dans les uns et les autres paraît ce sentiment délicat qui fait discerner, dans l'imitation, l'utile de l'inutile. Le goût antique éclate surtout dans ce choix souvent difficile. Ce goût, très-affaibli sans doute, se montre encore pourtant dans nos compositions de la Genèse et de l'Apocalypse. On y aperçoit, comme dans la copie d'une copie, des traces d'un art supérieur, et, si je puis m'exprimer ainsi, la mauvaise application d'une méthode excellente. Je le répète, les peintres de Saint-Savin ont reçu leur art des maîtres de la Grèce. L'héritage s'est transmis par une succession

---

1. Comparer la simplicité d'exécution de Phidias avec la recherche et parfois l'exagération des maîtres du xvie siècle.

non interrompue ; mais chaque siècle a diminué le dépôt précieux, et c'est à peine si l'on en peut deviner la richesse originelle lorsqu'on voit la misère des derniers légataires.

En décrivant ces peintures, j'espère, par des observations de détail, confirmer cette assertion générale, et faire passer ma conviction dans l'esprit du lecteur.

Quelle date doit-on assigner aux fresques de Saint-Savin ?

La solution rigoureuse de cette question est impossible, on le sent, faute de renseignements historiques ; mais on peut, je crois, par des inductions, arriver à resserrer les limites de l'incertitude.

Personne n'ignore qu'au moyen âge la peinture eut un développement beaucoup moins rapide que la sculpture. Si l'on place une statue du XIIe siècle à côté d'une statue du XIIIe, on les distinguera l'une de l'autre au premier coup d'œil. Examinons ensuite plusieurs verrières de dates différentes, du XIIe et du XIVe siècle : il sera souvent difficile de désigner l'époque de chacune, surtout si l'on ne s'attache qu'à la comparaison des figures peintes, et les connaisseurs les plus habiles conviendront que les indices les plus sûrs pour se guider dans cette appréciation ne peuvent être tirés ni des costumes, ni du plus ou moins de pureté dans le dessin. Il en est de même pour les peintures murales. Les costumes de convention ou de tradition, les types byzantins, pour tout dire en un mot, se sont conservés dans les monuments peints longtemps après que la sculpture était entrée dans une voie d'imitation nouvelle et s'était fait un style original. S'il fallait rechercher la cause d'un fait que personne ne peut méconnaître, je serais tenté de l'attribuer à l'influence d'une école étrangère, opposée de sa nature au progrès, et, en quelque sorte, immobile par système.

La peinture byzantine est essentiellement conventionnelle et fondée sur la tradition. Les iconostases modernes des églises grecques reproduisent avec une fidélité extraordinaire les types les plus anciens, et telle était, telle est encore l'habileté d'imitation des artistes, qu'à moins d'être extrêmement familiarisé avec ce genre de peinture, il est facile de se tromper de plusieurs siècles en essayant de deviner la date d'une image de saint ou d'une composition religieuse[1].

Ce n'est donc ni dans les costumes des fresques

---

1. En 1841, mon savant ami M. Lenormant et moi, nous vîmes dans l'église de Sainte-Photine, à Smyrne, une Vierge, peinte en 1830, que nous aurions pu croire du XIIIe siècle. Cependant, nous avions vu des peintures byzantines assez anciennes en Grèce et à Constantinople. Qu'on se représente une copie très-exacte d'après Cimabué.

de Saint-Savin, ni dans les procédés, ni dans le style même de la peinture, que nous devons espérer de trouver des renseignements précis pour nos recherches. Demandons à l'architecture, dont les caractères sont beaucoup moins contestables, des indications plus positives.

On pourrait être tenté, au premier abord, de conclure la date des fresques de celle de l'église même. En effet, une décoration peinte si complète semble indiquer un système général, conçu *a priori* et rapidement exécuté. Ces voûtes, ces colonnes, ces murs si mal construits, dont l'appareil se cache sous le crépi, furent incontestablement destinés à être recouverts de peinture.

Plusieurs faits positifs, et qui ne me sont connus que depuis peu de temps, viennent démentir formellement les conclusions trop hâtives que l'observateur pourrait former.

Dans quelques-unes des chapelles, notamment dans celle de saint Marin, où le mortier, en se détachant, a laissé à nu la muraille, on voit que les moellons, assez régulièrement appareillés en cette partie de l'église, ont été couverts d'un badigeon rouge, uniforme, appliqué en détrempe, autant qu'on en peut juger maintenant. C'est par-dessus ce badigeon rouge qu'est étendu l'enduit de mortier destiné à la peinture des fresques [1].

Dans la tribune, on reconnaît que l'archivolte de l'arcade donnant dans la nef a été autrefois sculptée; elle présente une moulure très-simple, mais cependant ornée, et évidemment destinée à être *vue*. Puis on a piqué cette même moulure, afin d'y faire adhérer le crépi de mortier, et, sur cet enduit, on a peint une archivolte d'un autre motif. Or, comme on ne s'est pas donné la peine de raser la saillie de la moulure ancienne, l'enduit, en cet endroit, forme un renflement, dont on ne soupçonnerait pas la cause si le temps n'avait fait tomber de larges écailles du mortier.

Il est donc évident qu'il s'est écoulé un certain espace de temps entre la construction matérielle et la décoration peinte de la tribune et des chapelles; de plus, que l'intention primitive de l'architecte n'était pas de faire usage de cette décoration, puisque, dans un cas, il a fait usage d'un badigeon uniforme, et qu'ailleurs il demandait à la sculpture

1. Par-dessus les fresques, on a peint, probablement dans le XVIIe siècle, des armoiries et de grandes fleurs rouges, non-seulement dans les chapelles, mais sur les colonnes du chœur. Je pense que c'est là une trace des *réparations* exécutées par les bénédictins de Saint-Maur. Ce n'est pas tout; par-dessus les fleurs du XVIIe siècle, on a étendu un badigeon blanc à plusieurs reprises, et avec tant de persévérance, que M. Joly en a pu compter jusqu'à quatorze couches bien distinctes, formant ensemble une épaisseur de près d'un centimètre.

un motif d'ornementation, caché depuis par la peinture. Ce qui est constant pour les deux extrémités de l'église paraît très-probable pour la nef [1] et le chœur, surtout si l'on fait attention à la disposition des fenêtres, fort mal calculée pour éclairer la voûte. Et cependant c'est cette voûte sur laquelle se voient aujourd'hui les peintures les plus remarquables, les mieux exécutées.

S'il faut reconnaître qu'un intervalle de temps s'est écoulé entre la construction de l'église et sa décoration par de grandes compositions historiques, il y a de fortes probabilités pour que cet intervalle n'ait pas été très-considérable.

Lorsqu'on étudie les progrès de l'architecture dans le Poitou, on ne peut douter que la sculpture de décoration n'ait pris de bonne heure un développement notable dans cette province.

On sait combien la nature des matériaux a partout exercé d'influence sur les caractères de l'architecture. Là où la pierre s'est trouvée tout à la fois facile à tailler et susceptible de recevoir un travail

---

[1]. A mon dernier voyage à Saint-Savin, j'ai observé que l'intrados d'un des arcs-doubleaux du narthex avait été revêtu de deux couches de mortier superposées, l'une et l'autre couvertes d'ornements à fresque. Les ornements les plus anciens se montrent dans un endroit où la couche supérieure s'est détachée. Il n'est pas douteux par conséquent que la nef n'ait été décorée à deux reprises, de même que la tribune et la chapelle de saint Marin.

fini, la sculpture d'ornements a très-vite acquis une grande importance, et son usage est devenu général à l'intérieur et à l'extérieur des édifices. Le calcaire, qu'on trouve en abondance dans tout le Poitou, s'exploite aisément. Au sortir de la carrière, il se taille sans peine, il durcit à l'air et conserve les détails les plus fins qu'y laisse le ciseau de l'artiste. Aussi, peu de provinces peuvent se comparer au Poitou pour la richesse de leur ornementation sculptée. Les chapiteaux, les archivoltes, les moulures, y sont travaillés avec une élégance et une recherche extraordinaires. Les façades sont couvertes non-seulement d'une profusion incroyable d'ornements courants, mais elles présentent souvent encore un nombre prodigieux de statuettes et de figures d'hommes ou d'animaux. Il y a telle église dont la façade ressemble à un immense bas-relief [1].

Dès le milieu du xie siècle, ce goût de sculpture se manifeste dans le Poitou, et il s'y est répandu si vite, qu'une église dépourvue d'ornementation sculptée y est, pour ainsi dire, une rareté. On ne peut douter que les *imagiers* poitevins ne fussent très-nombreux, et que leur talent ne fût mis en réquisition pour tous les édifices de quelque importance.

---

1. Il suffira de citer les églises de Notre-Dame de Poitiers, de Civray, de Saint-Pierre à Melle.

Cependant Saint-Savin, nous l'avons remarqué plus d'une fois, est, sous le rapport de la sculpture, inférieur à presque toutes les églises qui l'entourent. Comment expliquer la rudesse de ses chapiteaux, la nudité de ses archivoltes, l'absence, dans toutes les parties de l'édifice, de cette ornementation taillée en pierre, prodiguée partout ailleurs? Comment un monastère dont les richesses étaient immenses, et qui, par l'étendue de ses relations, pouvait connaître et attirer dans ses murs les artistes les plus illustres, est-il demeuré étranger au grand mouvement qui animait alors l'architecture dans toute la France, et surtout dans les provinces méridionales? Une seule hypothèse peut, ce me semble, rendre raison de cette anomalie singulière. Il faut supposer que, si les abbés de Saint-Savin n'emplòyèrent ni sculpteurs ni imagiers dans leur église, depuis sa construction jusqu'au milieu du XIIe siècle, c'est que leur église avait déjà reçu leur ornementation particulière, aussi riche sans doute dans leur opinion, et peut-être plus rare que celle des monastères voisins. Je conçois que l'entrée de la tour occidentale ait conservé ce caractère de simplicité commandée par sa destination toute militaire; mais que le tympan de la porte qui s'ouvre dans le narthex soit de même nu, tandis que la plus médiocre église de village ornait sa porte de bas-reliefs et de rinceaux, je ne puis le comprendre, si je n'admets qu'alors tout le vestibule était couvert de peintures qui ne laissaient plus de place au travail du sculpteur.

Il est probable qu'une circonstance particulière, telle que l'arrivée d'artistes en renom, aura engagé les religieux de Saint-Savin à choisir pour leur église un genre de décoration encore peu commun, suivant toute apparence. Les rapports remarquables qu'on observe entre les peintures de la nef et les plus anciennes peintures byzantines m'ont donné lieu de croire que ces artistes étaient des Grecs, ou tout au moins qu'ils appartenaient à une école de la Grèce. De quelque pays que fussent ces hommes, ils devaient assurément avoir obtenu ou conservé des traditions de l'art antique.

Les peintures du vestibule, de la nef et de la crypte, les mieux conservées aujourd'hui, me paraissent avoir été exécutées simultanément, non pas sans doute par le même artiste, mais sous la direction d'un seul maître et par les talents réunis de son école. En effet, non-seulement on remarque une conformité frappante entre les procédés matériels, mais encore les mêmes types de physionomie, les mêmes attitudes, les mêmes mouvements de draperies, se reproduisent dans ces trois parties de l'église, avec quelques différences légères d'exécution qui dénotent seulement des mains plus ou moins exercées. J'incline à croire que la tribune a été peinte à la même époque ; mais l'état de dégradation de toutes ses fresques ne permet que des conjectures, car une comparaison rigoureuse est devenue aujourd'hui impossible.

Je trouve une différence sensible entre les peintures précédentes et celles du chœur. Les dernières, incontestablement inférieures sous le rapport de l'exécution, accusent une connaissance moins parfaite des procédés particuliers à la fresque. C'est dans le chœur et dans les chapelles qu'on voit, ainsi que je l'ai déjà dit, ces changements de couleur si étranges, qu'on ne peut attribuer qu'à l'ignorance des effets de la chaux sur certaines préparations, applicables dans un autre mode de peinture. Enfin, les têtes n'ont point ce caractère de noblesse, les draperies cette élégance d'ajustement, que j'ai attribués à des souvenirs traditionnels de l'art antique. On observe dans le chœur, à côté de ces longues et roides figures de saints, des rinceaux très-grossiers, et surtout l'ornement de l'intrados des arcades formé par des dents de loup peintes en rouge. N'est-ce pas là l'enfance de l'art, le barbouillage, si je puis m'exprimer ainsi, de nos premiers peintres nationaux ? Le moyen de croire que ces dents de loup ont été badigeonnées par les mêmes artistes qui ont peint l'arc-doubleau du narthex et la bande transversale qui partage les fresques de la nef? A mon avis, la décoration très-grossière du chœur serait contemporaine de la reconstruction de l'église par Odon II. Quant aux fresques de la chapelle de saint Marin, je les crois exécutées à une époque intermédiaire entre la décoration du chœur et celle de la nef.

La comparaison des fresques du chœur avec celles de la nef, et l'évidente infériorité des premières, suffiraient, ce me semble, à donner à mon opinion une grande vraisemblance; mais une autre considération vient encore la fortifier. Personne n'ignore que, dans la décoration d'une église, le plus grand luxe, la plus grande recherche, les ressources les plus puissantes de l'art, sont réservés pour le lieu le plus saint, pour le chœur. Toute grossière qu'est la sculpture de Saint-Savin, elle confirme cette règle générale, et l'on en a vu un exemple manifeste, en comparant les chapiteaux du narthex et de la nef avec ceux du chœur. Cela posé, il est évident qu'à l'époque où fut exécutée la décoration du chœur, elle devait être supérieure à celle de la nef; or, si l'on remarque le contraire aujourd'hui, n'est-ce pas une très-forte présomption pour croire que le chœur a été peint avant la nef?

En résumé, si mes inductions sont admises par le lecteur, voici les dates approximatives auxquelles on peut s'arrêter avec quelque vraisemblance :

De 1023 à 1050, construction de l'église, badigeonnage de ses murs et de ses voûtes. Décoration du chœur. Décoration de la chapelle de saint Marin, postérieure de peu de temps à celle du chœur.

De 1050 à 1150, au plus tard, peinture des fresques de la nef, de la crypte, du vestibule et de la tribune, par des artistes appartenant à une école originaire de la Grèce.

De 1200 à 1300, peinture de la Vierge du narthex.

A partir de cette époque, il n'y a plus que d'ignobles badigeonnages, dont il est inutile de s'occuper.

VI

DESCRIPTION DES PEINTURES.

Le frontispice de la publication dont nous avons parlé au commencement de ce travail, dessiné par M. Viollet-Leduc, est *composé* d'ornements tirés de différentes parties de l'église. Voici la place que chacun de ces ornements occupe dans la décoration générale.

1° Niche dans le mur occidental du narthex.

La Vierge, assise sur un trône, entourée d'une gloire, tenant son fils sur ses genoux; à droite et à gauche, dans la partie supérieure de la niche, deux anges portés sur des nuages, dans une attitude d'adoration ; plus bas, deux personnages nimbés, revêtus d'un costume monastique et tenant une crosse à la main : l'un, placé à la droite de la Vierge, est probablement saint Benoît d'Aniane, premier abbé de Saint-Savin ; l'autre, qui paraît être une femme, est peut-être sainte Savine, dont le nom se trouve dans une inscription de la crypte et sur l'un des autels.

Les Bollandistes rapportent très-brièvement la légende de sainte Savine ou Sabine, vierge. Née à Samon, elle quitta ses parents idolâtres, et vint se faire baptiser à Rome. Après avoir longtemps voyagé, elle se fixa à Troyes, où elle mourut en odeur de sainteté, ayant fait plusieurs miracles. On place sa mort au commencement du IVe siècle.

Ce serait peut-être seulement à cause de la conformité du nom que la tradition locale aurait mis sainte Savine en relation avec saint Savin. Si, comme l'ont prétendu quelques-uns des historiens de l'abbaye, et comme cette inscription semble l'indiquer : *Requiescit sanctissima Savina virgo*, inscription trouvée sur un tombeau en pierre, vide, placé sous le grand autel, vulgairement appelé le sépulcre (la crypte), la crypte de notre église renfermait le corps de sainte Savine, vierge, comment ce fait serait-il demeuré inconnu aux Bollandistes, qui placent la sépulture de cette sainte dans le monastère de Celles, près de Troyes ? — Peut-être y a-t-il eu deux saintes du même nom, l'une en Champagne, l'autre en Poitou.

2° L'arcade sous laquelle l'artiste a placé la Vierge, les archivoltes qui l'entourent et leurs retombées échancrées, sont copiées d'après l'arcade de la tribune, percée autrefois dans le mur occidental de la nef.

3° Bande longitudinale peinte au sommet de la voûte de la crypte.

4° Les entrelacs, ainsi que les deux pendentifs de l'arcade, sont empruntés à des trumeaux ou aux pendentifs de quelques arcades du chœur et des chapelles.

5° Bande transversale peinte dans la nef, entre la deuxième et la troisième arcade, à partir du narthex.

6° Bande ou litre qui règne le long des murs de la nef des transepts.

7° Ornement peint à l'intrados d'un arc-doubleau du narthex.

8° Ornement qui sépare longitudinalement les deux moitiés de la voûte de la nef. On voit qu'il a remplacé un ornement plus ancien qui reparaît par places, là où la peinture nouvelle s'est détachée.

Fresques du vestibule.

I. — Le Christ assis sur un trône, entouré d'une gloire, la tête nimbée, les bras étendus. Il donne la bénédiction de la main droite. Plusieurs anges, portant les instruments de la Passion, sont placés à droite et à gauche du Christ dans les angles du tympan. Ces figures de petite proportion, et fort altérées, quoique pourtant reconnaissables aujourd'hui, étaient autrefois presque entièrement cachées sous les lichens et le badigeon. Elles ont été retrouvées par les soins de M. Joly.

L'expression du Christ est remarquable par sa douceur mêlée de tristesse. Évidemment l'artiste a voulu représenter le Sauveur dans la fleur de la jeunesse : caractère assez rare dans les images exécutées en France. Ses cheveux sont blonds et flottent sur ses épaules, partagés symétriquement sur le front. Il n'a qu'une barbe naissante, à peine visible. Il faut noter, comme une singularité très-rare dans notre pays, la manière dont les doigts de la main droite sont placés pour donner la bénédiction : le pouce s'incline vers l'annulaire, qui est fléchi ; les trois autres doigts sont élevés, mais inégalement. Je ne doute pas que le geste de la bénédiction à la manière grecque ne soit exprimé ici. Il est vrai que, pour le rendre parfaitement, il faudrait que le petit doigt et le médius fussent arqués, de manière à présenter la forme du sigma (C) dans l'alphabet grec de l'époque chrétienne (on sait que la position des doigts, leur flexion ou leur rigidité doit former, suivant les liturgistes grecs, les lettres IC XC, Ιησούς Χριστός) ; mais la courbure du médius et du petit doigt *en raccourci* n'était pas facile à rendre dans une peinture où il n'y a pas d'ombres ; c'était, je crois, un problème au delà des limites de l'art à cette époque. La position du pouce et du petit doigt suffit, ce me semble, pour caractériser la bénédiction grecque. Elle n'est pas exprimée plus clairement dans quelques fresques de la Grèce ou de l'Asie Mineure que j'ai examinées. On peut ajouter, je crois, la position de cette main et l'âge donné au Christ, aux arguments que j'ai déjà fait valoir en proposant d'attribuer les peintures de Saint-Savin à des artistes grecs.

II. — Voûte du vestibule, à la gauche du spectateur placé devant le Christ. Première composition (la plus élevée)[1] : Ouverture du puits de l'Abîme.

Le peintre s'est conformé fort exactement à la description qu'on lit dans l'Apocalypse, pour représenter les sauterelles qui sortent du puits de l'Abîme. Leurs cuirasses sont à écailles : il me semble qu'un peintre du Nord, au xie ou xiie siècle, leur aurait donné une armure de mailles. Ces écailles, à mon avis, sont encore un souvenir antique. — La sortie impétueuse de ces monstres, et la confusion de la foule qu'ils renversent sous leurs

---

1. Les compositions de l'Apocalypse peintes dans le vestibule se suivent dans l'ordre suivant : 1° paroi nord (à gauche en entrant dans l'église), compartiment supérieur; 2° paroi sud, compartiment supérieur; 3° paroi nord, compartiment inférieur; 4° paroi sud, compartiment inférieur.

pieds, sont exprimées avec énergie. Je ne puis m'empêcher de remarquer que le peintre évite le laid. Assurément, au xiie siècle, un artiste de notre pays aurait donné à ses fantômes les têtes les plus hideuses que son imagination eût pu lui suggérer; ici, au contraire, ils ne sont que terribles. N'y a-t-il pas là encore quelques traces de cet art grec si amoureux du beau, qu'il représentait Méduse même comme une vierge d'une noblesse idéale?

L'ange qui ouvre le puits de l'Abîme tient de la main droite un objet qu'il n'est pas facile de déterminer : cela ressemble à une scie ou à une palme; je voudrais y voir un oliphant ou une trompette. Peut-être quelque ornement peint sur l'oliphant lui donne-t-il cette apparence dentelée, qui, autrement, me semble inexplicable.

Le couvercle du puits, appuyé sur sa margelle, ressemble parfaitement à un bouclier, tel que celui qu'on verra tout à l'heure dans le combat de saint Michel et du dragon. La forme en serait singulière pour couvrir un puits. Peut-être, dans l'idée de l'artiste, dans la tradition populaire, le puits de l'Abîme était-il fermé par un bouclier, ou bien encore est-ce un effet de *perspective* que le peintre aurait voulu rendre, fort malheureusement sans doute.

III. — Voûte du vestibule, côté sud, compartiment supérieur : Délivrance des quatre anges liés dans l'Euphrate.

Je présente ici l'explication qui me paraît la plus naturelle : l'état déplorable de cette fresque permet peut-être d'autres interprétations : je les indiquerai plus bas.

On remarquera que les anges paraissent être dans une rivière, au moins leurs pieds sont sur un fond d'une autre couleur que le fond général du tableau. Leur mouvement conviendrait assez à celui de captifs qu'on va délier ; mais aujourd'hui les chaînes sont devenues invisibles. Cependant, en examinant cette composition par un très-beau jour, on croit y voir des chaînes attachées à leurs mains. Cette fresque est si altérée, que tous les dessins qu'on en ferait présenteraient des variantes de détail. Il faut non-seulement voir, mais interpréter ce qu'on voit, pour le rendre intelligible dans une copie. L'heure du jour, du soleil, ou un temps couvert, changent complétement l'apparence de quelques détails importants pour l'intelligence du sujet.

Au-dessus des cavaliers, dans une gloire, paraît une espèce d'autel, et tout près quelque chose de rouge, qui probablement est une figure placée sous l'autel. Plusieurs personnes qui ont vu cette fresque à une époque où elle était moins endommagée m'ont assuré qu'elles avaient reconnu une figure de saint, nimbée, sortant à mi-corps de dessous l'autel. Peut-être alors se rapporterait-elle aux versets 9 et 10 du chapitre vi de l'Apocalypse ; on peut objecter que, d'après le texte sacré, les martyrs furent revêtus d'une robe blanche, tandis que nous voyons ici un vêtement rouge ; mais on peut répondre que l'apparition des martyrs, et le don d'une robe blanche, appartiennent à deux moments distincts de la vision, et que le peintre n'en pouvait représenter qu'un seul.

Quelques autres versets de l'Apocalypse pourraient encore, à la rigueur, s'appliquer à cette peinture. J'avais pensé d'abord qu'elle offrait une représentation des fléaux qui apparaissent à l'ouverture des quatre premiers sceaux du livre mystérieux : les cavaliers seraient la Guerre, la Famine et la Mort. Mais alors la couleur des chevaux, très-minutieusement décrite dans le texte sacré, aurait été fort inexactement rendue par l'artiste. Enfin, les anges, à l'exception de celui qui sonne de la trompette, demeureraient inexplicables. Au surplus, je le répète, l'état de cette fresque est tel aujourd'hui, qu'il est extrêmement difficile d'en apprécier exactement les détails, et, à plus forte raison, de les copier.

IV. — Voûte du vestibule, côté nord, compartiment inférieur : La femme poursuivie par le dragon.

L'artiste a réuni dans la même composition des

détails qui se rapportent à différents moments de la vision de l'évangéliste. Ainsi le fleuve coule entre la femme et le dragon; elle a des ailes, et cependant elle tient encore son fils, qui déjà était ravi au ciel quand le dragon vomit le fleuve pour l'engloutir.

On remarquera quelques points rouges sous le dragon : ce sont sans doute les étoiles que sa queue abat sur la terre.

La portion de disque rouge qui renferme une forteresse au milieu de laquelle on distingue une petite maison est le ciel, la demeure de Dieu. Un peintre du moyen âge ne pouvait se représenter la céleste demeure autrement que comme un château fort.

Le grand disque rouge sur lequel la femme paraît assise, est, je pense, le soleil. C'est ainsi que le peintre a traduit ces mots du premier verset : *Amicta sole*.

L'attitude de la femme est remplie de noblesse et de grâce. Son expression mélancolique est heureusement rendue. Le personnage placé à sa droite est sans doute saint Jean, dont le geste exprime la crainte et l'horreur à l'approche du monstre.

On observera que la tête du dragon est entourée d'un nimbe. Le nimbe n'exprime pas seulement la sainteté; c'est un caractère surhumain et mystérieux, une marque divine imprimée soit comme un signe d'élection, soit comme un signe de réprobation. Il a les deux sens opposés qu'avait le mot *sacer* chez les Latins.

Le dragon paraissait d'abord figuré sur la fresque, contrairement au texte sacré, avec une seule tête et dix cornes ; aujourd'hui qu'elle a été nettoyée complétement, les sept têtes sont bien visibles. Cinq fort petites têtes, couronnées de nimbes jaunes, sortent de la nuque du monstre et forment la base de ses cornes, avec lesquelles il est facile de les confondre à moins d'un examen attentif. Derrière la tête principale, une septième tête pend sous la gueule du dragon. Cette dernière, entourée d'un nimbe de couleur sombre, est la tête blessée qui guérit d'une plaie mortelle. On voit que le peintre a identifié le dragon du chapitre XII avec la bête du chapitre XIII.

V. — Voûte du vestibule, côté sud, compartiment inférieur : Combat de l'archange Michel contre le dragon.

L'archange est monté sur un cheval blanc dont la selle a le plus grand rapport avec le harnachement des Orientaux. Il dirige contre le dragon une javeline très-mince ; d'ailleurs, il n'a pas d'armes défensives. Je crois qu'il n'a pas d'étriers ; cependant, un trait jaune qui cerne sa jambe droite peut à toute force être pris pour une étrivière. Un ange, à côté de lui, tient un bouclier pointu par le bas.

On voit deux autres anges à pied, armés d'épées, derrière le dragon. L'attaquent-ils, ou bien sont-ce les satellites du dragon? Il est assez difficile de résoudre la difficulté. Rien dans leur costume et dans leur caractère ne semble convenir à des anges de ténèbres; mais le texte est positif: le dragon, comme Michel, est suivi de son armée.

VI. — Voûte du vestibule, côté nord, rangée inférieure, au-dessous de la femme poursuivie par le Dragon: Glorification de la Vierge (?).

On croyait, il y a quelques années, qu'il n'existait plus que deux compositions peintes de chaque côté de la voûte du vestibule; les derniers travaux de M. Joly en ont fait découvrir une nouvelle.

Une femme assise, la tête entourée d'un voile, nimbée; la main droite élevée comme pour bénir, la gauche rapprochée de la poitrine; la tête et le haut du corps se détachent sur une gloire; deux anges volent au-dessus, étendant la main gauche vers la femme, et relevant la droite, *le poing fermé*. A droite de la femme assise, deux personnages nimbés semblent s'approcher d'elle et lui adresser la parole : le premier, barbu et tonsuré, revêtu de l'habit monastique, tient une châsse ou un livre ; le second, imberbe, la tête couverte d'une

11.

espèce de capuchon, me paraît être une femme. Un peu plus loin, en arrière, une foule d'hommes se presse alentour ; à leur tête, on distingue deux rois portant des diadèmes. A gauche, on voit plusieurs personnages tonsurés, conduits, comme il semble, par un homme barbu, la tête recouverte d'un capuchon, et tenant, de la main gauche, une baguette, un sceptre, ou peut-être une crosse. — Il faut noter les deux ornements en losange qui se lient au nimbe de la femme : ils me sont tout nouveaux, et je ne sais comment les expliquer. Tout le bas de cette fresque a beaucoup souffert de l'humidité, et la partie supérieure elle-même n'est visible que depuis le nettoiement dont j'ai parlé.

L'explication du sujet me semble difficile. J'avais essayé de la chercher dans l'Apocalypse. En effet, le vestibule présentant une suite assez nombreuse de compositions tirées de ce livre, il paraissait naturel d'y rattacher celle-ci ; mais je n'ai pu trouver aucun texte qui s'y appliquât convenablement. Un moment j'avais été tenté de voir dans la femme assise la *Grande Prostituée (Magna Meretrix)*, entourée de ses adorateurs, et prête à verser le sang des saints qui se présentent hardiment devant elle.

On a déjà remarqué que le nimbe n'est pas toujours un attribut de sainteté, puisque la tête du dragon en est couronnée. Un signe semblable pouvait donc être donné à la Mère des abominations. Enfin, les deux anges levant leur main droite *fermée* me semblaient faire un geste de menace, et je voyais en eux les exécuteurs de la sentence divine prononcée contre Babylone. Mais ni la bête, monture de la Grande Prostituée, ni surtout la coupe d'abomination, son attribut constant et caractéristique ne se retrouvent ici ; on ne peut admettre qu'on les eût omises dans un pareil sujet. D'un autre côté, les deux rois et les moines qui environnent la femme assise ne sauraient s'expliquer dans cette hypothèse. Enfin, le caractère calme, grave et tout religieux de cette peinture suffirait seul pour obliger de chercher une autre interprétation.

Pour justifier celle que je crois pouvoir proposer, j'ai besoin de rapprocher cette composition de celle qui occupe l'intérieur de la niche du narthex. On se rappelle que la Vierge du narthex est placée entre *un saint* et *une sainte* agenouillés devant son trône. Ce saint et cette sainte, qui occupent une place si importante dans la composition du narthex, je crois les retrouver ici dans les deux personnages debout auprès de la femme assise, et les différences notables qu'on peut remarquer dans leurs costumes ne doivent pas surprendre, puisque les deux sujets ne sont pas l'œuvre des mêmes artistes, et que, suivant toute apparence, ils ont été exécutés à un intervalle de temps considérable. J'ai déjà exposé les motifs qui m'engageaient à reconnaître dans les deux personnages nimbés du narthex saint Savin et sainte Savine. Sans doute une tradition, perdue aujourd'hui, associait les deux saints homonymes au patronage de l'abbaye.

Je pense donc que cette composition représente la glorification de la Vierge. Il était naturel dans l'abbaye de Saint-Savin de placer au premier rang de ses adorateurs deux saints de l'ordre de saint Benoît. On ne doit pas s'étonner de voir dans la foule qui entoure le trône divin un si grand nombre de religieux, puisque le peintre travaillait pour des moines. Quant aux deux rois, ce sont probablement les princes qui ont bien mérité de l'Église, Constantin, par exemple, et Charlemagne ; ou bien, si l'on suppose à l'artiste des sentiments français, ces deux monarques seraient Clovis, qui détruisit l'arianisme, et Charlemagne, qui dota l'Église.

La composition qui faisait pendant à celle-ci du côté du sud est entièrement effacée. L'enduit de mortier a disparu même, en grande partie.

Fresques de la nef.

Nous suivrons pour l'explication des fresques de la nef, l'ordre indiqué par le texte sacré. Voici la disposition des peintures dans la nef :

La série commence à la rangée supérieure de la seconde travée nord du narthex, et se continue de gauche à droite ; après la troisième travée, on passe à la rangée inférieure du même côté du narthex. Il faut ensuite remonter à la rangée supérieure des peintures de la nef, toujours du côté nord, et les suivre de gauche à droite jusqu'au chœur. De là on passe à la rangée supérieure du côté sud, et, en partant du chœur, on les suit encore de gauche à droite jusqu'à l'extrémité du narthex. On revient ensuite vers le chœur, du même côté, en partant du narthex, et descendant à la rangée inférieure, dont les compositions se suivent cette fois de droite à gauche. Du côté sud de l'église, les fresques présentent donc l'apparence de deux lignes d'écriture *boustrophédon*. De la dernière composition du côté sud, il faut passer au côté nord, à partir de l'entrée de la nef, et se diriger vers le chœur. — Je ferai observer que la disposition des fresques, du moins au commencement de la série, contribue à marquer la séparation, déjà indiquée par l'architecture, entre le narthex et la nef.

Il est douteux que la première travée, des trois qui composent le narthex, ait jamais présenté des compositions peintes. Probablement il y avait autrefois une ornementation tracée sur la voûte de cette travée, ainsi que dans tout le reste de l'église, mais je suppose que ce n'était qu'un badigeonnage. Quoi qu'il en soit, l'enduit étant entièrement détaché, il ne reste aujourd'hui aucune trace de la décoration primitive.

I. — Deuxième travée du narthex, rangée supérieure : Création du ciel et de la terre.

Deux sujets y sont réunis. Le premier paraît être la création du firmament ou bien celle de la terre, ou plutôt enfin celle des végétaux. La fresque étant presque entièrement effacée, on n'aperçoit plus qu'une tête dans un nimbe crucifère, quelques traces d'un manteau jaune et un arbre. Le second sujet est mieux conservé et facile à comprendre : Le Seigneur est représenté plaçant le soleil et la lune dans le firmament. Le soleil est un disque rouge, dans le centre duquel on voit un buste d'homme ; la lune est figurée par un disque jaune, avec un buste de femme dont la tête est surmontée d'un croissant. Voilà des souvenirs du paganisme encore bien conservés.

J'ai déjà parlé des formes toutes conventionnelles des accessoires. Les arbres ou les plantes qu'on distingue dans le fond de cette composition sont de véritables hiéroglyphes ; ils rappellent les mêmes objets, tels qu'on les trouve exprimés sur quelques vases grecs.

Le haut de la troisième travée du narthex est couvert d'un enduit nouveau, mais personne à

Saint-Savin ne se souvient d'avoir vu les peintures qui devaient occuper cette place. Il est évident que la création de l'homme devait être le sujet principal.

II. — Deuxième travée du narthex, 2ᵉ rangée : Trois sujets : A, Sommeil d'Adam ; B, Le Seigneur présente Ève au premier homme ; C, Tentation d'Ève.

On remarquera avec étonnement que les deux figures nues, Adam et Ève, dans la composition centrale, ont l'une et l'autre une barbe naissante au menton. J'attribue cette singularité à un *repentir* du peintre, dont une retouche à la détrempe aurait été effacée par le temps. Je suppose qu'ayant d'abord placé, par inadvertance, Adam à la gauche du Seigneur, il aura voulu le remettre à la place la plus honorable. Son dessin, très-chaste, ne marquant d'autre différence entre l'homme et la femme que la barbe au menton, il lui suffisait de donner de la barbe à Ève, placée à droite, pour en faire un Adam, puis d'effacer la barbe de la figure à gauche, pour la changer en une Ève. Probablement le mortier était sec quand cette transformation eut lieu, et la fresque *repoussant*, comme cela est inévitable, Ève est demeurée barbue. Cette explication me semble plus vraisemblable que celle qu'on pourrait chercher dans l'hermaphroditisme des premiers humains, résultant de l'interprétation littérale du verset 27 au premier chapitre de la Genèse.

Au lieu de représenter le serpent enroulé autour de l'arbre de vie, à la manière des modernes, on l'a posé droit, debout sur sa queue.

III. — Troisième travée du narthex, rangée inférieure : Trois sujets : A, Tentation d'Adam ; B, Reproches du Seigneur ; C, Adam et Ève chassés du paradis.

Toute la partie supérieure de ces fresques est détruite. Les sujets sont cependant faciles à reconnaître. On ne peut savoir si la figure en robe blanche et en manteau rouge de la dernière composition est le Seigneur, ou bien son ange qui chasse les coupables du paradis.

IV. — Nef, première rangée à gauche : Offrandes de Caïn et d'Abel.

Vers l'entrée de la nef, il y a une lacune d'un ou deux sujets. En cet endroit, il y a une crevasse considérable, résultat d'anciennes infiltrations. Le mortier s'était détaché presque entièrement alentour ; cependant je me rappelle que, lorsque je visitai l'église pour la première fois, on voyait encore quelques traces des peintures, et je retrouve même dans mes notes l'indication d'un des sujets, qui paraissait être les travaux des premiers hommes.

Tout a disparu dans la déplorable restauration dont j'ai déjà parlé ; on n'aperçoit plus aujourd'hui, et encore très-confusément, que le buste d'une femme (Ève) assise et filant avec une quenouille fixée à sa ceinture.

Le sujet suivant ne peut être méconnu. Abel a la tête entourée d'un nimbe qui exprime ici sa sainteté. Il présente un agneau en s'enveloppant les mains d'une draperie, suivant l'usage ancien des sacrifices, conservé dans l'étiquette de quelques cours orientales. Il n'est pas aisé de deviner quelle est l'offrande de Caïn. Ce n'est pas, comme il semble, une gerbe de blé. D'après la couleur de l'objet qu'il présente, on pourrait croire que c'est une masse d'argile. Peut-être est-ce un vase, ou bien encore une grosse racine ; peut-être enfin la teinte de l'ébauche (le posch) s'est-elle conservée, la couleur appliquée par-dessus ayant été détruite. Dans ce cas, on peut admettre que l'offrande de Caïn est une gerbe. L'attitude de Caïn exprime assez heureusement le dépit orgueilleux. L'artiste l'a représenté chauve ; j'ignore si quelque tradition l'y autorisait, ou s'il a voulu marquer ainsi le résultat de ses fatigues, ou enfin si, au point de vue purement pittoresque, il a cherché à l'enlaidir pour le rendre plus odieux.

Le Seigneur bénit Abel à la manière latine.

V. — Nef, deux sujets : A, Meurtre d'Abel ; B, Malédiction de Caïn.

Caïn frappe Abel avec une espèce de casse-tête.

Dans la seconde composition, la tête du fratricide est entourée d'un nimbe : c'est le signe dont il vient d'être marqué par Dieu. En rapprochant ce sujet du précédent, on voit les différentes significations du nimbe dans les idées des anciens artistes.

VI. — Nef, rangée supérieure : Deux sujets : A, Une figure debout, les bras élevés vers le ciel. Prière d'Enos (?) ; B, Vocation de Noé.

Le premier sujet est douteux ; le second s'explique par sa position, la composition suivante représentant l'arche au milieu du déluge. Au lieu d'Enos, il faut peut-être voir, dans le personnage les bras étendus, Noé invoquant le Seigneur. Quelle qu'elle soit, cette figure est d'un très-beau dessin, et l'ajustement des draperies d'une rare élégance. On remarquera l'ornement très-gracieux du bas de la robe ; il est tout à fait hellénique.

VII. — Nef, rangée supérieure : L'arche.

L'arche est figurée comme un grand vaisseau dont une des extrémités, la poupe ou la proue, il est difficile de le décider, se termine par une tête fantastique. Cet ornement qui se retrouve, avec quelque différence de caractère, dans la tapisserie de Bayeux, est évidemment emprunté à l'antiquité grecque et romaine. Sur le vaisseau s'élève un bâtiment à trois étages. Des animaux de diverses espèces, et par couples, paraissent à chaque ouverture des deux premiers étages. Noé et sa famille se montrent aux fenêtres de l'étage supérieur : ils sont hors de toute proportion avec la grandeur de ces fenêtres et celle des animaux représentés au-dessous d'eux. Toutes les ouvertures de l'arche sont des arcs surbaissés. On n'y peut guère voir qu'une fantaisie ou bien une maladresse du peintre, car cette sorte d'arc, bien qu'elle ne fût pas absolument inconnue au xiie siècle [1], n'était du moins que très-rarement employée.

Quelles sont ces deux figures qui semblent chercher à grimper sur le toit de l'arche? Les traditions rabbiniques rapportent qu'un géant, s'accrochant à l'arche, échappa de la sorte au naufrage. Suivant une autre version, des géants auraient essayé de faire chavirer l'arche et d'entraîner Noé avec eux dans la destruction générale. Serait-ce un souvenir de cette tradition que l'artiste aurait retracé dans son tableau? Il est impossible de voir dans ces deux figures des membres de la famille de Noé, car l'Écriture représente l'arche comme entièrement fermée jusqu'au retour de la colombe.

1. On peut en voir un exemple dans l'église de Montmajour, près d'Arles.

Sous l'arche, les flots roulent des cadavres. Les vagues sont exprimées par des traits bleus ondulés.

Un oiseau vole au-dessus de l'arche ; mais la couleur est tellement altérée, qu'il est impossible de savoir si s'est le corbeau ou la colombe que le peintre a voulu représenter.

VIII. — Nef, rangée supérieure : Deux sujets : A, Sortie de l'arche; B, Sacrifice de Noé.

Dans ces deux compositions, le Seigneur bénit Noé à la manière latine. Noé présente une colombe blanche. L'arche est entourée d'une nappe ou d'un voile qui paraît en être le complément indispensable, car il se retrouve dans toutes les représentations figurées du moyen âge.

IX. — Nef, côté nord, rangée supérieure, et côté sud, première travée à partir du chœur, rangée supérieure : Deux sujets : A, Noé cultivant la vigne; B, Ivresse de Noé.

Toute la partie inférieure de la première composition est détruite, et le haut n'est visible que depuis que M. Joly est parvenu à enlever la couche épaisse de lichens et de poussière qui couvrait les dernières travées de la nef.

Noé debout, une large serpe à la main, sous une espèce de treille, coupe des grappes de raisin. Le nom du patriarche est tracé en lettres jaunes sur le fond même du tableau.

La disposition de la vigne est fort remarquable. Elle est évidemment soutenue par une espèce de *pergola* ou treille italienne. Cette manière de cultiver la vigne, inusitée en France, me semble caractéristique et je n'ai pas besoin d'insister de nouveau sur les conséquences qu'on en doit tirer. Un passage de Xénophon indique l'origine de ce mode de culture, que l'on voit encore en Grèce et dans une grande partie de l'Italie,

Les premiers mots d'un verset de la Genèse ont servi de texte au peintre pour la seconde composition: Noé goûte le jus de la vigne. Il est revêtu d'une tunique brune et d'un manteau bleu, les jambes nues; de la main droite il tient une grande coupe. On aperçoit derrière lui une maison ou plutôt une suite de bâtiments renfermés dans une enceinte de pierre dont la porte est ouverte. Il est difficile de décider, vu le mauvais état de cette peinture, si le patriarche est assis, ou bien s'il danse, éprouvant déjà les effets du breuvage qu'il vient d'inventer. On n'aperçoit pas de siège derrière lui, et la complaisance avec laquelle le peintre s'est arrêté sur un texte qui plaisait à sa malice me disposerait à croire qu'il a voulu s'amuser à représenter les premiers symptômes de l'ivresse. — Deux mains appartenant à des figures effacées aujourd'hui prouvent que l'artiste avait représenté Noé au milieu de sa famille.

X. — Nef, côté sud, rangée supérieure : Les fils de Noé se moquent de son ivresse.

Il y a dans la représentation de ce sujet une certaine naïveté grossière qui peut surprendre, après une observation toute contraire que l'on a faite au sujet des personnages nus des premières compositions. — Cham, de la main droite, dont un doigt est replié, fait les cornes au dormeur, geste de mépris fort usité encore en Italie; l'autre main, développée perpendiculairement à l'horizon, semble indiquer le mouvement de tailler. Tout cela n'a pas besoin de commentaire.

Sem et Japhet ne détournent point la tête et ne s'avancent pas à reculons. Le peintre n'a pas suivi à la lettre le texte de la Bible.

Noé est couché sur un matelas recouvert d'un drap sur lequel on voit de larges bandes bleues ondulées, accompagnées d'autres bandes jaunes plus étroites. Le lit semble être en l'air.

Des femmes sortant de la maison assistent à la scène et semblent l'observer avec quelque curiosité. On voit que Gozzoli, en plaçant sa *Vergognosa* dans le Campo-Santo, n'a fait que se conformer à une tradition déjà conservée.

A la droite du spectateur est un arbre, ou plutôt un signe qui doit représenter un arbre. Un animal y est pendu, un chien se dresse comme pour le flairer et pour le mordre. Faut-il voir là simplement un caprice, une bamboche de l'artiste, ou bien plutôt cette bête exposée ne rappelle-t-elle pas un châtiment infligé par Noé aux animaux qui nuisent à la vigne? Cet animal pendu est un chevreau, je pense, et son crime est d'avoir brouté les bourgeons de la vigne. Probablement quelque réminiscence classique de Bacchus attribuant au patriarche planteur de la vigne la haine que les poëtes prêtent au dieu du vin contre le bouc destructeur des jeunes plants; ainsi Servius rapporte que le bouc était sacrifié à Bacchus comme souvenir de la vigne.

XI. — Nef, côté sud, rangée supérieure : Malédiction de Cham (?).

La pantomime de cette scène n'est point clairement exprimée, et, pour l'interprétation que je propose, je n'ai d'autre argument à faire valoir que l'ordre des tableaux de la nef, qui correspond avec celui des textes de la Genèse. Entre l'ivresse de Noé et la tour de Babel, deux compositions dont les sujets ne sauraient être méconnus, on ne peut placer, je pense, que la malédiction de Cham.

XII. — Nef, côté sud, rangée supérieure : Tour de Babel.

Parmi les travailleurs qui s'empressent autour

de la construction nouvelle, on remarque une espèce de géant tenant une brique, qu'il passe par-dessus la tête de tous ses compagnons. Je crois qu'on a voulu représenter Nembrod le géant, chasseur contre le Seigneur, Nembrod, suivant une antique tradition, avait conseillé la construction de la tour.

XIII. — Nef, côté sud : Apparition du Seigneur à Abraham, auprès du grand chêne de Sychem (?).

L'arbre, derrière le personnage représenté dans une attitude d'adoration devant le Seigneur, me paraît un accessoire caractéristique de cette scène. Le petit homme qui grimpe à cet arbre est là, je pense, uniquement pour servir de terme de comparaison, et montrer la grandeur du chêne de Sychem, *quercus alta*.

Pour l'interprétation de la composition suivante, je crois qu'il faut réunir deux groupes de personnages détachés. J'y suis conduit, non-seulement par l'impossibilité d'expliquer séparément le second, mais encore par cette considération qu'il n'existe aucune division marquée entre les deux groupes représentés. On observera que la plupart des compositions qui précèdent ou qui suivent sont séparées les unes des autres, soit par un encadrement donné par l'architecture, tel qu'un arc-doubleau, soit par quelque accessoire peint, tel qu'un arbre ou une maison. Ici, rien de semblable. Les deux groupes de figures se touchent, et je ne vois aucun motif pour les considérer isolément. Quant au sujet, je crois pouvoir affirmer qu'il est tiré de l'histoire d'Abraham; mais sa détermination pieuse me paraît offrir beaucoup de difficultés, et ce n'est qu'une conjecture que j'offre au lecteur.

XIV. — Nef, côté sud : Abraham et Lot se séparent.

Il me semble que le geste du personnage principal indique la séparation amiable des deux patriarches. Les deux figures du second groupe seraient Lot et un de ses gendres se dirigeant vers Sodome. La porte et la tour marquent une ville ; et quant à cette espèce de nain sonnant de l'oliphant sur la terrasse du beffroi, il est là, je pense, pour faire voir qu'il s'agit d'une ville, et d'une ville fortifiée.

En dessinant cette composition pour l'ouvrage déjà cité, M. Gérard Seguin a commis une légère erreur, inévitable en quelque sorte à l'époque où il travaillait à Saint-Savin. Il n'a vu que deux personnages se disposant à entrer dans la ville; aujourd'hui on en distingue au moins quatre. D'après son dessin, on pourrait croire que l'un de ces personnages est revêtu d'une tunique mi-partie rouge et jaune, et d'un pantalon ayant une jambe blanche et l'autre jaune. Les vêtements mi-partis, très-communs au xive siècle, étaient inconnus, je crois, à l'époque byzantine. Dans la réalité, il y a deux tuniques, et les jambes appartiennent à deux personnages différents.

Cette composition peut encore recevoir une autre explication, mais, à mon avis, moins probable que la précédente; on pourrait y voir les reproches du pharaon, qui, trompé par Abraham, lui vend Sara, qu'il avait prise pour la sœur de ce dernier. Mais, outre qu'il est peu vraisemblable que cette scène dont le sens mystique échappe à la foule ait été choisie de préférence pour être retracée dans une église, je ne vois point de personnage portant une couronne, et le pharaon ne pouvait être représenté autrement. De plus, si tel était le sujet du tableau qui nous occupe, il faudrait supposer que le pharaon est le personnage vêtu d'un manteau et qui semble s'éloigner du groupe où l'on voit deux femmes. Abraham alors serait *imberbe*, ce qui n'est point admissible, puisque, dans la composition précédente et dans les suivantes, il est représenté barbu et dans la force de l'âge. Enfin, la ville et les deux hommes qui vont y entrer demeureraient sans explication dans cette hypothèse.

XV. — Troisième travée sud du narthex : Défaite des quatre rois par Abraham (?).

L'action me paraît assez clairement exprimée

pour laisser peu de doutes sur le sujet. Abraham, la lance à la main, à la tête d'une petite troupe d'infanterie, poursuit la cavalerie des rois. Lot, qui vient d'être délivré embrasse son oncle, qui le repousse doucement pour achever la défaite de l'ennemi. Derrière Abraham est une femme tenant une lance à la main : c'est sans doute une des captives qui a pris cette arme pour l'offrir à Lot. Je ne connais point d'amazone dans la Genèse; mais il en est si souvent question dans tous les romans grecs du moyen âge, que des peintres byzantins, ont pu, à l'imitation des poëtes, se complaire à les représenter dans leurs ouvrages.

Aucun des personnages de ce tableau ne porte de cuirasse. Abraham a la tête couverte d'un casque ou plutôt d'une espèce de capuchon d'étoffe ou de cuir : telle est la coiffure de ses gens et des cavaliers ennemis. Les rois vaincus portent en tête des diadèmes ornés de pierreries ; quelques-uns de leurs soldats ont des boucliers. Il faut noter que pas un seul de ces boucliers n'a d'armoiries ni même d'emblèmes. A une époque où cette fresque était bien mieux conservée, je me souviens d'avoir remarqué que le cavalier vêtu de jaune du premier plan n'avait point d'étriers. J'ai déjà indiqué ce qu'il faut penser de ce trait d'archaïsme.

L'absence de mouvement est remarquable dans

toute cette composition. Si le lecteur veut bien me pardonner mon insistance à lui présenter les mêmes observations, je dirai qu'ici, dans les attitudes compassées de toutes ces figures, il me semble retrouver quelque trace du système de l'art antique, qui évite les mouvements violents, parce qu'ils nuisent à la beauté.

XVI. — Deuxième travée sud du narthex : Melchisédech donne le pain et le vin à Abraham et le bénit.

Bien que cette fresque soit fort mutilée, le sujet ne me semble pas incertain. Les Pères de l'Église ont vu dans cette scène une figure de la communion, et l'artiste a suivi leur interprétation en mettant dans les mains de Melchisédech un calice et un pain rond et plat au milieu duquel est tracée une croix. Une main divine bénit le grand prêtre et derrière lui un chœur d'anges paraît prendre part à la scène dans une attitude d'adoration.

XVII. — Deuxième travée du narthex, rangée inférieure : Abraham refuse la part du butin que lui offre le roi de Sodome (?).

Tout le haut de cette composition a disparu. Mais on voit sur son trône, auprès duquel sont couchés des bœufs et des moutons, un personnage qui s'éloigne du roi ; enfin, la position de ce tableau rapproché des précédents, me paraissent des motifs suffisants pour justifier l'interprétation que je propose. Le roi a un manteau et une chaussure de pourpre : on sait que c'était la couleur essentiellement royale chez les Grecs du Bas-Empire.

Jusqu'à présent, l'ordre des compositions s'est toujours maintenu de gauche à droite ; nous devons à présent suivre l'ordre contraire.

XVIII. — Troisième travée sud du narthex, rangée inférieure : Funérailles d'Abraham (?).

Les deux jeunes gens qui soutiennent le cadavre me déterminent à croire que le sujet de cette fresque est l'enterrement d'Abraham. On remarque que l'un et l'autre sont vêtus d'une tunique sans ceinture : c'est, je crois, un signe de deuil.

XIX. — Nef, côté sud, rangée inférieure : Jacob envoie Joseph à Sychem (?).

Les compositions suivantes, se rapportant à l'histoire de Joseph, nous donnent, je pense, la clef de celle-ci, qui, si elle était isolée, serait d'une explication difficile. On pourrait, à la rigueur, y voir la bénédiction donnée par Isaac à Jacob ; mais les mains du jeune homme sont nues, et il est douteux que la main du vieillard soit étendue pour une bénédiction. Il fait plutôt un geste de commandement ; il montre à son fils la direction qu'il doit prendre. D'ailleurs, il faut tenir compte des habi-

12.

tudes du peintre ou de celui qui le dirigeait dans ses travaux. On voit qu'il choisit dans l'Écriture quelques personnages à l'histoire desquels il s'attache particulièrement et qu'il se complaît à développer. C'est ainsi que Caïn a été le sujet de deux ou trois tableaux. Noé en a inspiré sept ; Abraham, sept. Nous commençons ici l'histoire de Joseph, qui en fournira un aussi grand nombre.

XX. — Nef, côté sud, rangée inférieure : Joseph vendu par ses frères aux marchands madianites.

La scène me paraît assez clairement indiquée par la pantomime des personnages. Un des marchands saisit Joseph par le bras, tandis que l'un de ses frères le pousse par les épaules.

XXI. — Nef, côté sud, rangée inférieure : Joseph vendu à l'eunuque Putiphar par les marchands madianites.

Plusieurs des acteurs de la scène précédente figurent dans ce tableau. Joseph et les marchands ont le même costume ; ces derniers sont revêtus du bournous arabe. Il est assez singulier que deux compositions presque semblables aient été placées de la sorte à la suite l'une de l'autre. C'est pour moi une raison de croire que le choix des sujets a été abandonné au peintre. Assurément, si l'abbé de Saint-Savin lui avait donné un programme, il aurait évité cette espèce de répétition.

XXII. — Nef, côté sud, rangée inférieure : Joseph accusé par la femme de Putiphar.

Quoique la femme de Putiphar ne tienne point le manteau de Joseph, je pense que l'explication que je propose est la véritable. Putiphar est probablement le personnage vêtu d'une longue robe et d'une espèce de voile, costume féminin qui rappelle sa position. L'homme à sa droite est sans doute le gardien de la prison royale.

XXIII. — Nef, côté sud, rangée inférieure : Deux sujets : A, Joseph en prison ; B, Joseph conduit devant le pharaon.

L'artiste n'a point suivi fort exactement le texte sacré. En effet, Joseph a le même costume dans la prison qu'en présence du roi. On lit le nom de Joseph au-dessus de sa tête. Vraisemblablement autrefois les principaux personnages étaient partout désignés de la sorte par des inscriptions. Il y avait encore au-dessous de chaque sujet une légende explicative ; mais aujourd'hui toutes ces inscriptions sont devenues absolument illisibles.

XXIV. — Nef, côté sud, rangée inférieure : Deux sujets : A. Joseph explique les songes du pharaon ; B, Triomphe de Joseph.

Un des versets de l'Écriture me paraît expliquer la présence d'une femme auprès de Joseph et du pharaon. Ce serait cette Aseneth que le roi lui donna en mariage. La forme du char est singulière : il n'a point de timon, mais on voit dessous une pièce de bois qui paraît faire office de ressort.

Il faut maintenant revenir au côté nord de la nef, et poursuivre notre examen, en allant du narthex vers le chœur. D'abord se présente une lacune considérable, à partir de l'arc-doubleau du narthex. L'enduit ancien est complétement disparu. Vient ensuite une grande composition trop mal conservée pour pouvoir être appréciée ici. Grâce au dernier nettoiement, on distingue ou plutôt on devine un roi assis sur son trône et plusieurs personnages debout auprès de lui. Dans l'état où se trouve cette peinture, toutes les suppositions sont possibles, et il est inutile d'en fatiguer le lecteur. Ce qu'on peut affirmer, c'est que le sujet est tiré de l'Exode et qu'il appartient à l'histoire de Moïse.

Vers le troisième pilier de la nef commence une série de peintures d'explication facile, toutes tirées de l'Exode.

XXV. — Nef, côté nord, rangée inférieure : Passage de la mer Rouge.

Dans la première partie de la composition, on voit le pharaon, reconnaissable à son diadème, debout sur son char, dont les chevaux se cabrent. Un ange étend la main vers lui, et les eaux s'élèvent pour l'engloutir. L'ange est une invention du peintre. C'est, d'ailleurs, une des meilleures figures de toute l'église, et son attitude est remplie de noblesse et de grandeur. Moïse, tenant en main sa verge divine, est suivi du peuple hébreu, hommes et femmes. La colonne de flamme et de fumée sépare l'armée israélite des Égyptiens.

La première fois que je visitai l'église de Saint-Savin, je remarquai la tunique du pharaon semée de paillettes dorées, que l'altération de la peinture a fait disparaître aujourd'hui. Peut-être était-ce une armure du genre de la cotte d'armes attribuée à Philippe le Bel, que l'on conserve au musée de Chartres, et dont l'étoffe est doublée *intérieurement* de petites plaques de fer attachées avec des clous rivés. Cette sorte d'armure est, je crois, fort ancienne en Asie; on en voit souvent dans les musées, qui viennent de la Chine ou du Japon. Les Tartares en faisaient usage. Si ces clous n'étaient pas une simple broderie, ce serait le seul exemple d'armure qu'offriraient les fresques de la nef.

On entrevoit plusieurs cavaliers, galopant derrière le char du pharaon. Ces figures, bien que débarrassées aujourd'hui de la poussière qui les dérobait entièrement à la vue il y a quelques années, sont trop effacées pour pouvoir être décrites. Je crois pouvoir assurer cependant que le cavalier du premier plan n'a point d'étriers.

XXVI. — Nef, côté nord, rangée inférieure : Le Seigneur apparaît à Moïse sur le mont Sinaï, et lui remet les tables de la Loi.

Après cette composition, il devait y en avoir encore une ou deux ; mais tout l'enduit est tombé jusqu'au mur du transept, et il ne reste plus la moindre trace de peinture. Probablement l'adoration du veau d'or et la punition des coupables terminaient la série des peintures de la nef.

Nous passerons maintenant à celles de la crypte.

Fresques de la crypte.

I. — Voûte de l'escalier conduisant à la crypte : Le Christ [1] dans une gloire, entouré des attributs symboliques des quatre évangélistes. Deux vers latins étaient tracés autour du Christ ; ils sont illisibles aujourd'hui, à l'exception de quelques mots.

II. — Crypte, paroi nord, à partir de l'autel : Saint Savin et saint Cyprien sont arrêtés par le peuple d'Amphipolis et accusés de professer la religion chrétienne.

III. — Même paroi : Saint-Savin et saint Cyprien sont conduits devant le proconsul Ladicius.

---

1. Dans le chapitre IV de ce travail, j'ai qualifié de *grand* le Christ peint sur la voûte de l'escalier de la crypte. Cette expression doit être rectifiée. Cette figure est de proportion médiocre, mais d'un style noble qui trompe sur ses véritables dimensions.

IV. — Crypte, paroi nord, à partir de l'autel : Les deux saints sont déchirés avec des ongles de fer.

V. — Même paroi : Ils sont ramenés devant Ladicius, qui essaye vainement de les faire sacrifier à l'idole de Dionysius.

Les deux personnages derrière saint Savin et saint Cyprien sont ou les satellites du proconsul, ou, peut-être, Asclepius et Valère, qui n'osent encore se déclarer chrétiens.

VI — Paroi sud, à partir de la porte en allant vers l'autel : Saint Savin et saint Cyprien amenés devant le proconsul Maximus.

VII. — Même paroi : Saint Savin est mis à la torture dans une roue.

VIII. — Même paroi : Saint Cyprien subit le même supplice.

Quelques mots de la légende écrite au-dessous de chaque composition subsistent encore. On voit qu'elle était en vers léonins. Voici la seule qui existe à peu près intacte :

Dvm torqvere negant, sanctos tormenta laborant...

IX. — Même paroi : Saint Savin et saint Cyprien sont exposés dans le cirque. Une lionne et deux lions lâchés contre eux leur lèchent les pieds.

Le proconsul et le peuple attribuent ce miracle à la magie.

On lit ce fragment de la légende :

...*patres* (ou plutôt *fratres*) *venerantur*.

Une rangée de compositions disposées au-dessous des précédentes, et offrant sans doute la suite de la légende, a été complétement détruite par une inondation dont on conserve encore le souvenir à Saint-Savin. On attribue à la même cause la perte d'autres peintures qui couvraient la muraille occidentale du caveau.

Fresques de la chapelle de saint Marin.

Décoration de l'arcature inférieure et d'un trumeau de cette chapelle. Bien que fort altérées, ces peintures nous ont paru dignes d'attention, parce qu'elles peuvent donner une idée exacte de l'ensemble du système qui a présidé à l'ornementation.

On remarquera dans la coloration de l'ange peint à la base du trumeau, l'effet singulier produit par le posch, qui a subsisté après la destruction des teintes qui le recouvraient. Les carnations esquissées en *vert* prouvent combien était générale la recette donnée par Théophile et par le moine grec.

Les fûts et les chapiteaux des colonnettes ne paraissent pas avoir été jamais peints, du moins on n'a pu y découvrir la moindre trace de coloration.

Les cheveux blonds de l'ange se confondant avec le fond jaune du nimbe, on pourrait croire au premier abord que le peintre a voulu le faire chauve.

Post-scriptum.

Une cinquième visite que je viens de faire à l'église Saint-Savin m'oblige à signaler une erreur qui m'est échappée dans la première partie de ce travail. J'avais cru que la muraille occidentale de la tribune n'avait jamais été peinte : M. Joly m'a montré des restes certains d'enduit coloré sur plusieurs pierres de cette muraille. Il est impossible aujourd'hui de savoir si cette paroi a été couverte de peintures ou simplement badigeonnée. — Je puis affirmer encore, d'après un dernier examen, que tout le vestibule était revêtu de fresques, mais il n'y a de conservées ou, pour mieux dire, de reconnaissables que celles qui se trouvent entre l'arc-doubleau central et la muraille de la nef.

1845.

III

L'ARCHITECTURE MILITAIRE

AU MOYEN AGE

L'art de la fortification, jusqu'à l'invention de la poudre, ou, pour parler plus exactement, jusqu'au perfectionnement de l'artillerie, consista dans une observation plus ou moins exacte des traditions laissées par les Romains. Leurs monuments militaires, nombreux en France, servirent longtemps de modèles ; entre les forteresses romaines et les forteresses du moyen âge, on ne reconnaît guère d'autre différence que celles qui résultent du changement des mœurs et des institutions. Dans un *castellum* antique, le choix du site, l'uniformité des dispositions, la construction méthodique et régulière, dénotent le vaste système de la centralisation impériale ; le château du moyen âge offre les mêmes défenses ; il a, de même, fossés, tours et courtines ; mais une certaine rudesse, une bizarrerie frappante dans le plan et dans l'exécution, attestent une volonté individuelle, et cette tendance à l'isolement, si caractéristique de la société féodale.

Les moyens d'attaque, contre lesquels les ingénieurs du moyen âge avaient à se prémunir, étaient l'escalade ou la brèche, pratiquée soit par la sape, soit par la mine, soit par le jeu des machines destinées à renverser les remparts. Nous parlerons ailleurs des opérations de siége ; nous nous bornerons, quant à présent, à remarquer que l'emploi des *engins* ou machines de guerre fut moins fréquent au moyen âge qu'à l'époque romaine. Elles jouent cependant un rôle encore important dans les siéges des XIIe et XIIIe siècles. Au XIVe, leur emploi est presque nul, particulièrement dans le Nord, même au milieu des guerres acharnées de la France et de l'Angleterre.

On peut attribuer ce changement notable dans l'art de la guerre à l'affaiblissement lent mais continu des traditions romaines ; mais il paraît plus probable que l'usage des machines de guerre, au XIIe et au XIIIe siècle, avait été introduit ou plutôt restauré en Europe, à la suite des relations que les croisades établirent entre les guerriers du Nord et les ingénieurs grecs et musulmans, longtemps les seuls dépositaires des connaissances de l'antiquité. Cette opinion acquerra quelque vraisemblance, si l'on observe que les Espagnols, ou plutôt les Maures à leur service, construisaient encore des machines au xive siècle, lorsque l'usage de celles-ci s'était déjà perdu en France et en Angleterre [1].

Quoi qu'il en soit, on doit noter qu'au moyen âge les moyens de défense étaient supérieurs aux moyens d'attaque, et qu'une place était imprenable de vive force, lorsqu'elle était située dans un lieu de difficile accès et que ses remparts étaient assez élevés et assez épais pour braver l'escalade ou la sape.

Il n'y a point de caractères particuliers à l'architecture militaire, qui puissent marquer avec précision l'âge d'une forteresse. On en est réduit à l'observation des indices communs à toute espèce de constructions. L'appareil, la forme des arcs, le galbe des moulures, fournissent dans l'examen d'un monument militaire les mêmes renseignements qu'ils offrent pour l'appréciation d'un édifice civil ou religieux. Naturellement, ces rensei-

---

1. Comparez les relations des siéges dans Froissart avec celles d'Ayala.

gnements sont rares dans une construction militaire, dépourvue, en général, d'ornementation, toujours sévère et massive, et qui a pour but principal la solidité et la durée. En outre, les enceintes fortifiées ont éprouvé, pour la plupart, des modifications continuelles. Il en est peu qui aient été bâties d'un seul jet, et presque toujours elles offrent la réunion d'une suite de défenses, ajoutées les unes aux autres à mesure que le besoin s'en est fait sentir.

1

DISPOSITIONS GÉNÉRALES

Le problème dont les ingénieurs de tous les temps se sont proposé la solution, est celui-ci :

« Construire des ouvrages qui puissent se protéger les uns les autres, et cependant susceptibles d'être isolés, en sorte que la prise de l'un n'entraîne pas celle des ouvrages voisins. »

D'où résulte ce corollaire : « que les ouvrages intérieurs doivent commander les ouvrages extérieurs. »

L'architecture militaire du moyen âge présente l'application continuelle de ces principes.

Dès les temps les plus reculés, toute fortification permanente se composait :

1° D'un fossé continu,
2° D'une enceinte continue,
3° D'un réduit où la garnison trouvait un refuge après la prise de l'enceinte.

Dans les villes, ce réduit était une citadelle; dans les châteaux, un donjon, c'est-à-dire une tour plus forte que les autres, indépendante par sa situation et par sa construction. Ces dispositions s'appliquent aussi bien aux fortifications du moyen âge, qu'à celles de l'antiquité.

Les premières enceintes fortifiées du moyen âge, surtout celles des châteaux, ne furent formées que d'un parapet en terre, bordé par un fossé et couronné de palissades, de troncs d'arbres, de fagots d'épine, ou quelquefois même de fortes haies vives. Au centre, s'élevait une tour en maçonnerie, solidement bâtie et entourée d'un fossé, comme l'enceinte extérieure. La plupart des villes, ayant eu de bonne heure, soit des enceintes romaines, soit des remparts construits sous l'influence des arts de Rome, ne s'entourèrent pas de ces fortifications barbares, qui furent principalement à l'usage des seigneurs ou chefs militaires vivant à la campagne.

Aux parapets en terre, on substitua, dans la suite, des murs de pierre, flanqués de tours plus ou moins espacées; on multiplia le nombre des enceintes, et l'on augmenta la hauteur des donjons. Vers la fin du XIIe siècle, les ingénieurs recherchaient avec curiosité les ouvrages anciens sur l'art de la guerre, et l'on a lieu de croire qu'à cette époque on remit en pratique les principaux préceptes, consignés dans les écrivains militaires latins ou grecs, préceptes qui, d'ailleurs, paraissent n'avoir jamais été complétement oubliés en France. Geoffroy Plantagenet lisait Végèce, en faisant le siége de Montreuil-Bellay [1].

1. Bodin, *Recherches historiques sur l'Anjou*. T. I, p. 260.

II

SITUATION

Avant d'étudier en détail toutes les parties qui composent une forteresse, on doit dire quelques mots des emplacements qu'on regardait, au moyen âge, comme favorables à la défense.

En pays de montagnes, on recherchait de préférence une espèce de cap ou de plateau étroit, s'avançant au-dessus d'une vallée, surtout si des escarpements naturels le rendaient inaccessible de presque tous les côtés.

Rarement on bâtissait les châteaux sur des cimes élevées; on préférait les construire à mi-côte, soit pour la facilité des approvisionnements, soit pour ne pas se priver des moyens d'avoir de l'eau commodément. On bâtissait même dans les vallées; mais c'était, en général, quand elles offraient de ces passages naturels dont la possession assure de grands avantages pour préparer ou pour repousser une invasion. D'ailleurs, on était assez indifférent sur le voisinage des hauteurs qui dominaient les enceintes fortifiées, pourvu qu'elles fussent hors de la portée, assez faible, des machines en usage alors pour lancer des traits.

En plaine, on choisissait les bords des rivières, surtout les îles et les presqu'îles qu'on pouvait facilement isoler, et qui commandaient la navigation.

Faute de rivière, on recherchait le voisinage d'un ruisseau qui remplît les fossés d'eau, ou bien d'une boue profonde, obstacle tout aussi efficace que l'eau; enfin, une butte isolée, élevée de quelques mètres, était considérée comme une bonne position, que l'on s'efforçait d'améliorer encore, en augmentant artificiellement la raideur des pentes. D'ordinaire même, on élevait une *motte*, ou butte factice, pour y placer le donjon ou la principale tour d'un château.

Quelques-unes de ces mottes paraissent avoir été des tumulus antiques. Il faut bien se garder de généraliser ce fait, assez rare, mais qui, pour cela même, mérite d'être mentionné.

III

DIVISIONS PRINCIPALES

Les parties principales et caractéristiques d'une forteresse, au moyen âge, à commencer l'examen par l'extérieur, peuvent être rangées dans les divisions suivantes :

1. — Fossés. — 2. Ponts. — 3. Barrières ou retranchements extérieurs. — 4. Portes. — 5. Tours. — 6. Couronnement, créneaux, plates-formes, etc. — 7. Courtines. — 8. Fenêtres, meurtrières. — 9. Cours intérieures. — 10. Donjon. — 11. Souterrains.

1. — Fossés.

Les plus anciens fossés étaient creusés dans la terre et dépourvus de revêtements, du moins du côté de la campagne, car, du côté de la place, les murs, s'élevant verticalement ou en talus fort raide, formaient un des bords du fossé. L'inclinaison des bords opposés était celle qu'exigeait la nature des terres excavées [1].

Dans les châteaux plus modernes, la contrescarpe, ou le bord extérieur du fossé, est revêtue de maçonnerie. Quelquefois c'est un mur vertical, plus souvent un talus. Il est fait mention de fossés en terre à parois verticales, mais alors probablement les terres étaient retenues par des madriers, et il est présumable que ce n'était qu'une disposition temporaire adoptée au moment d'un siége. On les désignait par le nom de *fossés à fond de cuve*.

La profondeur d'un fossé et sa largeur étaient proportionnées à la hauteur des murs et à l'importance de la forteresse. Dans tous les cas, la contrescarpe devait être à portée des traits lancés des remparts.

---

[1]. Voir dans la *Chronique de du Guesclin*, l'accident qui occasionna la prise de Saint-Sévère. Un chevalier français, nommé Geoffroy Payen, se promenait le long de la contrescarpe.

> Geoffroy ot une hache dont le tranchant luisi ;
> Un bout sur le fossé en la terre feri.

La terre de la contrescarpe cédant, la hache tomba dans le fossé ; pour la reprendre, Payen y descendit, malgré les traits des Anglais. Il demanda une échelle pour remonter. On la lui apporta. Alors, la trouvant assez haute pour atteindre le rempart, il monta bravement à l'assaut, entraînant à sa suite toute l'armée française. (Cuvelier, T. II, p. 224).

Autant que la chose était possible, les fossés étaient remplis d'eau, ou, du moins, susceptibles d'être inondés au besoin. Quelquefois l'eau baignait le pied des remparts; d'autres fois elle remplissait seulement la *cunette*, c'est-à-dire un canal pratiqué au milieu du fossé, entre deux berges qui restaient à sec.

Lorsque les fossés étaient dans une telle situation qu'ils ne pussent jamais être inondés, les difficultés naturelles du terrain rendaient presque toujours cette précaution inutile, et d'ailleurs on y suppléait, soit par une profondeur plus grande, soit par l'emploi de chausse-trapes, de pieux aiguisés, etc., cachés sous les herbes qui tapissaient le fond du fossé.

Outre l'eau destinée à remplir la cunette du fossé, et qu'on prenait, comme il semble, assez peu de soin de renouveler, ce fossé recevait encore les égouts du château. Les ouvertures des canaux qui y portaient les immondices étaient soigneusement munies de grilles et de hérissons.

L'absence de fossé est une exception rare, même dans les châteaux situés sur des hauteurs où des escarpements abrupts paraissent rendre cet obstacle tout à fait superflu. Presque toujours, à moins que les remparts ne s'élevassent au bord même d'un précipice, s'il restait un peu de terrain uni entre les escarpements et l'enceinte, on regardait comme indispensable de creuser un fossé. En effet, la destination de ce genre de défenses était principalement d'empêcher l'assaillant de conduire au pied du mur ses machines de siége ou ses mineurs. Aussi, la première opération de celui-ci était de combler le fossé, et de niveler le terrain jusqu'en bas du rempart.

2. — Ponts.

Un pont porté sur des piles, ou, plus rarement, une espèce de môle traversant le fossé, donnait accès dans la place. Quelquefois, en excavant le fossé, on ménageait une langue de terre, qui servait de passage; mais, d'ordinaire, on préférait un pont léger, qui offrait l'avantage de rétrécir le passage, et qui, en cas de siége, était détruit ou retiré à l'intérieur.

Dans les monuments figurés, dans la tapisserie de la reine Mathilde, par exemple, on voit des ponts semblables qui ne paraissent composés que d'une seule planche. On peut y observer que l'extrémité qui aboutit à l'enceinte fortifiée est plus élevée que l'autre. Le but de cette disposition s'explique suffisamment. On doit y remarquer encore des espèces de marches destinées à assurer le pas des chevaux.

Bientôt on imagina de construire des ponts, dont le tablier pouvait se relever au besoin, et, de la sorte, fermer le passage. Cette invention, qu'on nomma *pont-levis*, se perfectionna rapidement. Le tablier mobile fut manœuvré par un système de contre-poids, en sorte qu'un effort, même assez faible, suffît pour le lever ou l'abaisser.

Il est fort rare aujourd'hui de retrouver d'anciens ponts-levis. On reconnaît qu'ils ont existé, à de longues ouvertures percées dans les murs, au-dessus de la porte, et dans lesquelles se mouvaient sur un axe les *flèches*, c'est-à-dire les poutres formant le levier auquel le tablier mobile était suspendu.

Si le pont-levis était très-léger, comme ceux qui étaient destinés à donner passage à des hommes de pied seulement, les poutres étaient remplacées par une armature en fer moins compliquée et d'une manœuvre plus facile.

Lorsque, au lieu d'un fossé, il s'agissait de traverser quelque obstacle plus considérable, tel qu'un large ravin, ou bien une rivière, un pont solide en pierre était substitué aux ponts de charpente, réservés aux fossés d'une largeur médiocre. Alors, par des dispositions particulières, on s'étudiait à rendre le passage dangereux et difficile pour l'ennemi. Presque toujours on élevait fortement le milieu du pont, et l'on y plaçait une tour sous laquelle il fallait passer; d'autres tours défendaient les extrémités du pont, le tablier était très-étroit, et souvent interrompu par des ponts-levis en avant et en arrière des tours. Ces ponts étaient quelquefois construits pour favoriser le prélèvement d'un péage. Dans ce cas, ils peuvent se rencontrer fort éloignés de toute autre fortification. Quelques châteaux situés sur le bord d'une rivière levaient un impôt sur la navigation, au moyen d'un barrage ou estacade qui ne laissait un passage qu'assez près des remparts pour que les bateaux ne pussent se soustraire au payement du droit fixé. Il y avait, par exemple, un barrage sur la Seine, auprès du Château-Gaillard. Dans quelques provinces, on voit le tablier des ponts affecter en plan la forme d'un Z[1], et l'on pensait sans doute que cette disposition devait rendre plus difficile une surprise, telle qu'en auraient pu tenter des hommes à cheval se lançant au galop pour forcer le passage.

[1]. Il y en a beaucoup d'exemples en Corse, du XVe et du XVIe siècle.

3. — Retranchements extérieurs, barrières, barbacanes, poternes, etc.

Au delà du fossé, à la tête du pont, on élevait un ouvrage plus ou moins considérable, dont la destination était de protéger les reconnaissances et les sorties de la garnison. Quelquefois il se composait d'une ou de plusieurs tours, ou même d'un petit château, auquel on donnait souvent le nom de *bastille* [1].

Plus fréquemment, surtout dans les châteaux de moyenne grandeur, on se contentait d'une ou de plusieurs enceintes de palissades.

Les peintures, les tapisseries, les bas-reliefs peuvent fournir d'utiles renseignements sur les ouvrages de cette espèce, encore assez imparfaitement connus. Autant qu'on en peut juger par les récits des historiens, on doit se représenter ces sortes de fortifications comme une suite de barrières les unes derrière les autres. C'était là que s'engageaient les premiers combats, et, d'ordinaire, l'assaillant commençait ses opérations par détruire ces postes avancés. On leur a donné

---

[1]. Voir, dans Ayala, *Cronica del rey don Pedro*, les siéges de Toro et de Tolède, qui commencèrent par des attaques contre les tours servant de tête de pont.

plusieurs noms, tels que *barrière, barbacane, poterne*, et il n'est pas facile de les distinguer. Il paraît cependant que le mot de poterne s'appliquait plus particulièrement à une espèce de porte dérobée donnant accès sur le fossé, et aux ouvrages qui la défendaient.

Une forteresse située sur une hauteur escarpée avait souvent une barbacane qui donnait sur la plaine et se liait au corps de la place. C'était comme un long passage entre deux murs, quelquefois flanqués de tours, et se terminant par une sorte de fort détaché. On voit une disposition de cette espèce, dans les fortifications de la cité de Carcassonne, du côté qui fait face à la ville moderne.

4. — Portes.

Après avoir franchi le fossé, on arrivait à la porte de l'enceinte principale. La même observation qui avait fait construire des ponts en zigzag, avait fait reconnaître qu'il ne fallait point placer la porte dans l'axe du pont, mais à gauche de celui-ci. La porte s'ouvrait à gauche, parce qu'on obligeait ainsi l'assiégeant de présenter aux remparts son flanc droit qui n'était point couvert par les grands boucliers, nommés *pavois*, qu'on portait dans les siéges. Cette disposition, qu'on peut remarquer déjà dans les fortifications des Romains, paraît leur avoir été empruntée, ainsi que beaucoup d'autres, par les ingénieurs du moyen âge : « Curandum maxime videtur... uti portarum itinera non sint directa, sed læva ; namque tum dextrum latus accedentibus quod scuto non erit tectum, proximum erit muro [1]. »

La porte d'un château est presque toujours placée dans un massif épais formé par deux tours que lie entre elles un corps de bâtiment plus ou moins considérable. Elle présente un passage, assez étroit, qu'on pouvait fermer à ses deux extrémités et quelquefois même au milieu. Ce passage traverse souvent une ou plusieurs petites cours, comprises dans l'intérieur du massif dont nous venons de parler.

Une autre disposition paraît avoir existé dans plusieurs châteaux, mais on ne pourrait en citer un exemple bien conservé en France. Le type qui représente le mieux ce mode de fortification, est une porte du XIVe siècle, existant encore aujourd'hui dans la ville d'Avila, en Espagne ; les deux tours, entre lesquelles s'ouvre la porte, se projet-

[1] Vitruve, I, 5.

tent en avant de l'enceinte continue; un passage assez étroit conduit à la porte. Le pont sert non-seulement à établir une communication entre les deux tours, mais encore à recevoir des soldats qui, à l'abri de forts parapets, pouvaient contribuer, d'une manière très-efficace, à la défense de la porte.

Presque tous les châteaux ont deux portes, l'une grande, l'autre petite, très-rapprochées l'une de l'autre. La première était pour les chars et les cavaliers, la seconde pour les hommes à pied. La prudence, cette vertu si nécessaire au moyen âge, exigeait que la grande porte ne s'ouvrît qu'en cas d'absolue nécessité.

Dans les maisons particulières, on trouve assez fréquemment ces deux portes. La maison de Jacques Cœur, à Bourges, et l'hôtel de Sens, à Paris, en offrent des exemples remarquables. Le pont-levis, une fois relevé, faisait en quelque sorte l'office d'un large bouclier opposé à l'ennemi; mais celui-ci, avec des crocs, à force de bras, ou bien avec des machines, pouvait parvenir à l'abaisser, en rompant les chaînes qui le tenaient suspendu. Il fallut donc opposer un autre obstacle. Ce fut la *herse*, espèce de lourde grille en fer, ou bien un système de pieux indépendants; cette seconde espèce de clôture se nommait une *orgue* ou une *sarrazine*, expression qui semblerait indiquer que cette invention avait une origine orientale. Cette machine s'élevait ou s'abaissait, en glissant dans des rainures pratiquées aux parois des murailles du passage. On élevait la herse à l'aide d'une machine, et, à l'approche d'un danger, on la laissait tomber. Dès ce moment, le passage était fermé, et il fallait briser la herse pour pénétrer plus avant, car il était impossible de la relever à l'extérieur.

Les hommes qui manœuvraient la herse étaient placés dans une salle supérieure ou quelquefois à côté de la porte. Des ouvertures étroites, percées dans la muraille, leur permettaient d'observer ceux qui se présentaient sur le pont-levis.

Outre la herse, pour défendre l'entrée d'une place, on employait encore des portes massives en bois, hérissées de clous, ou revêtues de lames de fer. Presque toujours il y avait deux portes, une à chaque extrémité du passage. On en voit un exemple au château de Saint-Sauveur-le-Vicomte.

Si quelque accident ou quelque ruse de l'ennemi venait à empêcher la manœuvre de la herse, on avait ménagé des moyens de défense dans l'intérieur même du passage. On se servit souvent, avec succès, dans les surprises, de charrettes qui, conduites sous le passage de la porte, empêchaient la herse de s'abaisser. Des ouvertures dans les voûtes ou dans les plafonds permettaient aux défenseurs de la place de tirer à couvert sur l'assaillant. On voit aussi, dans quelques châteaux, des balcons soutenus sur des consoles, disposés dans les passages des portes, pour recevoir des hommes d'armes qui, de cette position élevée, combattaient avec avantage.

Enfin, aussitôt que les armes à feu furent en usage, des meurtrières percées dans les murs latéraux, et même des embrasures pour des canons, complétèrent les moyens de défense, accumulés, comme on voit, à l'entrée des places fortes.

Une partie de ces dispositions se conserva longtemps dans l'intérieur même des villes. J'ai déjà cité l'hôtel de Sens, qui marque, en quelque sorte, le passage de l'architecture militaire à l'architecture civile : on peut remarquer les meurtrières percées au sommet des ogives de ses deux portes ; la principale devait servir pour une arme à feu.

Nous avons parlé de salles où se tenaient les gens chargés de lever ou d'abaisser la herse. Elles servaient aussi de corps de garde. On y trouve de vastes cheminées, quelquefois des bancs de pierre et des niches qui contenaient les râteliers d'armes.

5. — Tours.

Nous ne nous occuperons, dans cet article, que des tours qui flanquent l'enceinte continue et qui se lient à un système de fortifications plus ou moins étendu. Leur usage principal était de protéger les angles de l'enceinte, plus exposés que les fronts, attendu qu'ils ne peuvent présenter à l'ennemi qu'un fort petit nombre de défenseurs. On espaça encore les tours, de distance en distance le long des murailles de l'enceinte, afin d'en augmenter la force, de défendre l'accès des fossés et de donner les moyens de prendre en flanc les soldats qui voudraient assaillir le rempart. Dans ce dessein on leur donna souvent une saillie considérable.

En outre, les tours, s'élevant, en général, au-dessus des murailles, formaient comme autant de petites forteresses, où quelques hommes pouvaient résister avec succès à un grand nombre; enfin, les tours servaient encore de logements et de magasins.

Les tours sont tantôt verticales, tantôt elles affectent la forme d'un cône tronqué; souvent on a combiné ces deux dispositions en élevant un rempart vertical sur une base conique, ou bien en forme de pyramide.

A l'extérieur, les murs sont lisses, ou quelquefois renforcés de contre-forts plus ou moins saillants. La présence de ces contre-forts indique une construction fort ancienne. Nous ne croyons pas qu'on en trouve d'exemple postérieur au xiie siècle. Ils sont toujours très-épais, surtout à leur base.

On observe la plus grande variété dans la forme des tours, aussi bien que dans leurs dimensions et leur appareil. La plupart sont rondes ou carrées; mais on en voit de semi-circulaires, de prismatiques, de triangulaires, d'elliptiques.

Quelques-unes présentent, à l'extérieur, un angle aigu perpendiculaire à l'enceinte; telles sont plusieurs tours du château de Loches et la tour Blanche ou le donjon d'Issoudun. Probablement, on avait adopté cette forme pour empêcher l'ennemi de se servir du bélier. En effet, contre l'angle saillant, le bélier ne pouvait agir efficacement; et, s'il était dirigé à droite ou à gauche de cet angle, les hommes, qui le manœuvraient, prêtaient le flanc aux traits des assiégés placés sur les courtines.

Mais cette forme bizarre doit être considérée comme une exception. Toutefois, il semble qu'il n'y ait jamais eu de forme généralement préférée, et que le caprice des ingénieurs, beaucoup plus que l'expérience, ait fait adopter tel ou tel mode de construction. Il existait à Beaucaire, en 1216, à l'époque du siége de cette ville par le jeune comte de Toulouse, une tour triangulaire dont les angles étaient abattus ; mais son couronnement semble plus moderne.

On voit des tours ouvertes à l'intérieur, mais, ordinairement, elles ne dépassent pas la hauteur des murailles d'enceinte, et ne sont alors, à proprement parler, que des saillies du rempart.

On adopta cette disposition, sans doute parce qu'avec une moindre dépense on obtenait la plupart des avantages qu'offraient les tours ordinaires. Cependant les tours fermées furent toujours d'un usage plus général, et elles étaient justement regardées comme plus fortes que les précédentes.

6. — Couronnement, créneaux, etc.

Les créneaux sont des espèces de boucliers en maçonnerie, élevés sur un parapet et espacés, les uns des autres, de manière à couvrir les hommes qui bordent le rempart, et à leur permettre de se servir de leurs armes, dans les intervalles qui séparent ces boucliers.

L'usage des créneaux est fort ancien, et, dès le temps d'Homère, on leur donnait différents noms qui semblent indiquer des variétés de forme et de destination [1].

En général, ils sont rectangulaires, assez élevés au-dessus du parapet pour couvrir un homme, et espacés suivant la nature des armes employées à l'époque où ils furent construits. D'ordinaire, le vide entre deux créneaux est moindre que la largeur de l'un d'eux.

A des époques, même assez anciennes, on a donné, aux créneaux, des formes variées. On en voit dont l'amortissement est en ogive, ou décrit par une courbe quelconque; d'autres, et surtout dans les pays où l'influence arabe s'est fait sentir, sont dentelés ou découpés de différentes manières.

On en voit aussi qui sont couronnés par une espèce de pyramidion, ou qui portent un rebord saillant ou une sorte de corniche.

On observe souvent des meurtrières percées dans les créneaux; mais il est fort douteux que cette disposition soit antérieure à l'usage des armes à feu.

Au moment d'un siége, on obstruait, avec des chausse-trapes, ou des branches d'arbre aiguisées, les intervalles entre les créneaux, surtout lorsqu'une escalade était à craindre.

Les portes et les fenêtres, placées à une hau-

---

1. *Iliade*, XII, 258.

teur où l'escalade était possible, furent défendues de bonne heure par des balcons munis d'un parapet élevé et à jour dans la partie inférieure.

De là, on pouvait lancer, à couvert, des projectiles sur les ennemis qui tentaient de pénétrer par ces ouvertures. Nous avons donné le nom arabe de *moucharaby* à ces balcons, qui paraissent empruntés à l'Orient. Bientôt, on imagina de les multiplier et d'en garnir tout le haut d'une muraille. On les appelle *machecoulis* ou *machicoulis*, lorsqu'ils forment ainsi un système de défense continu. L'emploi n'en devint général qu'au xiv° siècle. On en trouve cependant des exemples plus anciens, notamment à Aigues-Mortes et au Puy. Ces derniers, qui datent probablement du xii° siècle, sont les plus anciens que l'on connaisse.

La plupart des machicoulis consistent en un parapet, souvent crénelé, et porté sur une suite de corbeaux ou de consoles médiocrement espacés.

Ailleurs, une espèce d'arcade, jetée contre les contre-forts extérieurs d'un rempart, supporte le parapet, et tout l'espace vide compris entre deux contre-forts pouvait servir à jeter des projectiles considérables, tels que de grandes pièces de bois. On voit, au château des papes, à Avignon, et dans le bâtiment de l'évêché, au Puy, des machicoulis disposés de la sorte. Au Puy, les contre-forts sont défendus par des moucharabys.

La forme des arcs, qui unissent quelquefois les consoles ou les contre-forts et qui forment l'ouverture verticale des machicoulis, ou, à leur défaut, l'ornementation qui rappelle ces arcs, peut, dans beaucoup de cas, indiquer, avec quelque précision, l'époque à laquelle ils appartiennent. D'abord, ces arcs sont en plein cintre, puis en ogive en tiers-point, ensuite en ogive à contre-courbe, enfin ils reviennent au plein cintre.

Souvent, les machicoulis reçoivent des moulures et des sculptures, et deviennent dans les constructions civiles un simple motif d'ornementation.

En cas de siége, pour augmenter la hauteur des tours ou pour suppléer à l'insuffisance de leurs couronnements, on élevait des échafauds en bois, sur lesquels se tenaient les hommes d'armes. Dans beaucoup de forteresses anciennes, des trous ou des corbeaux, disposés dans la maçonnerie de distance en distance, paraissent avoir servi à soutenir ces échafauds, que l'on plaçait aussi, comme il semble, à l'extérieur des murailles qui n'avaient point de machicoulis. C'est probablement à ces charpentes improvisées, que les machicoulis en pierre ont dû leur origine. Le nom de ces échafauds était *hourd, hurdel;* en latin, *hurdicium.* Le verbe *hurdare* exprime l'action d'employer ce

14.

moyen de défense. Du Cange traduit à tort, ce nous semble, le mot *hurdicium* par *cratis lignea qua obducebantur mœnia, ne ab arietibus læderentur.* Les citations suivantes peuvent indiquer plus exactement le sens de ce mot :

> Hurdari turres et propugnacula, muros
> Subtus fulciri facit...
>
> (*Philippidos.*)

Les mots *propugnacula* et *turres* indiquent des échafauds placés au sommet des remparts, et très-différents des dispositions de défense de la partie basse des murailles *étayées en dessous.*

« Attornati sunt 4 homines ad unum quemque *quarnellum* custodiendum et *hurdandum.* » (Charte citée par Du Cange, au mot Hurdicium.)

> Par trois fois fut évidemment monstrée (la sainte Véronique)
> A tout le peuple, en moult grant révérence,
> Par un évesque, sus un *hourt*, à l'entrée
> De Saint-Pierre...
>
> (Saint-Gelais.)

Le mot *hourd* appartient à la langue d'oïl. Dans la langue d'oc, on se servait du mot *cadafalcs, cadafaux*, échafaud.

> Mas primier faisam mur sans caus et sens sablo,
> Ablos cadafalcs dobles et ab ferm bescalo.

« Faisons d'abord des murs sans chaux ni sable, avec des échafauds doubles et des escaliers solides. »

(*Histoire de la croisade contre les Albigeois.* N. 3988.)

Une miniature du xv siècle, représentant l'enceinte de la ville de Moulins, semble figurer également ce système de fortifications en bois, que l'on établissait en temps de siége.

Ainsi qu'on l'a vu précédemment, les tours étaient les parties de la fortification qui contribuaient le plus efficacement à la défense d'une forteresse. Leur sommet devait donc recevoir un certain nombre d'hommes, ainsi que des machines et des provisions de pierres et d'autres projectiles. Aussi, les tours étaient-elles couvertes par des terrasses, soit voûtées, soit soutenues par une forte charpente. Malgré le danger du feu, beaucoup de tours n'avaient que des plates-formes en bois.

Les tours furent quelquefois couvertes de toits coniques, les uns portés sur le sommet des créneaux, les autres disposés en arrière, de manière à laisser un passage libre autour du parapet.

Ailleurs, une galerie circulaire, percée de nombreuses fenêtres, tenait lieu de plate-forme, et, comme dans les exemples précédents, la tour était surmontée par un toit conique.

Au reste, nous avons lieu de croire que ces toits coniques sont rarement des dispositions originelles, et nous pensons qu'on en trouverait difficilement des exemples avant le xv siècle.

Sur le sommet des tours, et parfois sur les

courtines, notamment aux angles saillants d'une enceinte, on trouve souvent de petites guérites en pierre, destinées à abriter les sentinelles chargées d'observer les mouvements de l'ennemi par des ouvertures percées de tous les côtés. On appelle *échanguettes* ces petites constructions, ordinairement de forme ronde, et terminées par une calotte revêtue de dalles.

Il faut se garder de les confondre, soit avec les lanternons qui surmontent les cages d'escalier, et qui ont pour but d'empêcher la pluie de tomber dans l'intérieur, soit avec les *tourelles*, placées aux angles des tours, et remplissant à l'égard de ces dernières le même office que celles-ci rendent aux murailles de l'enceinte. D'ordinaire, les échanguettes avancent en encorbellement hors du rempart, afin de permettre aux sentinelles d'en voir le pied.

Enfin, sur les plates-formes des tours, et, d'ordinaire, sur la tour la plus élevée, celle qu'on appelait la *guette*, il y avait une cloche que l'on sonnait en cas d'alarme. Souvent la cloche était remplacée par un cornet ou *oliphant*, peut-être aussi par un porte-voix, avec lequel on annonçait la présence de l'ennemi.

7. — Courtines.

On appelle *courtine* la partie du rempart comprise entre deux tours.

Les courtines sont les portions de l'enceinte les moins pourvues de moyens de défense, le voisinage des tours suffisant pour les protéger. Au sommet, un passage étroit, ou chemin de ronde, permet de circuler le long des remparts, et communique à des escaliers ou même à des plans inclinés qui conduisent dans la cour intérieure.

Quelquefois, mais rarement, c'est une espèce de galerie couverte qui sert de chemin de ronde; très-souvent, on ne voit aucun vestige de passage, soit qu'il n'y en ait jamais existé, soit qu'il ait consisté en un échafaudage en charpente. La difficulté qu'offrait l'attaque des courtines explique d'ailleurs l'espèce de négligence qu'on mettait à les fortifier. Il est extrêmement rare de trouver un parapet au chemin de ronde du côté qui regarde l'intérieur de la place, et cependant ce chemin de ronde est, en général, si étroit, que l'on a peine à comprendre comment les soldats pouvaient y faire usage de leurs armes; toute chute devait être mortelle. On en doit conclure que des échafaudages temporaires remédiaient à cet inconvénient pendant les siéges.

On a remarqué que la base de certaines courtines, de même que celle de quelques tours, formait un plan incliné. Le but de cette disposition paraît avoir été d'augmenter la force des murs sur le point où l'on pouvait les saper, et, en outre, de faire ricocher avec force les projectiles que l'on jetait par les machicoulis.

On voit, dit-on, dans les murs de quelques courtines, des arcades figurées à l'extérieur, qui, suivant un antiquaire anglais, n'auraient eu d'autre destination que de donner le change à l'assiégeant : ces arcades devaient simuler à ses yeux d'anciennes ouvertures récemment bouchées, et lui faire penser naturellement que, sur ce point, la résistance de la maçonnerie serait moindre ; de la sorte, on prétendait l'engager à diriger ses attaques précisément du côté où il devait trouver les plus grands obstacles. Mais ne s'agirait-il pas plutôt d'anciennes brèches bouchées? On en voit un exemple au donjon de Chauvigny (Vienne) : la brèche faite par le canon a été bouchée avec des briques disposées en arête de poisson.

On ne peut guère établir de règle constante pour l'espacement qu'il convenait de donner aux tours, les unes par rapport aux autres ; seulement, il paraît que, dans l'opinion des anciens ingénieurs, leur rapprochement ajoutait à la force d'une place. Le moine de Marmoutier, pour donner une idée d'un château imprenable, dont il attribue la construction à Jules César, décrit des tours tellement rapprochées, qu'entre elles il y avait à peine la longueur d'une pique. Richard Cœur-de-lion composa le donjon de Château-Gaillard de segments de cercle presque tangents l'un à l'autre. C'est une muraille *bosselée*, ainsi que la nomme très-heureusement M. Deville dans son excellente monographie sur cette forteresse.

En résumé, on multipliait les tours sur les points présumés faibles, tandis que la muraille d'enceinte passait pour une défense suffisante là où la nature offrait à l'ennemi des obstacles matériels qui rendaient ses attaques peu probables. En pays de plaine, nous avons remarqué plus d'une fois que les tours sont assez près les unes des autres pour que les soldats placés dans deux tours voisines pussent lancer leurs traits sur toute la courtine intermédiaire. On peut évaluer cette distance à trente mètres environ, ce qui est à peu près la portée d'une flèche ou celle d'une pierre lancée à la main, d'un lieu élevé [1]. A mesure que les armes de jet se perfectionnèrent, l'espacement des tours de-

1. « Ne longius sit alia ab alia (turris) sagittæ missione. » Vitruve, I, 5,

vint plus considérable, en sorte qu'on pourrait tirer de cet espacement quelques inductions sur l'âge d'une forteresse; mais nous nous empressons de déclarer ici que les renseignements de cette espèce ne doivent être admis qu'avec une grande réserve.

Nous avons dit que la hauteur des tours variait à l'infini. Tantôt, en effet, elles dépassent à peine les remparts qu'elles flanquent; et c'est le cas fort souvent pour celles qui sont placées le long d'une courtine en ligne droite et d'une certaine étendue. Tantôt elles s'élèvent à une hauteur considérable, et c'est surtout aux angles saillants d'une enceinte, qu'on leur donne le plus d'élévation. On peut dire en général, que, la hauteur d'une tour donnant de la force aux ouvrages voisins, on a muni de la sorte les parties de l'enceinte qui paraissaient les plus exposées ou les plus faibles.

Lorsque les tours sont plus hautes que le rempart qui les lie les unes aux autres, la communication entre les différentes parties de l'enceinte a lieu, soit par un passage couvert ou découvert qui contourne la tour et continue le chemin de ronde, soit à travers les chambres des tours, dont le plancher est alors contigu au chemin de ronde régnant le long des courtines. Il y avait quelquefois de petits ponts-levis sur le chemin de ronde à l'entrée des tours. Ce n'est point, au reste, une règle absolue ; car souvent cette communication n'existe point, et, pour passer d'une tour à une autre, il faut descendre dans la cour intérieure, où viennent aboutir tous les escaliers. Le motif de cette disposition a été, sans doute, d'isoler les tours et d'en faire comme autant de forteresses indépendantes.

Les escaliers qui conduisent aux remparts sont ordinairement placés à l'intérieur des tours [1]. Ils sont faciles à défendre, étant fort étroits, et fermés par des portes basses et solides, en sorte que l'assaillant, maître d'une tour ou d'une partie des courtines, ait encore beaucoup de difficultés pour déboucher dans l'intérieur de la place. Au siége de Tolède par Henri II de Castille, ses soldats s'emparèrent d'une tour ; mais les assiégés, entassant de la paille et des sarments au pied de l'escalier, y mirent le feu et obligèrent les assaillants à se retirer [2].

On observe encore, mais plus rarement, les escaliers appliqués contre les courtines. Nous dou-

---

1. « Itinera sint interioribus partibus turrium contignata, neque ea ferro fixa. Hostis enim si quam partem muri occupaverit, qui repugnabunt, rescindent, et si celeriter administraverint, non patientur reliquas partes turrium murique hostem penetrare, nisi se voluerit præcipitare. » Vitruve, I. 5.

2. Voir Ayala, *Cronica de don Pedro*.

tons que l'on trouve des exemples de cette dernière disposition avant le XVIᵉ siècle.

La plupart des escaliers des tours sont en spirale, d'où leur vient leur nom de *vis* au moyen âge. Rarement, deux personnes de front y monteraient facilement. Quelquefois l'escalier ne conduit pas jusqu'à l'étage supérieur, destiné généralement à servir de logement à un personnage de marque. On n'y accédait qu'au moyen d'une échelle qui se retirait dans la chambre où elle conduisait. Nous retrouverons ces dispositions de défense intérieure, reproduites avec un surcroît de prudence dans les donjons.

On a vu que les tours servaient de logements et de magasins. Dans les constructions exécutées avec soin, et, si l'on peut s'exprimer ainsi, avec luxe, les étages sont voûtés ; mais les planchers en bois étaient d'un usage beaucoup plus fréquent. Tantôt les poutres qui les soutiennent s'appuient sur des corbeaux saillant à l'intérieur, tantôt elles s'engagent dans des cavités ménagées à cet effet dans la maçonnerie [1].

3. Voir, pour compléter cet article, le § 10, p. 162.

8. — Fenêtres. Meurtrières.

Nous n'avons point à nous occuper ici des renseignements que peuvent fournir les formes caractéristiques de quelques ouvertures, telles que l'ogive, le plein cintre, les fenêtres carrées avec meneaux en croix. Nous ne nous attacherons qu'aux dispositions propres à l'architecture militaire.

Toutes les ouvertures pratiquées dans le mur d'enceinte d'une place de guerre sont fort étroites. On ne voit de fenêtres, à proprement parler, qu'à une hauteur telle que les traits de l'ennemi y soient peu à craindre. Beaucoup de tours de courtines n'offrent même pas d'ouvertures donnant sur la campagne.

Il faut d'abord prémunir les observateurs contre les inductions qu'ils seraient tentés de tirer de la forme des ouvertures étroites connues sous le nom de *meurtrières*. De ce qu'un château a des meurtrières ou des embrasures évidemment destinées à des armes à feu, l'on ne doit pas conclure que la construction de cette forteresse soit postérieure à l'usage de l'artillerie. En effet, il est toujours facile de percer une muraille, et, lorsque les armes à feu commencèrent à jouer un grand rôle dans les siéges, on s'empressa de faire aux anciennes fortifications les travaux nécessaires pour le service des canons et des arquebuses. Il faut donc, avant tout, observer avec le plus grand soin si les meurtrières que l'on étudie sont de construction primitive ou si elles ont été ajoutées.

On peut distinguer quatre espèces de baies dans l'épaisseur des remparts d'une place fortifiée ; ce sont :

1° Des trous carrés toujours très-étroits, quelquefois un peu plus longs que larges ;

2° De longues fentes verticales, hautes de trois à six pieds et plus, très-étroites à l'extérieur, s'élargissant à l'intérieur, terminées à leur sommet par une portion d'arc, que vient quelquefois interrompre à l'intérieur la partie supérieure de la paroi où la meurtrière est pratiquée ;

3° Des fentes, semblables aux précédentes, mais moins longues, traversées par une fente horizontale : même disposition intérieure ;

4° Des fentes dont le centre ou la partie inférieure est agrandie et présente un trou circulaire : même disposition intérieure.

Les premières ouvertures, n° 1, ne paraissent pas avoir eu d'autre usage que celui de donner du jour et de l'air, et peut-être d'observer l'ennemi à couvert.

Les dernières, n° 4, semblent avoir été, sinon

construites, du moins disposées, pour des armes à feu, et, lorsque le trou rond est placé au bas de la fente, et qu'il a de certaines dimensions, on peut conclure qu'il a servi à une pièce d'artillerie.

Quant aux fentes verticales, n° 2, et aux ouvertures en croix, n° 3, on considère ordinairement les premières comme destinées au tir de l'arc, et les secondes à celui de l'arbalète. (Quelques archéologues nomment les premières *archères*; les secondes, *arbalétrières*.) Or, l'usage de cette dernière arme s'étant introduit en France vers la fin du xii° siècle, on pourrait, de la forme des meurtrières, tirer des conclusions sur l'époque de la bâtisse à laquelle ces meurtrières appartiennent, si toutefois l'opinion que nous venons de rapporter était fondée. Malheureusement, ce point reste encore sujet à bien des doutes. L'arbalète a été défendue *entre chrétiens*, au deuxième concile de Latran, en 1139. Guillaume le Breton rapporte que, de son temps, les Français n'en faisaient encore que peu d'usage :

> Francigenis nostris, illis ignota diebus,
> Res erat omnino quid balistarius arcus,
> Quid balista foret.
> (*Philippidos*, t. II, 315.)

Il ne s'agit que de l'arbalète ayant un arc d'*acier*, car les arbalètes avec des arcs de bois ou de corne étaient connues dans l'antiquité. On en voit la description dans Ammien Marcellin, sous le nom de *manubalista*, et, au musée du Puy, un bas-relief curieux offre un chasseur armé d'une arbalète : la grandeur de l'arc montre qu'il ne peut être que de bois.

Hâtons-nous de dire qu'il existe des preuves que, bien avant l'invention des armes à feu, les longues fentes pratiquées dans les murs des places fortes ont servi à lancer des traits. Un passage de Guillaume le Breton ne laisse point de doute à cet égard.

> . . . . Facit aptarique fenestris
> Strictis et longis, ut strenuus arte latenti
> Immittat lethi prænuntia tela satelles.

Mais quelle était l'arme au moyen de laquelle on lançait ces traits? Voilà ce qu'il est plus difficile de déterminer qu'on ne le pourrait croire d'abord. La plupart des ouvertures que nous avons appelées meurtrières, d'après l'usage général, sont percées dans des murs souvent épais de sept ou huit pieds, et, en s'avançant aussi loin que le lui aurait permis le rétrécissement de la muraille, du côté de l'ouverture extérieure, l'archer qui voulait décocher une flèche ne pouvait guère s'approcher assez pour bien ajuster et manier commodément son arme. On comprend qu'il ne découvrait que l'ennemi placé exactement dans l'axe de la meurtrière, en sorte qu'il lui eût été à peu près impossible de tirer sur un homme en mouvement. On observe encore que la hauteur de la meurtrière est rarement assez grande pour qu'on puisse bander un arc dans l'intérieur de son embrasure. L'arc le plus court avait au moins cinq pieds; il aurait donc fallu que la meurtrière eût plus de huit pieds de haut, car, pour tirer, l'archer élevait le milieu de son arc au niveau de son œil. Si l'on suppose, au contraire, que l'archer, pour tirer, restait hors de l'embrasure de la meurtrière, il courait le risque de frapper de sa flèche l'une ou l'autre paroi oblique de cette embrasure. En outre, comment pouvait-il juger alors de la distance de son ennemi, condition indispensable pour lancer une flèche? Ajoutons encore qu'on rencontre souvent des meurtrières fort exhaussées au-dessus de l'aire de la salle où elles sont pratiquées, et qu'on ne peut découvrir la campagne qu'en montant un escalier de plusieurs marches dans l'intérieur de l'embrasure.

Même observation pour les meurtrières en croix, dont la plupart sont d'ailleurs tellement étroites qu'elles ne laisseraient pas de place au jeu de l'arc de l'arbalète, lequel est horizontal, comme on sait.

Il faut donc admettre que la plupart de ces meurtrières, quelle qu'en soit la forme, ont servi à des armes à feu, ou bien à une espèce de machine qui nous est inconnue ; ou bien encore, ce qui est plus probable, que, dans le plus grand nombre de cas, elles n'ont eu d'autre destination que de donner de la lumière et de l'air, sans compromettre la sûreté des habitants d'une place de guerre.

Quelle que fût la destination de ces ouvertures, il est important de remarquer les précautions prises par les ingénieurs pour qu'elles ne servissent point de passage aux traits de l'ennemi. On a vu qu'elles sont souvent élevées au-dessus de l'aire des étages qu'elles éclairent ou qu'elles défendent. Leur amortissement, en outre, est formé par une portion de voûte dont la courbe est calculée de façon à rencontrer toujours un trait lancé d'en bas et de l'extérieur, à la portée ordinaire ; elle empêchait ainsi que les traits n'arrivassent de but en blanc à l'intérieur, et sa courbe contribuait à les faire retomber dans l'embrasure, au lieu de leur permettre de ricocher dans l'intérieur.

Avant de terminer cet article, nous devons dire un mot des latrines disposées, en général, à une grande hauteur et toujours en encorbellement au-dessus du fossé. On les plaçait ordinairement dans des tours, et dans des angles rentrants, afin qu'elles fussent moins exposées; et, pour que l'assiégeant ne pût s'introduire par ces ouvertures, on prenait soin d'en défendre l'orifice extérieur par des barres de fer transversales.

9. — Cours intérieures.

Le terrain enclos par les remparts d'une forteresse se nommait la *basse-cour*.

Là se trouvaient les dépendances du château, les magasins, les écuries, quelques logements et souvent la chapelle. Tous ces bâtiments étaient placés hors de la portée du trait, lorsque les dimensions de la basse-cour pouvaient s'y prêter; dans le cas contraire, on les adossait aux murs de l'enceinte, du côté de l'attaque présumée, afin que les projectiles qui dépasseraient la crête des murailles allassent se perdre dans le vide en achevant leur trajet.

Lorsque la chapelle n'était point un bâtiment séparé, on la plaçait dans une tour, souvent à un étage fort élevé. On en peut voir un exemple dans le château d'Arques et dans celui de Chauvigny.

La basse-cour renfermait une mare et des citernes ou des puits. Quelquefois on a fait des travaux immenses pour arriver au niveau de l'eau; on conçoit, en effet, que, faute d'un puits suffisant, la meilleure position n'eût pas été tenable. Au château de Polignac, en Velay, on voit une énorme citerne creusée dans le roc et d'une profondeur remarquable.

Un grand nombre de châteaux ont des basses-cours si étroites, qu'elles ne paraissent pas avoir renfermé des bâtiments d'habitation. Construits dans des lieux inaccessibles aux chevaux, la plupart n'avaient pas besoin d'écurie, et la garnison qui rarement était nombreuse, se logeait facilement dans les tours de l'enceinte ou dans le donjon.

10. — Donjons.

Il n'y a point d'emplacement fixe pour le donjon d'une forteresse. On peut dire, en général, qu'on choisissait de préférence le lieu le plus élevé et d'accès le plus difficile. Tantôt le donjon s'élève au milieu de l'enceinte, tantôt il est tangent aux remparts, tantôt il en est complétement isolé.

L'étendue et les dimensions du donjon sont toujours proportionnées à celles de l'enceinte dont il doit compléter la défense. Quelquefois, c'est une citadelle avec tours et courtines, renfermant une basse-cour et de nombreux bâtiments. Quelquefois aussi, et c'est le cas le plus ordinaire, le donjon consiste en une haute tour, séparée de la basse-cour par un fossé avec un pont-levis, souvent élevée sur une base conique artificielle et toujours fort escarpée. Ailleurs, enfin, on donne le nom de donjon à une tour plus forte que les autres et sans communication avec le rempart. De ces trois espèces de donjons, la première se trouve dans les villes et dans quelques châteaux destinés à recevoir une garnison nombreuse. La seconde s'applique à toutes les forteresses seigneuriales, particulièrement aux plus anciennes; enfin, la dernière peut être considérée comme une sorte de palliatif destiné à remplacer le donjon dans des circonstances exceptionnelles.

Les défenses extérieures des donjons ne donneront lieu à presque aucune observation nouvelle. Elles peuvent consister dans un fossé, des lignes de palissades, un système de tours et de courtines, etc. En un mot, on peut considérer le donjon comme une place renfermée dans une autre, et ne différant que par les dimensions.

On doit pourtant noter ici quelques dispositions qui, si elles ne sont pas caractéristiques et uniquement applicables aux donjons, s'y rencontrent du moins assez fréquemment pour que nous nous arrêtions à les examiner.

Rarement, on le sait, les donjons étaient assez vastes pour renfermer une garnison nombreuse.

Lorsque les défenseurs d'une place de guerre se retiraient dans ce dernier asile, ils avaient fait des pertes pendant le siége, et l'espoir de prolonger la résistance était fondé, moins sur le nombre des combattants, que sur la force et la hauteur de leurs murailles. Le donjon n'avait donc point de vastes logements, et ne recevait presque jamais de chevaux. Tous les moyens de défense étaient calculés pour une petite troupe d'infanterie; en conséquence, sa porte était fort étroite et fréquemment placée à une hauteur telle, que l'ennemi n'y pût parvenir que par une escalade périlleuse; souvent même, il n'y avait point de porte, à proprement parler, et l'on n'entrait que par une fenêtre au moyen d'une longue échelle, ou bien d'une espèce de panier qu'on élevait et qu'on abaissait avec des poulies. Quelquefois encore, un escalier étroit et raide conduisait à l'entrée, toujours fort élevée au-dessus du sol. Par surcroît de précautions, cet escalier contournait le donjon, de façon que l'assaillant, pendant toute la montée, fût exposé aux projectiles lancés des plates-formes ou tombant des machicoulis. On conçoit qu'une attaque de vive force était presque impossible sur cet étroit passage.

On voit un exemple ancien de ces escaliers extérieurs dans le donjon d'Alluyes (Eure-et-Loir).

Ils sont encore très-communs en Corse, et ils étaient même usités dans les constructions civiles du siècle dernier. Un grand nombre de donjons, même fort vastes, n'ont jamais eu des portes. On observe un exemple curieux de ce système, dans le château de Mauvoisin (Hautes-Pyrénées), dont l'enceinte intérieure est un carré qui n'a pas moins de 110 mètres de côté.

Nous avons déjà remarqué qu'avant l'invention de la poudre, les moyens de défense étaient bien supérieurs aux moyens d'attaque; aussi, les châteaux fortifiés par des ingénieurs habiles n'étaient pris, en général, que par un blocus, ou bien par une surprise; contre ce dernier danger, on avait accumulé plusieurs moyens de résistance faciles à employer par quelques hommes contre une troupe nombreuse. C'est ainsi que le passage des escaliers conduisant aux salles intérieures était barricadé par des grilles ou des portes solides, défendu par des machicoulis et des meurtrières, interrompu quelquefois par des lacunes dans les marches; lacunes qu'on ne pouvait franchir que sur une espèce de pont mobile. Enfin, des boules de pierre, d'un diamètre considérable, placées en réserve dans des paliers supérieurs, pouvaient être roulées dans les escaliers de manière à obstruer le passage et à renverser même un ennemi victorieux. On trouve de semblables boules de pierre dans beaucoup de châteaux; mais leur usage n'est pas absolument certain. Nous avons rapporté l'opinion la plus accréditée; toutefois il serait possible que ces espèces de boulets eussent été destinés à être lancés par des machines ou même par des bouches à feu.

Si le donjon a quelque étendue, il renferme lui-même un réduit destiné à offrir, après la prise du donjon, le refuge que le donjon devait donner aux défenseurs du château dont il dépendait. Ce réduit est une tour, plus forte que les autres, qu'on appelle, tantôt *maîtresse-tour*, en raison de ses dimensions, tantôt tour du *belfroi* ou *beffroi*, parce que la cloche d'alarme y était placée d'ordinaire. Dans le Midi, on donne souvent à cette tour les noms de *tourasse*, *tourillasse*, et même *trouillasse*, par une transposition de lettres très-ordinaire aux patois. Nous ne nous occuperons ici que de cette tour, car, ainsi qu'on l'a dit plus haut, les fortifications du donjon n'offrent que la reproduction réduite de celles de l'enceinte extérieure.

La maîtresse-tour a presque toujours son escalier disposé de manière à ne point rétrécir l'aire des appartements intérieurs. De là, l'usage de renfermer cet escalier dans une tourelle accolée à la tour principale. L'épaisseur de l'enveloppe ou cage de l'escalier étant généralement moindre que celle des autres murs, on la plaçait sur le point où les machines de l'ennemi étaient le moins à craindre. Très-souvent, l'escalier ne conduit pas à l'étage supérieur; il s'arrête à un palier, et, pour monter plus haut, on se servait d'une échelle qu'on retirait à l'intérieur. Cette disposition, autant que nous en avons pu juger, est plus fréquente dans le Midi que dans le Nord. Dans les Pyrénées et en Corse, elle est pour ainsi dire, générale. Le logement que le pape Pierre de Luna occupa au château d'Avignon est ainsi séparé des salles inférieures du même château.

L'escalier, en raison de ses dimensions très-resserrées, ne pouvait guère servir à porter aux étages supérieurs les armes et les provisions. Pour obvier à cet inconvénient, on avait coutume de laisser un vide assez grand dans les voûtes ou les planchers des différents étages et, par cette ouverture, on montait les objets dont on avait besoin, de la même manière qu'on transporte sur le pont d'un vaisseau les provisions contenues dans sa cale.

Le rez-de-chaussée de la tour servait de magasin, et, comme, en général, il n'y avait point de porte à cette hauteur, on n'y accédait que par l'ouverture dont on vient de parler, ou par un escalier spécialement destiné à ce service. D'ailleurs, les salles basses étaient à peu près inhabitables, en raison de l'obscurité qui y régnait, car c'est à peine si l'on osait y percer d'étroites meurtrières. Ces salles cependant contiennent souvent le four à cuire le pain; en outre, des cabinets en communication avec elles servaient de cachot, au besoin, car c'était toujours dans les donjons que l'on renfermait les prisonniers d'importance. Quelquefois, il y a, sous la salle basse, un ou plusieurs étages souterrains.

Destinées à loger le propriétaire du château, les salles supérieures de la maîtresse-tour étaient décorées fréquemment avec luxe et élégance, et c'est là surtout que l'on peut trouver ces ornements qui caractérisent les époques de construction. Presque toutes ont de vastes cheminées à chambranles énormes, surmontées d'un manteau conique. Les voûtes sont ornées souvent de clefs pendantes, d'écussons, de devises ou de peintures. De fort petits cabinets pratiqués dans l'intérieur des murailles sont attenants à ces salles. La plupart servaient de chambres à coucher, ainsi qu'on le voit à la tour Blanche d'Issoudun.

En général, le logement du châtelain est à une fort grande hauteur, soit pour être plus à l'abri d'une surprise, soit surtout pour être hors de l'atteinte des projectiles de l'ennemi. Les fenêtres, presque toujours irrégulièrement percées, ne se correspondent pas d'étage en étage. On craignait sans doute d'affaiblir les murailles, en y perçant des ouvertures sur la même ligne. Pratiquées dans des murs très-épais, leurs embrasures forment comme autant de cabinets, élevés d'une marche ou deux au-dessus du plancher de la salle qu'elles éclairent. Des bancs de pierre règnent de chaque côté. C'était la place ordinaire des habitants de la tour, lorsque le froid ne les obligeait pas à se rapprocher de la cheminée.

Par une dernière conséquence du principe général que nous avons exposé en commençant (qui consiste à rendre les parties d'une forteresse susceptibles d'être isolées), on imagina de diviser la maîtresse-tour en deux parties indépendantes l'une de l'autre, séparées par un mur de refend, ayant chacune un escalier distinct, et ne communiquant l'une avec l'autre qu'au moyen de portes étroites. Le donjon de Chalusset (Haute-Vienne) offre un exemple de cette disposition, assez rare d'ailleurs.

Dans beaucoup d'anciennes forteresses, on observe, au milieu de la maçonnerie des murs, des vides ménagés à dessein, formant comme des puits étroits et dont la destination est encore fort problématique, car je ne sache pas qu'on en ait encore exploré aucun, de manière à savoir où il aboutissait. Les uns ont supposé que ces vides servaient au même usage que les ouvertures des voûtes, dont nous avons parlé plus haut, c'est-à-dire au transport des munitions aux étages supérieurs; d'autres, avec plus de vraisemblance, y ont vu des conduits pour la voix, destinés à établir une communication entre les personnes placées à différents étages. Les dimensions très-variables, mais ordinairement resserrées, de ces tuyaux, peuvent donner lieu encore à plusieurs autres interprétations, qu'il serait inutile de rapporter ici. Il serait à désirer qu'on pût connaître les aboutissants de ces cavités, presque toujours encombrées de pierres, et nous ne pouvons que recommander cette recherche au zèle des antiquaires. Ces tuyaux ou ces puits, car il est difficile de leur donner un nom, sont, en général, verticaux ou légèrement obliques. On ne doit pas les confondre avec des cavités semblables, mais *horizontales*, qu'on rencontre dans quelques châteaux, notamment à Gisors. On suppose, avec beaucoup de vraisemblance, que ces cavités renfermaient primitivement des pièces de bois, faisant office d'ancres ou de chaînes, pour consolider la maçonnerie et en augmenter la résistance. J'ai observé, dans ces trous, des fragments de bois pourri, qui ne permettent guère de contester la destination qui vient d'être indiquée.

Il existe à Tours, rue des Trois-Pucelles, une

maison en briques, du xvᵉ siècle, connue sous le nom de *Maison du bourreau*, et dont une tradition populaire fait la demeure de Tristan l'Ermite. (L'origine de cette tradition est des plus ridicules, et repose tout entière sur une cordelière sculptée autour des chambranles; or, cette cordelière, ornement très-fréquent, comme on sait, passe aux yeux du vulgaire pour une corde à pendre, et l'on en a conclu que pareille enseigne ne pouvait convenir qu'au compère de Louis XI!) Au dernier étage d'une tourelle de cette maison, on remarque une petite niche où aboutit l'ouverture d'un tuyau circulaire, d'environ 0ᵐ 15 de diamètre. On ne connaît pas l'autre extrémité. On sait seulement qu'il descend assez bas, car des réparations récentes ont fait reconnaître qu'il se prolongeait jusqu'au pied de la tourelle. A partir de là, le tuyau est obstrué. Comme il n'est point garni de plomb, ni même de mortier, à l'intérieur, on ne peut supposer qu'il ait servi de conduit pour l'eau ; peut-être ce tuyau servait-il de porte-voix pour transmettre des ordres à l'étage inférieur.

Il est rare que la maîtresse-tour ne soit pas aussi la plus haute d'un château. Quelquefois, cependant la disposition des localités a nécessité la construction d'une tour, spécialement destinée à servir d'observatoire ou de *guette*, comme on disait au moyen âge. Les tours de cette espèce sont fort élevées, mais d'une bâtisse légère, n'ayant point de rôle à jouer dans la défense matérielle. On en voit un exemple curieux au château de Castelnau, près d'Alby. Souvent ces tours correspondent avec d'autres tours placées sur des points culminants, en sorte qu'au moyen d'un signal convenu on pouvait être instruit, en fort peu de temps, de l'approche d'une troupe ennemie. On voit beaucoup de ces tours dans les Pyrénées (on les appelle dans le Roussillon *atalayes*), et, en Corse, elles forment comme une espèce de ceinture autour de l'île. On en trouve aussi un assez grand nombre dans les pays de montagnes et le long des grands fleuves. La liaison de ces tours entre elles serait intéressante à étudier, car elle pourrait fournir des renseignements précieux sur les frontières des provinces au moyen âge.

Quelques châteaux ont deux donjons, ou même davantage. C'est le développement, ou, si l'on veut, l'exagération du principe de l'isolement des ouvrages composant un système de fortification. C'est ainsi qu'à Chauvigny (Haute-Vienne), on voit, compris dans la même enceinte, quatre donjons assez grands chacun pour recevoir le nom de château.

L'existence simultanée de plusieurs châteaux très-rapprochés les uns des autres, mais non compris dans la même enceinte et appartenant à des propriétaires différents, est un fait qui n'est pas rare, mais dont l'explication est encore bien difficile. A une époque où les seigneurs châtelains vivaient les uns à l'égard des autres dans un état, sinon d'hostilité, du moins de suspicion continuelle, ce rapprochement a quelque chose d'incompréhensible. Nous en avons vu un exemple fort remarquable, à Tournemire, près d'Aurillac, où sur le même plateau existent les ruines de cinq châteaux ou donjons, contemporains en apparence (du XIIIe au XIVe siècle), ayant eu différents maîtres, et situés à un trait d'arc l'un de l'autre. Sur les bords du Rhin et de la Moselle, et le long des versants orientaux des Vosges, on voit aussi nombre de châteaux situés si près les uns des autres, qu'il faut supposer que, dans le principe, ils auraient été bâtis par le même propriétaire, et qu'ils auraient fait partie d'un même système de fortifications. (Voir, dans la *Chronique* de don Pero Niño, la description très-curieuse du château de l'amiral Arnaud de Trie, dont la femme demeurait dans un château séparé, avec pont-levis, mais compris dans l'enceinte fortifiée qui renfermait celui de l'amiral[1].)

---

1. *Cronicas de Castilla*; *Cronica de don Pero Niño*, p. 116.

L'usage des donjons s'est conservé jusque dans les fortifications du XVIe siècle. On en voit un exemple assez curieux à la tour de Clansayes (Drôme), où l'on peut remarquer la forme bizarre de la construction, dont le plan varie à chaque étage, et le système des meurtrières (pour des armes à feu), beaucoup plus compliqué que réellement efficace.

11. — Souterrains.

La plupart des châteaux et surtout des donjons renferment des souterrains plus ou moins vastes et qui avaient des destinations différentes. Le plus grand nombre servait de magasins ; quelques-uns recevaient des prisonniers ; d'autres, enfin, débouchant à une assez grande distance du château auquel ils appartiennent, paraissent avoir fourni, dans quelques localités, un moyen de communiquer secrètement avec la campagne, et de quitter le château, lorsqu'il était devenu impossible de le défendre. Froissart fournit quelques exemples de faits semblables. On voit, dans les ruines du château de Chinon, quelques galeries auxquelles on peut attribuer la même destination.

Nous n'avons rien à dire des caves ou magasins souterrains qui ne présentent que les dispositions usitées dans l'architecture civile.

Quant aux cachots, on remarquera quelquefois avec quels raffinements barbares on privait le prisonnier de lumière et presque de tout moyen de renouveler l'air. Il y a des cachots qui ne reçoivent l'air que par des tuyaux étroits, souvent coudés dans leur trajet, soit pour rendre les évasions plus difficiles, soit pour empêcher que la lumière ne pénétrât quelques moments dans la demeure du captif. La prison de Louis Sforce, dans le château de Loches, ne reçoit de jour que par un corridor qui l'isole du mur de la forteresse. Des fers, des bancs de pierre, des ceps où l'on engageait, dit-on, les jambes des prisonniers, se rencontrent parfois dans ces horribles lieux.

C'est encore dans les souterrains des châteaux ou du moins dans les salles basses, qu'on interrogeait les détenus et qu'on leur donnait la question. Souvent, une salle a été destinée particulièrement à cet usage, et l'on en voit encore une au château des papes, à Avignon, dont le nom, *la Veille*, rappelle l'instrument de torture qu'elle renfermait. Toutefois, nous devons avertir nos lecteurs de se tenir en garde contre les traditions locales qui s'attachent aux souterrains des donjons. On donne trop souvent des couleurs atroces au moyen âge, et l'imagination accepte trop facilement les scènes d'horreurs que les romanciers placent dans de semblables lieux. Combien de celliers ou de magasins de bois n'ont pas été pris pour d'affreux cachots! combien d'os, débris de cuisine, n'ont pas été regardés comme les restes des victimes de la tyrannie féodale!

C'est avec la même réserve qu'il faut examiner les cachots désignés sous le nom d'*oubliettes*, espèce de puits où l'on descendait des prisonniers destinés à périr de faim, ou bien qu'on tuait en les y précipitant d'un lieu élevé dont le plancher se dérobait sous leurs pieds. Sans révoquer absolument en doute l'existence des oubliettes, on doit cependant les considérer comme fort rares, et ne les admettre que lorsqu'une semblable destination est bien démontrée. Les oubliettes *probables*, que nous avons examinées, consistent en un puits profond, ménagé dans un massif de constructions, et recouvert autrefois par un plancher. Quelquefois des portes s'ouvrent vers le haut de ces puits, sans apparence d'escalier ou de machine pour y descendre. Telle est à peu près la disposition des oubliettes qu'on montre dans les ruines du château de Chinon; la porte donne abruptement sur l'intérieur du puits. Des trous disposés à quelques mètres au-dessus, dans les quatre murs qui forment les parois du puits, annoncent qu'un plancher a existé. On suppose qu'il était percé d'une trappe qu'on pouvait faire jouer par la porte. L'usage d'un plan incliné à la base du puits n'est pas facile à comprendre. Au reste, le fond du puits étant rempli de gravois, on ne peut juger, à présent, de sa profondeur.

Peut-être le fond de ce puits était-il formé par un angle aigu, afin de rendre plus pénible la position du malheureux qu'on y descendait, en l'empêchant ainsi de se coucher. C'est un raffinement de cruauté dont on trouve un autre exemple dans les oubliettes de la Bastille.

Nous venons d'analyser successivement toutes les parties qui composent une forteresse du moyen âge ; nous examinerons maintenant d'une manière sommaire l'ensemble de quelques fortifications.

A. — Enceinte fortifiée.

Cité de Carcassonne. Elle occupe un plateau, d'accès très-difficile, au couchant. Elle a deux enceintes : la première (l'enceinte extérieure) est bâtie sur le versant de la colline ; la seconde, plus élevée, la commande par conséquent. Les deux enceintes ne se confondent qu'en un seul point, du côté du couchant, parce que, là, les escarpements naturels paraissaient une défense suffisante. On a placé le château du même côté, par la même raison, et parce que l'assaillant devait, suivant toute probabilité, commencer ses attaques du côté opposé. Ce château, tangent aux deux enceintes, peut en être isolé : d'un côté, il communique à la ville; de l'autre, à la campagne, par une barbacane. On observera que l'enceinte intérieure de la ville est sensiblement plus forte que l'extérieure, et que ses tours sont beaucoup plus rapprochées; enfin qu'elle a plusieurs tours fermées, tandis que l'enceinte extérieure n'a que des tours ouvertes à la gorge. La porte principale de la ville (la porte Narbonnaise, du côté du levant) s'ouvre entre deux fortes tours, liées ensemble, qui forment à elles seules comme une espèce de château indépendant. Une partie de l'enceinte intérieure, quelques tours et leurs courtines, bâties à petit appareil, entremêlé d'assises de larges briques, passe pour être de construction romaine, mais plus probablement elle est l'œuvre des derniers rois visigoths. Le reste de la même enceinte, ainsi que le château paraissent appartenir au XIIIe siècle, sauf une tour et quelques parties de murailles, qu'on peut attribuer au XIIe. L'enceinte extérieure date, suivant toute apparence, de la fin du XIIIe ou du commencement du XIVe siècle.

B. — Château dépendant d'une ville.

Château de Fougères. Il est bâti dans la partie basse de la ville. Ici, c'est l'endroit vulnérable de la ville qu'on a défendu par un château, si toutefois le château, ou du moins son donjon, n'est pas plus ancien que la ville. Dans l'intervalle des deux remparts de la ville, se trouvent les deux portes successives du château; on observera que la première est défendue par trois tours, qu'après avoir surmonté cet obstacle on rencontre un pont sur un ruisseau très-encaissé, et que l'ennemi, maître de cette première porte et du pont, n'a encore obtenu qu'un très-mince avantage, car il est en butte aux traits de deux tours qui dominent la cour comprise entre les deux portes et défendent spécialement la deuxième. En suivant l'enceinte du château, on trouve la tour de Raoul et celle de Surienne, dont on doit noter les dimensions extraordinaires; elles ont des embrasures pour les canons et devaient battre, la première, l'espace compris entre le château et la ville, l'autre, la courtine, protégée d'ailleurs par des rochers qui présentent un escarpement très-raide. Ces deux tours réunies protégent un angle saillant de l'enceinte, naturellement le plus exposé. Elles paraissent de construction relativement moderne. Ensuite vient la maîtresse-tour du donjon, où *Melusine*, et une porte ou plutôt une fenêtre élevée qui paraît avoir eu autrefois un pont-levis pour communiquer à un ouvrage avancé, aujourd'hui détruit. Puis vient la tour du Gobelin, qui forme, avec la précédente, les défenses du donjon, dont la cour est beaucoup plus élevée que la basse-cour. Tout le donjon paraît antérieur au reste des fortifications; les deux tours que je viens de nommer remontent probablement au XIIe siècle. Le reste du château paraît dater du XIVe au XVIe siècle. La plupart des tours et des courtines du château proprement dit, appartiennent au XIVe siècle.

Le Louvre. Tour ronde ou donjon isolé au centre de la basse-cour. Trois portes, défendues chacune par deux tours. Bâtiments d'habitation disposés le long des courtines flanquées par des tours rondes très-rapprochées. Les tours d'angle sont beaucoup plus saillantes que les autres. Un fossé entoure tout le château. Petits ouvrages avancés aux abords des ponts. Le Louvre fut commencé par Philippe-Auguste, dans les premières années du XIIIe siècle. Il était tangent à la muraille de Paris, et défendait la ville au couchant.

La Bastille. Son plan forme à peu près un parallélogramme. Huit grosses tours rondes, à base conique, fort rapprochées, liées entre elles par des courtines aussi hautes que les tours; créneaux et machicoulis; fossés avec parapets extérieurs sur la contrescarpe; appartements dans les tours et le long des courtines; deux basses-cours séparées par un corps de bâtiment. Point de donjon à proprement parler; étages des tours voûtés ou portés sur des charpentes; ces dernières doubles, afin de rendre plus difficiles les communications entre les prisonniers (disposition moderne); oubliettes, ou cul de basse-fosse, dont le fond est en cône renversé.

La Bastille fut commencée en 1370.

C. — Château isolé.

Château de Chalusset. Il est situé sur une espèce de presqu'île triangulaire, qui forme un plateau élevé entre deux ruisseaux encaissés, et n'est accessible que par l'une ou l'autre de ses extrémités, des ruisseaux et des escarpements abrupts protégeant ses flancs contre toute attaque. C'est vers le le confluent des deux ruisseaux que la pente est plus douce et que le terrain s'abaisse le plus. On a pensé que c'était le côté vulnérable de la place, et c'est sur ce point que l'on a accumulé les moyens de défense.

Après avoir franchi le pont qui, sans doute, était fortifié autrefois, on trouve une muraille continue qui enveloppe tout le plateau ; cette muraille franchie, on rencontre une tour carrée, isolée, avec un fossé profond. C'est un fort détaché qu'il fallait emporter avant d'attaquer le château. Puis se présente une muraille qui intercepte toute communication avec la partie supérieure du plateau.

Au delà s'offre une autre muraille basse, qui forme une espèce de redoute en avant de la porte du château.

Cette porte s'ouvre à gauche de celle de la redoute, et est protégée par un massif épais et par une tour qui la flanque, en se projetant en avant du périmètre du plateau. On trouve une première cour, puis une seconde porte. On est alors dans l'intérieur du château ; à droite et à gauche sont les bâtiments d'habitation, magasins, etc.

Le donjon, de forme très-irrégulière, est situé dans un angle de la basse-cour. Il est divisé en deux parties par un grand mur de refend qui s'élève jusqu'au sommet. Chaque partie de ce donjon a son escalier indépendant.

Du côté opposé, c'est-à-dire à la base du triangle formé par le plateau, le rocher, excavé, présente pour premier obstacle un large fossé ; derrière, s'élève une muraille flanquée de tours très-rapprochées ; puis vient l'enceinte intérieure du château, qui renferme la basse-cour.

Bien que la raideur des pentes et que les deux ruisseaux semblent mettre les deux grands côtés du triangle à l'abri de toute attaque, les escarpements sont partout bordés de murs et quelquefois même l'enceinte est double.

Le château de Chalusset, aujourd'hui fort ruiné, paraît avoir été bâti, ou du moins très-agrandi, vers la fin du XIIe siècle. C'est à cette époque qu'on peut rapporter toutes ses dispositions principales, retouchées d'ailleurs, comme il semble, jusqu'au XVIe et au XVIIe siècle.

D. — Tours et petits châteaux isolés.

Le Castéra, près de Bordeaux. Grosse tour carrée avec tourelles aux angles. Point de basse-cour ; nuls ouvrages avancés. En raison de la largeur de cette tour, on a divisé le rez-de-chaussée par des murs de refend, afin de donner un appui au plancher du premier étage.

Le Castéra paraît dater du XIIIe siècle.

E. — Églises fortifiées.

Il existe en France plusieurs églises construites ou disposées de manière à pouvoir au besoin recevoir une garnison et soutenir un siége. La plupart ont des fenêtres élevées, des galeries régnant le long des murs et bordées de créneaux et de machicoulis. Quelques-unes sont environnées d'une enceinte crénelée, dans l'intérieur de laquelle les habitants du voisinage trouvaient un refuge au moment d'une invasion. Dans l'église de Luz (Hautes-Pyrénées), on pénètre dans l'enceinte, qui consiste en une forte muraille crénelée, par une porte basse percée dans une tour carrée et défendue par un machicoulis. L'église est surmontée d'un clocher fort élevé qui sert à la fois de donjon et de *guette*. On remarque que les ouvertures de ce clocher sont irrégulièrement pratiquées dans la maçonnerie; chacune regarde un des débouchés de la vallée. A l'approche d'un ennemi, la cloche d'alarme se faisait entendre, et les habitants de la campagne se renfermaient aussitôt dans l'enceinte avec leurs bestiaux. La cloche de Luz correspondait, d'ailleurs, au moyen de signaux, avec quelques tours élevées dans les montagnes.

IV

SIÉGES.

Pour rendre ce travail moins incomplet, nous y joignons un exposé très-sommaire des opérations usitées au moyen âge pour l'attaque et la défense des places.

Avant le perfectionnement de l'artillerie, il y avait un grand nombre de places imprenables. Tout château construit sur des hauteurs assez escarpées pour qu'on n'y pût conduire des machines, tout rempart fondé sur le granit, et, par conséquent, inattaquable au pic du mineur, pouvait braver une armée nombreuse et ne cédait qu'à la famine. Or, dans un temps où il n'y avait pas d'armées permanentes, un blocus rigoureux était difficile, et, pour l'ordinaire, on se bornait à surveiller une place par des garnisons établies dans les châteaux du voisinage; elles tâchaient d'intercepter les convois, et elles épiaient l'occasion de tenter une surprise.

Plus on s'éloigne de l'époque romaine, plus la science de l'ingénieur paraît perdre de son importance dans l'attaque et dans la défense des places. Au XIVe siècle, les siéges se réduisent, en quelque sorte, à des escalades hardies, surtout dans le nord de l'Europe, où les traditions antiques s'oublièrent plus vite que dans le Midi; et l'on peut remarquer, à ce sujet que, tandis que Froissart ne raconte aucun siége mémorable, Ayala décrit avec détail des travaux immenses, et des machines puissantes, employées pour réduire des villes de premier ordre. Les ingénieurs espagnols étaient, pour la plupart, des musulmans, et, jusqu'au XVIe siècle, les Turcs et les Arabes passèrent pour supérieurs aux occidentaux dans la poliorcétique.

Après avoir reconnu une place, la première opération des assiégeants consistait à prendre et à détruire les ouvrages avancés, tels que poternes, barbacanes, barrières, en un mot toutes les fortifications élevées en avant du fossé. La plupart de ces ouvrages étant en bois, on les démolissait à coups de hache, ou bien on les brûlait avec des flèches garnies d'étoupes soufrées ou de toute autre composition incendiaire.

Si le corps de la place n'était pas trop fortifié pour rendre impossible une attaque de vive force, on tentait aussitôt l'escalade. A cet effet, on comblait le fossé avec des fascines, ou l'on y descendait avec des échelles qu'on dressait ensuite contre le rempart. Cependant des archers écartaient à coups de flèches les défenseurs des plates-formes et des fenêtres. Les soldats chargés de ce service portaient de grands boucliers, nommés *pavois*, souvent terminés à leur extrémité inférieure par une pointe de fer qui permettait de les ficher dans le sol. A l'abri de ces boucliers, les gens de trait, postés sur le revers du fossé, protégeaient les soldats qui montaient à l'assaut. A défaut de pavois, on se servait de planches, souvent de portes enlevées aux maisons du voisinage. Il était rare que les archers s'exposassent à découvert aux décharges de l'assiégé. Les arbalétriers surtout, qui bandaient leurs arcs au moyen d'un appareil assez compliqué et exigeant du temps pour mettre l'arme en état de tirer, avaient besoin d'être bien *paveschiés* (couverts de pavois), selon l'expression de Froissart. Des parapets portatifs en bois, nommés *mantelets*, étaient employés au même usage.

Si le siège tirait en longueur, l'assiégeant protégeait ses approches par des ouvrages en bois, en terre et même en pierre, assez élevés pour permettre à ses archers de plonger sur les plates-formes de la place investie et de tirer d'en haut avec avantage sur ceux qui les défendaient. Des tours en bois à plusieurs étages étaient montées pièce à pièce au bord du fossé, ou bien on les construisait hors de la portée des machines de l'ennemi, et on les faisait avancer sur des rouleaux jusqu'au pied des murailles. Au siége de Toulouse, en 1218, Simon de Montfort fit fabriquer une semblable machine, qui, si l'on en croit l'auteur du poëme des Albigeois, suspect d'exagération, il est vrai, devait contenir cinq cent cinquante hommes.

> Yeu fas fer una gata...
> Quelh soler e las alas, el trau, el cabiron,
> Elh portal e las voutas, el fial, el estaon,
> Son de fer e d'acer tuit lassat environ.
> Quatre cens cavalier dels millor c'ab nos son,
> Cente L arquier complits de garnison
> Mettrai ins on la gata.
>
> (V. 7843.)

« Je ferai faire une *chatte*, dont les planchers, les côtés, les poutres et les chevrons, la porte et les voûtes, les balcons et les parapets seront de fer et d'acier tout à l'entour garnis. Quatre cents chevaliers, des meilleurs que nous ayons, cent cinquante archers pour garnison complète, je les mettrai dans la *chatte*. »

Le nom roman de *gata*, chatte, donné à cette

machine, est une allusion à la ruse et à l'adresse du chat pour saisir sa proie. Dans le nord de la France, ces tours sont désignées sous les noms de *chats*, châteaux, *bretesches, belfrois*. L'auteur de la Chronique en vers de Bertrand Du Guesclin appelle de ce dernier nom la tour que les Anglais firent construire au siége de Rennes en 1356.

> Un grand *belfroi* de bois orent fait charpenter
> Et le firent a dont à Resnes amener,
> Jusque près des fossés ils le firent traisner
> Si *belfrois* fut moult hauz quant le firent lever;
> Grande plenté de gent y pooit bien entrer.
>
> (V. 1853.)

Quand les traits lancés des étages supérieurs de ces tours avaient chassé les assiégés des plates-formes, on abaissait un pont sur le rempart, et le combat s'engageait alors main à main.

L'assiégé, pour empêcher ou retarder l'approche de ces redoutables machines, lançait contre elles des pierres énormes et des traits enflammés; quelquefois, il minait ou inondait le terrain sur lequel elles devaient rouler, en sorte qu'elle se renversassent par leur propre poids. On a vu, par les vers romans cités plus haut, que des ferrures multipliées paraissaient suffisantes pour garantir les beffrois du choc des projectiles. On les recouvrait de peaux fraîchement écorchées et enduites de glaise pour les préserver du feu; enfin, on sondait et on nivelait soigneusement le terrain qu'elles devaient parcourir jusqu'au pied des remparts.

Les tours roulantes avaient pour but d'amener rapidement l'assaillant sur la crête des murailles. On employait encore, pour réduire les places, la sape, la mine et des machines.

Des mineurs armés de pics descendaient dans le fossé, sous la protection d'un corps d'archers. Un toit incliné, composé de madriers épais où bien de mantelets, les mettait à l'abri des projectiles qu'on lançait sur eux du haut des courtines. Sous ce toit, ils travaillaient à percer la muraille en arrachant pierre à pierre, jusqu'à y faire un trou assez large pour que plusieurs soldats pussent y pénétrer à la fois.

On sent que l'assiégé, voyant de quel côté l'ennemi dirigeait ses efforts, cherchait à réunir sur ce point tous ses moyens de défense. Tantôt il tâchait d'écraser les mantelets sous le poids de grosses pierres; tantôt, en construisant un contre-mur, il retardait indéfiniment les progrès des travailleurs.

Les mines avaient cet avantage sur la sape, que l'assiégeant, n'étant pas en vue, pouvait surprendre son ennemi.

A cet effet, on creusait, à quelque distance de la place assiégée, une galerie souterraine que l'on poussait jusque sous les fondations des remparts et surtout des tours. A mesure que la galerie se creusait, on soutenait les terres par des blindages. Arrivé sous les fondations, ou les étançonnait avec des madriers, en sorte qu'elles ne se soutinssent plus que sur cette charpente. Alors, on disposait, autour des étais, des sarments et des matières inflammables où l'on mettait le feu. Les étais consumés, les murailles s'écroulaient, offrant à l'assaillant une large brèche sur laquelle il s'élançait aussitôt.

Cette opération offrait, on le sent, de grandes difficultés; d'abord, pour dérober le travail à l'assiégé, que pouvaient alarmer le bruit des pioches, l'enlèvement des terres ou les oscillations mêmes des murailles minées. On voit cependant, dans Ayala, que les ingénieurs de Henri de Transtamare, en 1368, parvinrent à miner une tour de Tolède, sans être découverts; mais leurs étais avaient été mal disposés, et, quand ils les eurent brûlés, la tour demeura debout [1].

Les Anglais employèrent la mine tout aussi inutilement au siége de Rennes, en 1356. Le gouverneur de la place découvrit le lieu où travaillaient les mineurs, en faisant placer, en différents en-

---

1. *Cronica del rey don Pedro*, p. 531.

droits de la ville, des bassins de métal avec une balle dedans. L'ébranlement causé par les coups de pioche, faisant remuer la balle et résonner le bassin, révélait la présence de l'ennemi.

> Là fit li Tors Boiteux commandes à haut ton
> Que chascun fit pendre ung bacin en sa maison...
> Et par iceux bacins entendirent le son
> Là ou la mine étoit, et par ce le seût-on.
> (*Chron. de Du Guesclin*, v. 1185.)

Le travail lent et pénible du mineur était remplacé avec avantage par l'action plus énergique de machines destinées à renverser les murailles. Ces machines, d'ailleurs très-imparfaitement connues, paraissent empruntées aux anciens; et il est vraisemblable que les ingénieurs du moyen âge avaient conservé maintes traditions qui se sont perdues depuis. Alors même qu'on fait la part de l'exagération naturelle à des auteurs étrangers ordinairement à l'art de la guerre, on ne peut méconnaître la puissance formidable des engins en usage avant l'invention de la poudre. Pendant les guerres des guelfes et des gibelins aux XIIe et XIIIe siècles, notamment au siége de Crème en 1159, d'Alexandrie en 1175, de Modène en 1249, on vit des tours renversées par le choc des pierres lancées contre elles; et des auteurs dignes de foi attestent que les *bricoles* jetaient, à de grandes distances, des quartiers de roc assez gros pour servir de fondations à des édifices. Les Bolonais, au siége de Modène, lancèrent par-dessus les remparts, jusqu'au milieu de la ville, un âne mort, ferré d'argent. La fontaine où l'animal tomba existe encore et porte le nom de *Fontana dell'Asino*.

Essayons, au moyen de quelques rares monuments et des descriptions que nous ont conservées quelques historiens, de reconstruire ces machines que la puissance plus terrible de la poudre a fait rapidement oublier. On peut les diviser en deux classes : les unes destinées à battre en brèche de près ; les autres à opérer à une distance plus ou moins grande des murs d'une ville assiégée.

Le bélier paraît avoir été connu de toute antiquité. Les monuments de Ninive en donnent une représentation, et on le retrouve, au moyen âge, sous un grand nombre de noms différents, parmi lesquels on remarque celui de *chat* ou de *chatte*, mot générique comme il semble, applicable à toutes les machines servant à prendre des places.

L'auteur anonyme de la chronique des Albigeois le décrit sous le nom de *bosson*, et les vers suivants expriment assez bien les effets de cet engin et les moyens employés pour le combattre :

> A la santa Pasqua es lo bossos tendutz,
> Ques be loncs e ferratz e adreitz e agutz;
> Tan fer e trenca e briza que lo murs es fondutz..,
> Aus feiron latz de corda ques ab l'engenh tendutz,
> Al' quel cap del bosso fo pres e retengutz.
>
> (V. 4487.)

« A la sainte Pâques, le bosson est mis en batterie; il est long, ferré, droit, aiguisé; tant frappe et tranche et brise, que le mur est enfoncé; mais ils firent un lacs de corde tendu par un engin, et dans ce nœud la tête du bosson est prise et retenue. »

Le bélier est une longue poutre suspendue par son milieu à un chevalet. Le côté tourné vers le mur, contre lequel il agit, se termine soit par une chape de fer, soit par une pointe aiguë. Cette poutre, mise en mouvement à force de bras et heurtant sans cesse une muraille, disjoignait les pierres et les renversait, ou bien les brisait les unes après les autres jusqu'à faire une brèche. Quelques manuscrits représentent la tête de l'instrument terminée par deux ou plusieurs pointes, et il paraît qu'après avoir choqué contre la muraille, on imprimait quelquefois à la poutre un mouvement de rotation sur son axe; elle opérait alors comme une tarière et perçait un trou dans les pierres déjà fendues par les premiers chocs. Lorsque des circonstances particulières ne permettaient pas de suspendre le bélier, on le disposait sur des roues et on battait les murailles, en le faisant alternativement rouler en avant et en arrière.

De leur côté, les assiégés faisaient leurs efforts pour rompre la tête ferrée du bélier, en lançant dessus des pierres ou de grosses poutres, ou bien, comme on l'a vu dans les vers précédents, en la prenant dans un nœud de cordes. Un puissant levier et un système de contre-poids enlevaient alors le bélier et le rendaient inutile. Quelquefois, on lui opposait un épais matelas sur lequel ses coups venaient s'amortir.

Si les murailles n'avaient qu'une épaisseur médiocre, on ne prenait pas la peine de dresser un chevalet ou des plates-formes pour mettre le bélier en batterie. Une longue poutre, portée par plusieurs hommes, qui la poussaient tous ensemble contre le mur, suffisait pour faire brèche. Froissart nous fournit un exemple curieux de ces béliers, improvisés au moment d'un assaut.

Le comte de Hainaut, après une attaque infructueuse contre la forteresse de Saint-Amandes, réunit des chevaliers : « Adonc fut là qui dit : —
» Sire, sire à cet endroit ici ne les aurions jamais,
» car la porte est forte, et la voie étroite ; si cousteroit trop des vostres à conquérir : mais faites apporter de grands mairains ouvrés en manière de

» pilot, et heurter aux murs de l'abbaye. Nous vous
» certifions que par force on la pertuisera en plu-
» sieurs lieux, et, si nous sommes en l'abbaye, la
» ville est nostre, car il n'y a point d'entre-deux
» entre la ville et l'abbaye. » Adonc commanda ledit
comte qu'on fit ainsi comme pour le mieux on lui
conseillait, et pour la tost prendre. Si quist-on
grands bois de chesne, et puis furent tantost ouvrés et aiguisés devant ; et si s'accompagnoient à
un pilot vingt ou trente, et s'écueilloient, et puis
boutoient de grand randon contre le mur ; et tant
boutèrent de grand randon et si vertueusement,
qu'ils pertuisèrent le mur de l'abbaye [1]. »

On comprend que cette manière *primitive* de battre en brèche, qui pouvait réussir contre l'enceinte
d'un couvent, ne pouvait être employée avec succès contre les remparts épais d'une place de guerre.

Les machines destinées à lancer au loin les projectiles sont décrites sous des noms différents, entre lesquels il est aujourd'hui à peu près impossible de découvrir des différences de forme et d'usage.
Nous n'essayerons pas d'établir des distinctions
entre les *pierriers*, les *bricoles*, les *mangonneaux*, les
espringales, les *aquerelles*, les *trauchs*, etc. Toutes
ces machines semblent correspondre à la catapulte

---

1. Liv. I, Ire part., chap. 137.

des anciens, et servaient à lancer des boulets ou des pierres, quelquefois des matières incendiaires.

Un engin à jeter des pierres est figuré dans un bas-relief existant aujourd'hui dans l'église de Saint-Nazaire à Carcassonne. Le sujet et l'époque en sont également inconnus. Une poutre fort longue est posée en équilibre sur un chevalet de bois et se meut sur un axe. A l'une de ses extrémités, elle porte une espèce de poche ou un double crochet, où se place une pierre arrondie. A l'autre bout de la poutre sont attachées des cordes manœuvrées par plusieurs hommes placés en arrière, au-dessous du projectile. En tirant fortement à eux les cordes, ils font tourner rapidement la poutre sur son axe, et, dans ce mouvement de rotation, la pierre s'échappe lancée au loin. Cette machine est une grande fronde attachée à un bras gigantesque. Une figure d'un manuscrit du xiiie siècle, offre la représentation grossière et, pour ainsi dire, abrégée de la même machine; seulement, on peut conjecturer que, pour donner plus de force et de rapidité au mouvement de la poutre, les cordes attachées à son extrémité étaient mises en communication avec de grandes roues qui, en tournant, la faisaient brusquement basculer.

Une autre espèce d'engin, décrit sous le nom de *mangonneau*, *bricole*, *trabuch*, etc., consistait en un affût de bois, formé d'épais madriers assemblés d'équerre. Entre les deux pièces latérales, on tendait des nerfs, des cordes de chanvre, ou des crins fortement tordus. Au milieu de ces cordes tordues s'élevait une perche, nommée *style* par les Romains au temps d'Ammien-Marcellin, et que le chevalier Folard, qui a reconstruit cette machine, appelle un *cuilleron*. Par l'action des cordes tendues, le style est ramené en avant contre une traverse élevée au-dessus de l'affût. Elle est garnie d'un fort coussin pour amortir le choc. Des hommes placés à un treuil, au bout de l'affût, abaissent le style horizontalement et tendent ainsi les cordes, de même que l'on bande une scie en faisant mouvoir sa clef. Le style peut être fixé momentanément à la partie postérieure de l'affût par un crochet qui se meut au moyen d'un *déclic*, espèce de détente. On charge alors l'engin, en plaçant un projectile dans la cuiller qui est à l'extrémité du style. Dès qu'on lâche le déclic, le style, violemment ramené contre la traverse par l'action des cordes tordues, lance avec force le projectile qu'il porte. Selon Vitruve, il y avait des catapultes qui lançaient des pierres de deux cent cinquante livres. On peut voir, dans son dixième livre, les détails de la construction de ces engins et les règles d'après lesquelles il établit le rapport qui doit exister entre le poids du projectile et le diamètre des cordes tordues.

Le recul ou plutôt les réactions de cette machine étaient telles, dit Ammien-Marcellin, qu'elles auraient ébranlé et renversé les plates-formes sur lesquelles on les mettait en batterie, si l'on n'avait eu la précaution de placer sous l'affût un lit épais de paille ou de gazon. Cette espèce de matelas décomposait le contre-coup qui suivait chaque décharge.

Du temps de l'historien d'après lequel nous donnons ces détails, le style était retenu dans la position horizontale au moyen d'une cheville et d'un crochet. L'ingénieur, chargé de pointer, lâchait le style en faisant sauter la cheville d'un coup de maillet. Ce procédé un peu barbare paraît avoir été perfectionné au moyen âge. C'était une détente, un *déclic* qui mettait le style en liberté : de là le mot *décliquer*, fréquemment employé par nos anciens écrivains, dans le sens de décharger un projectile. On l'appliqua même aux canons, bien qu'ils n'eussent pas de déclic.

On pointait les bricoles, en haussant ou abaissant, au moyen de coins de bois, un des petits côtés de l'affût, en allongeant ou raccourcissant le style ; enfin, on augmentait la force de torsion des cordes en les arrosant d'eau.

On conçoit que des pierres de cent livres, frappant coup sur coup une muraille, pouvaient y faire brèche ; cependant, l'usage le plus ordinaire des bricoles était d'écraser les toits des maisons et de briser les *hourds* élevés sur les remparts. On lançait, par le même moyen, des boulets incendiaires et des vases remplis de matières inflammables. Une chronique d'Alsace mentionne un singulier moyen d'attaque employé avec succès contre un de ces petits tyrans féodaux qui, retranché dans un château bien fortifié, mettait toute une province à contribution. Il était assiégé par les milices de Strasbourg. L'ingénieur de cette ville, qui était en même temps le doyen de la corporation des orfévres, fit venir dans son camp toutes les immondices, toutes les charognes qu'on put trouver aux environs. Chargées de ces singuliers projectiles, les bricoles strasbourgeoises tirèrent pendant trois jours sur le château. On était à l'époque des plus grandes chaleurs. La garnison, resserrée dans un petit espace et accablée par cette pluie hideuse, ne put résister à l'infection et mit bas les armes. Ce moyen étrange de prendre les places est d'ailleurs enseigné dans un manuscrit curieux de la Bibliothèque nationale, et voici, d'après ce manuscrit, la machine qui sert à lancer soit du feu, soit des immondices. C'est une poutre mobile sur un axe, chargée à l'une de ses extrémités de rondelles de fer fort lourdes. A l'autre bout de la poutre est attachée une espèce de fourche, et une corde terminée par un œil, qui s'engage dans un crochet. On place le projectile sur la fourche, et on l'assujétit au moyen de la corde ; puis, avec un treuil, on fait basculer la poutre, jusqu'à ce que l'extrémité chargée d'un poids soit élevée en l'air. Si on fait cesser tout à coup l'action du treuil, la poutre pivote rapidement sur son axe, le contre-poids s'abaisse, et la force centrifuge fait échapper l'œil, du crochet. Alors, le projectile dirigé par la fourche est lancé au loin. L'auteur du manuscrit suppose que cette machine est placée sur un vaisseau, et protégée par un mantelet.

On voit, dans les musées, des arbalètes gigantesques qui, montées sur des affûts, lançaient des traits énormes. Je ne sais si l'usage en fut aussi fréquent au moyen âge que chez les anciens. Au siége de Marseille par Jules César, les assiégés décochaient, avec leurs balistes, des pièces de bois longues de douze pieds et garnies d'une pointe de fer, qui perçaient quatre parapets d'osier avant de s'enfoncer en terre [1]. L'arc de ces balistes n'était point en acier, mais en bois. Il se composait de deux pièces, chacune engagée, comme le style de la catapulte, dans des cordes tordues, mais tendues verticalement. L'élasticité du bois, jointe à

1. César, *Commentaires*, liv. II.

la torsion des cordes, imprimait aux traits une rapidité prodigieuse.

Il semblerait, par la description très-peu claire que donne Ammien-Marcellin de la baliste, que cette machine n'était qu'une catapulte dont le style chassait une flèche placée dans une rainure servant à la diriger. Le style de la baliste, comme celui de la catapulte, était mû par l'action de cordes tordues.

L'usage des machines que nous venons de décrire subsista assez longtemps après l'invention de la poudre. On voit, dans les guerres du XIV° siècle, notamment aux siéges de Tarazona, de Barcelone et de Burgos, les *trabuchs* employés en même temps que les canons. Le perfectionnement de cette artillerie nouvelle, qui permettait de battre en brèche à une distance assez grande, fit abandonner les engins de bois et de cordes, vers la fin du XV° siècle. Bientôt après, une grande révolution s'opéra dans l'art de l'attaque et de la défense des places. On inventa les bastions qui, s'avançant dans la campagne et se protégeant les uns les autres, éloignaient l'assaillant beaucoup plus efficacement que les tours construites autrefois dans le même dessein.

L'histoire de ce grand changement n'entre point dans le plan de ce travail ; nous nous bornerons à en remarquer un des principaux résultats. Le perfectionnement de l'artillerie n'a point rendu la guerre moins meurtrière, comme on le croit trop facilement; et, si l'on compare les campagnes de Napoléon à celles de César, on ne sait lesquelles ont fait couler le plus de sang. Mais la découverte d'un instrument de destruction qui ôte sa supériorité à la force physique, et, il faut le dire, à la force morale, a donné aux masses un irrésistible avantage. Autrefois, il fallait une trahison pour qu'un million d'hommes triomphât de trois cents Spartiates retranchés aux Thermopyles; aujourd'hui, un ingénieur calcule, à quelques kilogrammes près, ce que coûtera de fer et de poudre la place la mieux défendue. La victoire est désormais assurée aux gros bataillons; et, s'il faut s'applaudir de n'avoir plus à craindre les petites tyrannies de castes privilégiées qui affligèrent le moyen âge, n'est-il pas à craindre que des nations puissantes n'abusent de leur force pour opprimer des peuples généreux, trop pauvres pour exposer à leurs envahisseurs un nombre suffisant de fusils et de canons?

1843-1851.

IV

CONSTANTINOPLE

EN 1403

Henri III, roi de Castille et de Léon, envoya, en 1403, à Tamerlan, une ambassade dont faisait partie Ruy Gonzalez de Clavijo, qui, à son retour, offrit à son maître le journal de son voyage. Cet itinéraire, extrêmement curieux, fut publié pour la première fois en 1582, par Argote de Molina, sous le titre de : *Historia del gran Tamorlan. Itinerario y enaracion del viage y relacion de la embajada que Ruy Gonzalez de Clavijo le hizo por mandado del muy poderoso rey y señor don Eurique Tercero de Castilla. En Sevilla, in-fol.* La seconde édition, qui fait partie de la grande collection in-4° des chroniques espagnoles, est de 1782. C'est de cette édition que j'ai extrait le morceau qu'on va lire, et qui contient une description des monuments les plus remarquables de Constantinople à l'époque ou Clavijo y arriva, c'est-à-dire à la fin de l'automne de 1403.

Clavijo, comme on peut le penser, n'était ni un archéologue ni un architecte, mais c'était un bon observateur. On a de lui une description de la girafe, qu'il appelle *jornufa*, très-supérieure à toutes celles que, d'après d'autres voyageurs modernes, on avait du même animal il y a moins de cinquante ans. Je cite ce fait comme preuve que Clavijo savait *voir*. Son style a les défauts de son époque, phrase embarrassée, quelquefois obscure, répétition des mêmes mots, nul artifice dans l'arrangement de ses périodes. En essayant de le traduire, j'ai reconnu qu'il était impossible d'être exact si l'on se servait de notre français moderne, et j'ai été conduit involontairement à chercher dans notre vieux langage des formes qui se prêtassent mieux à rendre la naïveté de l'original.

..... « La première chose qui fut montrée aux ambassadeurs, fut une église de saint Jean-Baptiste, qu'ils appellent Saint-Jean-de-la-Pierre [1], laquelle église est proche du palais de l'empereur.

---

1. Probablement Saint-Jean, ἐν'Ἑϐδόμῳ. V. Procope, *De ædificiis*, lib. I, cap. 8. J'ignore le motif qui aurait fait donner à cette église le surnom que cite Clavijo.

Et d'abord, au-dessus de l'entrée de la première porte de cette église, il y avait une figure de saint Jean très-riche et bien pourtraitée d'ouvrage de mosaïque ; ensemble avec cette porte un haut pavillon [1] porté sur quatre arceaux, et faut passer dessous pour entrer au corps de l'église ; et le *ciel* [2] dudit pavillon et ses parois sont imagés d'images et de figures très-belles, en œuvre de mosaïque, c'est à savoir certains morceaux très-petits, desquels les uns sont dorés d'or fin, aucuns d'émail bleu, blanc, vert, rouge et de beaucoup d'autres couleurs, comme il est convenable pour pourtraire les figures, images et *entrelacs* [3] qui là sont représentés. Et croyez que c'est œuvre étrange à voir. Et tôt après ledit pavillon, on trouve une grande cour entourée de maisons à galeries hautes [4], avec arceaux en bas [5], et dans ladite cour beaucoup d'arbres et de cyprès. Et contre la porte par où l'on entre au corps de l'église, il y a une

---

1. *Chapitel*, dôme, flèche, amortissement d'une construction plus haute que large.
2. *Cielo*, toit, voûte, plafond. J'ai traduit littéralement pour conserver l'ambiguïté de l'expression originale.
3. *Lazos*.
4. *Casas sobradadas*. Dans l'espagnol moderne, il faudrait traduire : maisons ayant des greniers. Il s'agit ici, je pense, de galeries découvertes élevées qui, dans l'ancien langage, s'appellent également *sobrados*.
5. *Portales*, portiques.

belle fontaine sous un dôme porté sur huit *colonnes* [1] de pierre blanche, et le bassin de la fontaine est d'une pierre blanche. Et le corps de l'église est comme une grande *salle* ronde [2]; et au-dessus un dôme, lequel est très-élevé et porte sur des colonnes de jaspe vert. Et en face, quand on entre, on a devant soi trois chapelles, petites, dans lesquelles il y a trois autels, desquels celui du milieu est le principal, et les portes de la chapelle du milieu sont couvertes d'argent doré. Et auxdites portes il y a quatre colonnes de jaspe, petites, et dessus, certaines bandes ou *rubans* [3], d'argent doré qui les croisent et y font la croix, et sont garnies de toute manière de pierreries. Et aux portes desdites chapelles sont certaines cloisons en drap de soie, afin que, lorsque le prêtre s'en va dire la messe, on ne le voie point. Le ciel de ladite salle est très-riche et ouvragé d'œuvre de mosaïque. Et dans le ciel en haut on voit une figure de Dieu le Père, et les parois de ladite chapelle sont ouvrées de même, jusque bien près du pavé, puis de là jusqu'au sol,

1. *Marmoles*, mot à mot, marbres. *Marmol* se prend aussi pour pilier ou colonne de marbre. Colonne est le sens que ce mot a le plus généralement.
2. *Cuadra redonda*. Grande salle de réception. Clavijo désigne toujours ainsi le grand espace vide, couvert d'une coupole, au centre d'une église grecque. On verra qu'il ne faut pas prendre cette épithète de ronde à la lettre.
3. *Cintu*, ruban.

ce sont dalles vertes de jaspe, et le pavé est de dalles de jaspe de beaucoup de couleurs à toutes manières d'entrelacs, et ladite chapelle est bordée tout alentour de chaires de bois taillé, très-bien ouvrées, et entre chacune il y a comme un *brazero* de cuivre, avec de la cendre, où le monde crache, afin qu'on ne crache pas sur le pavé. Aussi beaucoup de lampes d'argent et de verre. Et dans ladite église il y a beaucoup de reliques dont c'est l'empereur qui a la clef. Et ce jour leur fut montré le bras gauche de saint Jean-Baptiste, lequel est depuis l'épaule jusqu'à la main, et ce bras fut brûlé et n'y a rien d'entier hormis la peau et l'os; et les jointures du coude et du poignet sont garnies d'or avec des pierreries. En ladite église, il y avait beaucoup d'autres reliques de Jésus-Christ, mais les ambassadeurs ne les virent pas ce jour-là, pour tant que l'empereur était allé à la chasse, laissant les clefs à l'impératrice sa femme, laquelle, les donnant, oublia de donner quant et quant celles qui ouvraient lesdites reliques. Mais ensuite, un autre jour, elles leur furent montrées comme il sera dit et raconté tout à l'heure. Et ladite église est monastère de moines religieux; ils ont un réfectoire dans une salle haute très-grande, et au milieu il y a une table de marbre blanc de trente pas en longueur, et devant force siéges de bois, ensemble vingt et un bancs [1] de pierre blanche, qui servent comme de dressoirs pour mettre la vaisselle ou les viandes; semblablement trois autres tables de pierre aussi, mais plus petites. Dans l'intérieur du monastère, il y a force vergers, vignes et assez d'autres choses qui ne se peuvent raconter en bref.

Puis, le même jour, s'en allèrent voir dans une autre église de Sainte-Marie, qui a nom Péribélique [2], et à l'entrée de ladite église, se voit une cour avec cyprès, noyers, ormeaux et beaucoup d'autres arbres, et le corps de l'église, du côté du dehors, est tout imagé d'images et de figures de toutes façons, riches et faicticement travaillées d'or, azur et autres couleurs. Et d'abord, en entrant au corps de l'église, à main gauche, il y avait force images figurées, et, parmi, une image de sainte Marie, et tout contre, d'un côté, une image d'empereur, et de l'autre côté, une image d'impératrice, et, aux pieds de l'image de sainte Marie, sont figurés trente

---

1. *Poyos,* bancs de pierre. Il s'agit ici d'espèces de servantes en pierre, probablement adaptées à la muraille, car *poyo* n'indique pas un banc isolé. C'est, à proprement parler, un banc à la porte de la maison.

2. Lisez *Peribolique,* c'est-à-dire Sainte-Marie-de-l'Enceinte, des remparts. On voit le sens de ce mot dans Procope. « Ces églises, dit-il (*De æd.* I, chap. 3.) étaient placées en ce lieu pour qu'elles fussent les gardiennes invincibles de l'enceinte de la ville. Οπως δὴ ἀμφω ἀκαταγώνιστα φυλακτηρια τῶ περιβολῶ τῆς πόλῃως εἶεν. » Les Grecs l'appelaient Sainte-Marie-de-la Fontaine : εν πηγῇ.

châteaux et villes avec les noms de chacun écrits en grec. Et leur fut dit que lesdites villes et châteaux étaient du domaine de ladite église, donnés à icelle par un empereur qui l'avait dotée, lequel avait nom *Romain*, et y est enterré. Et aux pieds de l'image susdite sont appendus certains priviléges écrits sur *acier* [1] scellés de sceaux de cire et de plomb, et dit-on que ce sont les priviléges que l'église avait reçus desdites villes et châteaux. Au corps de l'église il y a cinq autels. Or, le corps de l'église, c'est une salle ronde, très-grande et haute, et porte sur des piliers [2] de jaspe [3] de beaucoup de couleurs. Et le pavé et les parois sont semblablement revêtus de dalles de jaspe. Ladite salle est bordée tout autour de trois *nefs* [4] qui s'y joignent, et le ciel couvre tout ensemble, salle et nefs, et est ouvré fort richement de mosaïque. Et, dans un bout de l'église, à main gauche, il y avait une grande sépulture de pierre de jaspe rouge, où repose ledit empereur Romain, et disait-on que jadis cette sépulture fut

1. *En acero.* Probablement il y a une faute dans le manuscrit. C'est, je suppose, en lettres d'or qu'il faut lire. Dans la vieille orthographe espagnole, on trouve quelquefois *auro* pour *oro*. La méprise du copiste s'explique alors facilement.
2. *Marmoles* ici ne peut se prendre que pour des piliers.
3. *Jaspe de muchas colores.* Il paraît que notre auteur appelle jaspe non-seulement la pierre de ce nom, mais encore tous les marbres de couleur, le granit, etc.
4. *Naves.*

couverte d'or avec force pierreries enchâssées, mais que, lorsque les Latins gagnèrent Constantinople, il y avait quatre-vingt-dix ans [1], ils volèrent ladite sépulture. Dans la même église, se voyait une autre grande sépulture de pierre de jaspe et en icelle un autre empereur enterré. Semblablement il y avait l'autre bras du bienheureux saint Jean-Baptiste, qui fut montré auxdits ambassadeurs. C'était le bras droit, depuis le coude en bas, avec la main, et paraissait frais et sain, et combien que l'on dise que le corps du bienheureux saint Jean fut brûlé, hormis le doigt de la main droite, dont il avait montré le Sauveur en disant : *Ecce agnus Dei*, ce nonobstant, tout le bras susdit était sain et entier comme il semblait. Il était enchâssé dans des *verges* d'or déliées [2] et le pouce manquait, et la raison pourquoi, disent les moines, était telle : Dans la ville d'Antioche, ce disaient-ils, au temps qu'il y avait des idolâtres, soulait exploiter un dragon, et ceux de la ville avaient accoutumé de donner chaque année une personne vivante à manger audit dragon. Et jetaient les sorts, à celui à qui tombait le sort, fallait qu'il fût mangé dudit dragon, et ne le pouvait amender. Or, le sort tomba

---

1. C'est une erreur. Constantinople fut prise par les Latins en 1204.

2. *Vergas.* C'est un travail de filigrane.

en ce temps à la fille d'un prud'homme, lequel, voyant qu'il ne pouvait faire autrement qu'il ne donnât sa fille au dragon, en eut grand dépit au cœur, et, dans son chagrin pour sa fille, s'en vint à une église de moines chrétiens, qui demeuraient dans ladite cité, et dit aux moines qu'il avait ouï comment Dieu avait fait miracles par saint Jean; que pourtant il croyait que ce fût vérité, et voulait adorer son bras qu'ils avaient en garde. Et lui demanda qu'en outre des miracles que Dieu Notre-Seigneur avait faits par lui, il voulût faire celui-ci, et lui accorder cette grâce que sa fille ne mourût pas de si malemort, comme d'être mangée par icelle bête, et qu'il la délivrât de ce péril. Par quoi les moines touchés de compassion lui montrèrent le bras susdit, et, se mettant à genoux pour l'adorer, outré de douleur, pensant à sa fille, coupa avec les dents le pouce du glorieux saint Jean, et le détacha et l'emporta dans sa bouche sans être vu des moines. Puis, quand vint le moment de donner la pucelle au dragon, et que la bête ouvrait la gueule pour la manger, alors il lui lança le doigt du bienheureux saint Jean dans la gueule, dont le dragon creva sur l'heure, ce qui fut un grand miracle. Ce pourquoi cet homme se convertit à la foi de Jésus-Christ.

De plus, leur fut montrée dans ladite église, une

petite croix, haute d'une palme, avec un pied d'or, et aux extrémités des verges d'or; et au milieu un petit crucifix : et était enchâssé dans un relief couvert d'or, et se pouvait ôter et remettre dans ladite croix, laquelle, disait-on, fut faite du même bois auquel Notre-Seigneur Jésus-Christ fut attaché, et était de couleur noirâtre, et fut faite quand la bienheureuse sainte Hélène, mère de Constantin, qui peupla la cité de Constantinople, y apporta la vraie croix, laquelle tout entière y fut charriée de Jérusalem, d'où on la fit chercher et déterrer. De plus, leur fut montré le corps du bienheureux saint Grégoire, qui était sain et entier. Et hors de l'église il y avait un cloître d'œuvre très-belle avec beaucoup de belles histoires. Et y avait-on figuré la verge de Jessé; c'est le lignage dont fut issue la Vierge sainte Marie. C'était œuvre de mosaïque tant merveilleusement riche et artistement travaillée, que celui qui l'a vue n'en a pas vu d'autre si merveilleuse. Dans ladite église y avait beaucoup de moines qui montrèrent aux ambassadeurs les choses susdites, ensemble un réfectoire très-large et haut; ensemble, au milieu, une table de marbre blanc si poli et artistement travaillé que rien plus; et au bout du réfectoire, il y avait deux autres petites tables de marbre blanc. Le ciel était tout d'œuvre de mosaïque, et sur les parois on voyait historiés en œuvre de mosaïque de beaux traits de l'histoire sainte depuis que l'ange saint Gabriel salua la Vierge sainte Marie, jusqu'à la naissance de Jésus-Christ Notre-Seigneur, puis comme il alla par le monde avec ses disciples, et toute la suite de sa bienheureuse vie, jusqu'à ce qu'il fût crucifié. Et dans ce réfectoire, il y avait quantité de bancs de pierre blanche, séparés les uns des autres, qui étaient faits pour poser la vaisselle et les viandes. Finalement, dans ce monastère, il y avait plusieurs maisons où demeuraient les moines, et aux maisons ne manquait rien de leurs appartenances, car il y avait jardins, eaux et vignes, en sorte qu'il semblait que dans ce lieu on eût pu asseoir une grande ville.

Le même jour, leur fut montrée une autre église qui s'appelle Saint-Jean ; c'est un monastère où demeurent beaucoup de moines religieux, qui ont un supérieur parmi eux. Et la première porte [1] de l'église est très-haute et très-richement ouvrée ; et après cette porte il y a une grande cour, et tout de suite on entre au corps de l'église, lequel est comme une salle ronde sans coins [2], très-haute, et

---

1. Il y a dans le texte *parte* pour *puerta*. C'est une faute évidente.
2. Tout à l'heure, il appelait ronde la salle de Saint-Jean-de-la-Pierre. Celle-ci est *ronde sans coins*. Il veut dire sans

est bordée de trois grandes nefs qui sont couvertes d'un ciel, les nefs et la salle. Il y a sept autels dans l'église, et le ciel de la salle et des nefs, ensemble les parois, sont d'œuvre de mosaïque trop richement travaillée a tout beaucoup d'histoires. Et la salle est soutenue par vingt-quatre piliers de jaspe vert, et lesdites nefs ont une galerie élevée [1]; cette galerie donne sur le corps de l'église, et là sont vingt-quatre autres piliers de jaspe vert. Et le ciel et les parois sont d'œuvre de mosaïque, et les *galeries* hautes [2] des nefs donnent sur le corps de l'église, et là, au lieu de balustrades, il y a de petites colonnes de jaspe; et hors du corps de l'église, il y avait une chapelle merveilleusement belle et ornée à tout œuvre de mosaïque, où se voyait très-richement pourtraitée l'image de sainte Marie, et bien semblait que ce fût en son honneur et révérence que fût bâtie la chapelle susdite. De plus, il y avait dans ladite église un réfectoire avec une grande table de marbre blanc et sur les parois du réfectoire virent historié en mosaïque le mystère du jeudi de la Cène, comme Notre-Seigneur Jésus-Christ était *assis* [3] à table avec ses disciples; et

doute que la première était un polygone qu'on peut inscrire dans un cercle.

1. *Sobrado.*
2. *Andamios*, galeries élevées, échafauds.
3. *Sentado*, assis, et non pas *couché* à la manière antique.

croyez que ne manquaient audit monastère aucunes dépendances accoutumées, comme maisons, fontaines, jardins et maintes autres choses.

Le lendemain leur fut montrée une place que l'on nomme *Hipodiame* [1], où l'on voulait faire joutes et tournois, laquelle est fermée de colonnes en marbre blanc, si grosses qu'il faut trois hommes pour les mesurer avec les bras, et hautes comme deux lances d'armes, voire plus. Et ces colonnes étaient dressées alentour en grande symétrie, au nombre de trente-sept [2], et étaient posées sur des bases blanches très-grandes, et au-dessus étaient fermées par des arcs qui allaient de l'une à l'autre, de manière qu'on pouvait aller tout le long par en haut; et en haut il y avait des galeries avec leurs balustrades [3] et leurs créneaux [4] plantés de part et d'autre, et ce parapet fait au-dessus des arcs était de hauteur à ce qu'un homme

---

1. Hippodrome. Il semble qu'à l'époque où Clavijo était à Constantinople, le souvenir des courses de chars fût perdu pour les Grecs eux-mêmes. Au reste, son guide ordinaire était un messer Hilario, Génois, marié à une fille naturelle de l'empereur Manuel Paléologue.

2. Il est probable que le nombre aura été mal copié. Peut-être faut-il lire 370.

3. *Antepechos.*

4. *Almenas,* créneaux. Il désigne aussi des acrotères. Les créneaux en Espagne, surtout ceux des murailles moresques, sont souvent découpés et comme dentelés. Le mot *almena* est d'origine arabe.

s'y appuyât de la poitrine, et était fait de pierres et marbres blancs taillés et découpés entre les galeries. Et le tout avait été fait pour qu'en ces galeries se tinssent les dames et damoiselles quand elles regardaient les joutes et tournois qui se faisaient en cette place. Et en avant de cette bâtisse [1], en lieu plan et uni, venait une rangée de piliers plantés au droit l'un de l'autre; et, après vingt ou trente pas, entre cette rangée de piliers, avait une assise de pierres [2] portée sur quatre piliers de marbre, et au-dessus une *chaire* [3] de marbre blanc avec quatre bases alentour, et de ces bases montaient jusqu'en haut quatre images de pierre blanche, grandes chacune comme un homme; et sur cette chaire et ce plancher se tenaient les empereurs quand ils regardaient les joutes et tournois [4]. Un peu en avant des piliers susdits, il y avait deux bases de marbre très-grandes, l'une sur l'autre, et chacune haute comme une lance d'armes, voire plus; et dessus quatre dés de cuivre, sur lesquels était dressée une pierre en manière de fu-

---

1. Clavijo veut parler de la Spina de l'hippodrome.
2. *Asentamiento*. Entablement, sans doute.
3. *Silla*.
4. Voilà sans doute une des explications de messer Hilario. Il est assez difficile de deviner ce qu'était cette chaire. Peut-être y avait-il là autrefois une statue. On sait qu'on décorait ainsi fréquemment la Spina.

seau [1], aiguë vers le sommet, laquelle pouvait bien être haute comme six lances d'armes, et ladite pierre était dressée sur ces dés sans y être scellée ni fixée par chose aucune, si bien que c'était merveille de voir une si grande pierre, si déliée et si aiguë, comment on l'avait pu poser là, par quel engin ou quelle force on l'avait pu dresser et fixer si haut; car elle est si élevée, que, venant de la mer, on la voit bien plus tôt que non pas la ville. Or dit-on que cette pierre fut ainsi posée en mémoire d'un grand exploit qui fut fait au temps où elle fut posée; et sur les bases au-dessous était écrit qui fit mettre là cette pierre et pour quel exploit. Mais, pour ce que l'écriture était en *latin-grec* [2], et qu'il se faisait tard, lesdits ambassadeurs ne se purent arrêter jusqu'à ce que vînt quelqu'un qui la leur sût expliquer; seulement, leur fut dit que c'était à l'occasion d'un trop grand exploit qu'elle avait été là placée, et de là en avant se continuait la rangée de piliers susdits, non point toutefois si hauts que les premiers, et dessus avait-on taillé et

1. L'obélisque.
2. *Latin-griego.* Notre auteur ne désigne-t-il point par ce terme bizarre le grec ancien, qui déjà était difficile à comprendre pour les habitants de Constantinople illettrés? Peut-être encore faut-il lire : *en latin y en griego*, en latin et en grec; l'inscription est effectivement en ces deux langues. Elle relate en vers très-prétentieux que l'obélisque fut élevé sous Théodose, par Proclus, en trente-deux jours.

peint les grands exploits qu'en ce temps faisaient les chevaliers et gentilshommes [1]. Et parmi ces piliers il y avait trois figures de serpents de cuivre, ou d'autres métaux [2], lesquelles étaient tordues ensemble comme une corde, et, en haut, leurs têtes s'écartaient l'une de l'autre ouvrant la gueule. Et l'on disait que ces images de serpents avaient été là placées par un enchantement qui fut fait, car dans la ville autrefois il y avait force serpents et telles autres bêtes venimeuses qui tuaient les hommes et les empoisonnaient ; et qu'un empereur qui régnait alors les fit enchanter au moyen de ces figures de serpents, ce pourquoi d'ores en avant elles ne firent oncques mal à personne dans la ville. Ladite place est fort grande et tout autour fermée de hauts degrés s'élevant les uns au-dessus des autres et fort élevés, et furent faits pour que s'y plaçât le menu peuple et vît le spectacle. Et sous les degrés il y avait de grandes loges [3] avec des portes donnant sur la place où s'armaient et se

---

1. Voyez dans Gyllius la description de ces bas-reliefs, dont quelques-uns se rapportent aux travaux pour l'érection de l'obélisque, les autres aux courses du cirque. (***De top.*** C. P. page 375.)

2. Cette colonne aux serpents a été élevée par Constantin, et, suivant Sozomène, ce serait le trépied consacré à Delphes par les villes grecques après la bataille de Platée (Gyll. ***De top***, C. P. 375).

3. *Casas*, maisons.

désarmaient les chevaliers ès joutes et tournois [1].

Et le même jour allèrent voir l'église qu'on appelle *Sancta-Sophia*. Et *Sancta-Sophia* vaut autant, en langage grec, comme vraie sagesse, c'est le fils de Dieu [2], sous lequel vocable fut bâtie cette église, et c'est la plus grande et la plus honorée et privilégiée de toutes quantes il y a dans la ville. Et dans cette église sont des chanoines qu'ils nomment *caloyers* [3], qui la servent comme église cathédrale et semblablement y officie le patriarche des grecs qu'ils nomment *marpollit* [4]. Et sur une place qui se trouve au-devant de l'église sont neuf colonnes de pierre blanche, les plus grandes et les plus grosses qu'homme ait oncques vues, je pense ; et au-dessus voyait-on leurs *bases* [5]. Et nous fut dit qu'au-dessus il y avait autrefois un grand palais bâti, où soulaient de réunir et tenir chapitre le patriarche et ses chanoines. Et en la même place, devant l'église, s'élevait une colonne de pierre [6], haute à merveille ; et au-dessus y avait un cheval

---

1. Clavijo explique tout ce qu'il voit d'après les idées chevaleresques de son temps.
2. V. Procope. *De æd.* T. I.
3. Du grec καλογέρος.
4. Probablement métropolitain, μητροπολίτη.
5. *Basas.* C'est un mot mis à la place d'un autre. Clavijo fait partout la même faute. Il faut lire *chapitcles*, chapiteaux.
6. Elle était portée sur un soubassement de sept assises de pierre formant escalier. (V. Procope, *De æd.* I, 2). La colonne

de cuivre, aussi haut et grand comme pourraient être quatre grands chevaux, et sur le cheval une figure de chevalier armé [1], aussi de cuivre, ayant en la tête un fort grand panache, ressemblant à une queue de paon [2]. Et le cheval avait des chaînes de fer qui lui traversaient le corps et s'attachaient à la colonne, afin qu'il ne tombât ni ne fût renversé par le vent. Or, ledit cheval est fort bien fait, et on l'a figuré avec un pied de devant et un pied de derrière levés, comme s'il voulait sauter à bas [3]; et le cavalier a le bras droit levé et la main ouverte, et de la main gauche il tient les rênes du cheval. Et il a dans la main une *pelote* [4] ronde dorée. Or, le cheval et le chevalier sont si grands, et la colonne si haute, que c'est chose trop

se composait de plusieurs tambours (οὐ μονουδὴς μὲν τοι) assemblés avec art et reliés par des plaques et des cercles de bronze. Peut-être était-elle entièrement revêtue de métal.

1. Ἐςταλται δὲ Ἀχιλλεὺς ἡ εἰκών. La statue a l'air d'un Achille. (Procope, ib.)

2. « Une aigrette jetant des éclairs, suivant Procope, un astre d'automne. »

3. « Le cheval lève le pied gauche de devant comme pour en frapper la terre et rassemble l'arrière-main, en sorte que ses membres semblent prêts à se mettre en mouvement aussitôt que ce sera leur tour d'agir. » (Procope.)

4. *Pella*. Il tient de la main gauche un globe, par quoi l'artiste a donné à entendre que tout le monde obéit à l'empereur. Il ne porte ni lance ni épée, mais le globe est surmonté d'une croix, car c'est à elle qu'il doit ses victoires. (Procope, *ibid*.) — Consultez aussi l'anonyme, *De antiquitat. Const.*)

merveilleuse à voir. Et cette merveilleuse figure en haut de la colonne, on dit que c'est celle de l'empereur Justinien, qui l'a fait faire, comme aussi l'église, lequel fit en son temps de grands et notables exploits à l'encontre des Turcs.

Et, à l'entrée de l'église, au-devant de la porte, on voit un grand arceau porté sur quatre colonnes, et dessous il y a une petite chapelle très-riche et belle, et après la chapelle vient la porte de l'église, laquelle est fort grande et haute, couverte de cuivre [1], et au delà une petite cour, et autour, des galeries hautes. On trouve par après l'autre porte, revêtue de cuivre comme la première, et de cette porte on entre dans une nef fort vaste et élevée, qui a un ciel de bois; et, à main gauche, il y a un cloître très-grand et artistement fait, avec force dalles et colonnes de jaspe, de couleurs infinies; et, à main droite, sous ladite nef, couverte comme il a été dit, après la seconde porte, vous arrivez au corps de l'église, lequel a cinq portes hautes et grandes, couvertes de cuivre, dont celle du milieu est la plus haute et la plus grande; et, par ces portes, vous entrez au corps de l'église. C'est comme une salle ronde, la plus grande et la plus haute, ensemble la plus riche et belle qu'il y ait,

---

1. Cfr. l'anonyme *Antiq. C. P.* lib. IV, p. 74. Suivant cet auteur, les portes de Sainte-Sophie auraient été revêtues d'argent doré.

je crois, au monde. Et ladite salle est au centre de l'église, bordée alentour par trois nefs très-grandes et larges, communiquant avec la salle susdite, car il n'y a point de séparation marquée. Or, la salle et les nefs ont des galeries hautes donnant sur la salle, en sorte que, de là, on peut entendre la messe et les offices. Or, ces dites galeries communiquent par des escaliers les unes avec les autres, et sont portées sur des colonnes de jaspe vert; semblablement le ciel des nefs est porté par des colonnes, et va finir à la grande salle; mais celui de la salle, c'est un dôme, et s'élève bien plus haut que le ciel des nefs. C'est un dôme arrondi très-élevé, et croyez qu'il est besoin de bons yeux pour y voir lorsqu'on est en bas. La salle a en longueur 105 pas et en largeur 93, et repose sur quatre piliers très-grands et gros, revêtus de dalles de jaspe de couleurs variées, et d'un pilier à l'autre vont des arcs, montés sur douze colonnes de jaspe vert, très-hautes et grandes, lesquelles soutiennent ladite salle. Et de ces colonnes il y en avait quatre fort grandes, deux au côté droit et deux à gauche, lesquelles sont couvertes et colorées d'un enduit composé de certaines poudres faicticement composées, et les appelle-t-on *porfide* [1]. Quant au ciel de la

---

[1]. Clavijo a cru sans doute que le porphyre était composé artificiellement. Peut-être s'agit-il d'un enduit de stuc.

salle, il est peint et imagé en œuvre de mosaïque fort riche ; et, au milieu du ciel, au-dessus du maître-autel, se voit une image fort dévote de Dieu le Père, très-grande et naturelle, pourtraitée en œuvre de mosaïque de beaucoup de couleurs. Et si haute est la voûte où se trouve ladite image, que d'en bas elle ne paraît pas plus grande qu'un homme, ou bien peu davantage ; pourtant elle est si grande de fait, que, d'un œil à l'autre, on dit qu'il y a trois palmes ; et qui la regarde d'en bas, il la croit haute ni plus ni moins comme un homme ; jugez par là la grandissime hauteur dudit vaisseau. Et sur le carreau d'icelle salle, il y avait comme une chaire à prêcher, élevée sur quatre colonnes de jaspe et semblablement revêtue de jaspe de beaucoup de couleurs ; et ladite chaire était couverte d'un dôme reposant sur huit colonnes très-hautes, de jaspe de couleurs variées. Et là on prêchait ; ensemble y lisait-on l'Évangile les jours de fête. Et toute ladite église est revêtue de jaspe, aussi bien les parois comme le pavé ; ce sont de grandes dalles de jaspe de couleurs variées, artistement polies, lesquelles sont ouvrées et disposées en lacs et compartiments bien agréables à voir. Et partie des arceaux qui soutiennent ladite salle est revêtue de dalles de marbre blanc très-beau, où l'on a taillé force figures, toutes variées et naturelles ; et ladite partie ouvrée de la sorte est aussi haute qu'un homme debout en pied sur le pavé. Et de là en haut, c'est œuvre de mosaïque bien belle et riche. Et les galeries des nefs de ladite église règnent tout autour de ladite salle, sinon là où est le maître-autel ; et croyez que c'est chose qu'il fait bon voir. Et ces galeries ont bien en largeur quatre-vingt-dix pas, plus ou moins, et en longueur, dans leur pourtour, environ quatre cent dix pas. Et ces galeries et tribunes hautes, avec leur ciel, sont ouvrées de mosaïques, bien et faicticement. Et dans une paroi de l'une des susdites galeries, à main gauche en montant, on faisait voir une bien grande dalle blanche, enchâssée en ladite paroi, au milieu d'un nombre infini d'autres dalles, laquelle était de soi et par nature pourtraite et imagée, sans aucun artifice humain, non point sculptée ni peinte, et c'était la très-sainte et bienheureuse Vierge sainte Marie avec Notre-Seigneur Jésus-Christ dans ses très-saints bras ; et, à côté, le très-glorieux précurseur saint Jean-Baptiste. Et lesdites images, ainsi que je disais, ne sont ni peintes ni dessinées en couleur aucune ; aussi peu sont-elles taillées ou gravées, ains, sont ainsi faites par elles-mêmes, la propre pierre s'étant ainsi faite et formée avec ses veines propres et ses marques, qui dessinaient naïvement et au naturel les images susdites. Et fut dit aux ambassadeurs, que, quand ladite pierre fut tirée de la carrière et équarrie pour être posée en ce très-saint lieu, on vit ces très-merveilleuses et très-bienheureuses images ; et, ayant vu un mystère et miracle si grand, on mena ladite pierre dans ladite église, comme en la plus grande de la ville. Et noterez que lesdites images semblaient comme si elles fussent au milieu des vapeurs et nuées du ciel, lorsqu'il est clair ; ou bien comme s'il y eût eu devant un voile bien délié, d'autant plus merveilleuses qu'on eût dit que ce fût chose spirituelle que Dieu voulût ainsi montrer. Et au pied desdites images il y avait un autel et une petite chapelle où l'on disait la messe. Et, en outre, virent lesdits ambassadeurs dans ladite église un corps saint de patriarche, lequel était en chair et en os.

De plus, leur fut montré le gril sur lequel le bienheureux saint Laurent fut rôti. Et dans ladite église, il y a des citernes, souterrains et salles basses, qui sont choses trop étranges et merveilleuses à voir ; item beaucoup de bâtiments et toutes manières de dépendances, mais la plupart s'en va ruinant et perdant, joint à ce que près de l'église ce ne sont qu'édifices renversés ; et les portes par où l'en entrait à l'église sont tombées et bouchées, et on disait que le circuit de l'église, je dis par le dehors, s'étendait bien pendant dix milles [1]. Et dans ladite église avait une citerne très-grande sous terre, laquelle contenait beaucoup d'eau; si grande, que, disait-on, elle eût pu tenir cent galères [2]. Lesdits ambassadeurs virent tous lesdits ouvrages, et d'autres encore, si nombreux qu'on ne pourrait les décrire ni les nombrer en bref; tant est grand l'édifice et sa fabrique merveilleuse, qu'on n'aurait pas fini de le voir en bien du temps; et qui s'appliquerait à le voir chaque jour, chaque jour il verrait des choses neuves. Les toits de cette église sont couverts en plomb, et ladite église est très-privilégiée, mêmement que, si une personne, aussi bien un Grec qu'un homme d'aucune autre nation que ce soit, ayant commis un méfait, soit par vol, rapine ou meurtre, s'il s'y réfugie, on ne l'en tirera point.

Et le même jour lesdits ambassadeurs allèrent voir une autre église qui a nom Saint-George. Au-

---

[1]. Voir plus bas ce que dit Clavijo de l'enceinte de Constantinople. Probablement il confond l'étendue de la juridiction ecclésiastique de l'église avec son enceinte matérielle.

[2]. *Decian que podrian estar en ella cien galeas.* Est-ce une hyperbole grecque, ou bien Clavijo a-t-il mal compris son cicerone, qui lui disait peut-être qu'il y avait assez d'eau dans la citerne pour approvisionner cent galères? S'agit-il de la citerne nommée autrefois Βασιλική, la royale, aujourd'hui Yerebatan-Seraï, qui, au rapport du général Andréossi, s'étendait jusqu'à Sainte-Sophie?

devant de la première porte, il y a une grande cour avec plusieurs jardins et maisons, et le corps de l'église est au milieu de ces jardins; et devant la porte de l'église, en dehors, il y a un bassin pour baptiser, bien grand et beau, et au-dessus un dôme porté sur huit colonnes de marbre blanc taillé à toutes manières de figures; et le corps de l'église est très-élevé et tout couvert de mosaïque, et l'on y voit la représentation de Notre-Seigneur Jésus-Christ quand il monta au ciel. Le pavé de ladite église est aussi merveilleusement travaillé, étant couvert de dalles de porphire et de jaspe de plusieurs couleurs; et y voit-on force entrelacs très-délicats, comme aussi sur les parois. Et au milieu du ciel de ladite église on voit figuré Dieu le Père, en face de l'entrée, en œuvre de mosaïque. Ensemble est figurée la vraie croix, que montre un ange, entre les nuages du ciel, aux apôtres, ce pendant que descend sur eux le Saint-Esprit en figure de feu, et le tout en œuvre de mosaïque merveilleusement travaillée. Il y a encore dans ladite église une grande sépulture de jaspe, couverte d'un drap de soie : c'est là qu'est enterrée une impératrice; et, pour ce que la nuit approchait, lesdits ambassadeurs durent remettre au lendemain mercredi à retourner à Constantinople, ayant fait appointement de se trouver à la porte qu'on nomme

Quinigo, là où devait se rendre ledit messire Hilaire, avec chevaux pour les porter, afin qu'ils vissent le reste de la ville et des choses qu'elle renferme. Ce pourquoi lesdits ambassadeurs s'en revinrent à Péra, où ils étaient logés, et les autres susdits pareillement s'en furent à leurs maisons.

Le jeudi, premier jour de novembre, lesdits ambassadeurs passèrent à Constantinople, et trouvèrent ledit messire Hilaire et autres seigneurs de la maison de l'empereur, qui les attendaient à la porte de Quinigo, et ils montèrent à cheval et allèrent voir une église qui s'appelle Sainte-Marie-de-la-*Cherne* [1], laquelle église est dans la ville, près d'un château détruit où logeaient autrefois les empereurs, et fut détruit par un empereur, parce qu'il y fut pris par son fils, comme vous sera conté tout à l'heure. Or, ladite église de Sainte-Marie-de-la-Cherne servait de chapelle aux empereurs; et dans le corps de l'église, il y avait trois nefs, et celle du milieu était la plus grande et la principale, et la plus haute; les deux autres, au contraire, étaient assez basses, mais avaient des galeries qui donnaient sur la grande nef. Toutes les trois d'ailleurs étaient soutenues de la même manière, c'est à savoir sur des colonnes de jaspe, et d'icelles les *bases*

---

1. Blacheroe. Βλαχέρναι.

ainsi que les *chapiteaux* étaient taillés avec force figures et toutes manières d'ornements. Le ciel desdites nefs et leurs parois jusqu'à la moitié de leur hauteur, étaient de dalles de jaspe de couleur, assemblées avec grand artifice, et formant des entrelacs et des ornements magnifiques. Quant au ciel de la grande nef, il était encore plus riche, fait de bois avec de curieux caissons et assemblages, et tout ce ciel, caissons et solives, dorés de fin or, de sorte que, bien que l'église, en plusieurs de ses parties, fût mal en ordre et gâtée, ce nonobstant les ouvrages de ce ciel et sa dorure étaient aussi frais et brillants que si on eût achevé de les ouvrer; et dans la grande nef il y avait un autel fort riche et une chaire à prêcher riche également, et qui dut coûter cher. Pour ce qui est de la toiture, elle était couverte en plomb...

Le même jour, les ambassadeurs espagnols allèrent voir les reliques de l'église de Saint-Jean, que, faute de clefs, ils n'avaient pu examiner lors de leur première visite à cette église. Elles étaient renfermées dans une espèce de tour. Suit la description des reliques. — Dans le même coffre d'argent était le vêtement de Jésus-Christ Notre-Seigneur, lequel les chevaliers de Pilate jouèrent aux dés, et était ployé et scellé de sceaux, crainte que ceux qui viendraient le voir n'en dérobassent quelque pièce, ainsi que déjà il était arrivé. Une manche seulement était déployée et hors des sceaux, et le vêtement était doublé de *dimite* rouge qui ressemble à du cendal (gaze ou étoffe très-claire), et la manche était étroite et de celles qui s'agrafent, et était fendue jusqu'au coude. Il y avait trois petits boutons faits comme avec du cordonnet, semblables à des *attaches* de faucon [1], et les boutons, la manche et ce qui se pouvait voir du jupon semblaient d'un rouge pâle comme rosat, et telle était la couleur et nuance qui s'en approchait le plus, et ne semblait pas tissue, ains ouvrée à l'aiguille [2], et les fils paraissaient comme tordus trois par trois et très-serrés. Et quand les ambassadeurs allèrent voir lesdites reliques, les gentilshommes et manants de la ville qui le surent, vinrent aussi les voir, et tous pleuraient à chaudes larmes et récitaient des oraisons.

Et le même jour allèrent visiter un monastère de dames, appelé *Omnipotens* [3], dans l'église duquel

---

1. *Piguelas*. Probablement les nœuds ou grelots qui terminent les lacets qui retiennent les faucons.

2. Je suppose qu'il veut dire que cette robe lui semblait tricotée à la main et non tissue au métier, car il n'est pas probable qu'elle eût des coutures. « La robe était sans couture, d'un seul tissu depuis le haut jusqu'en bas. » (Saint Jean, XIX, 23).

3. Ce mot est également en latin dans le texte. Au nord de la quatrième colline de Constantinople. (V. Pocoke's travels, t. III, 130.)

leur fut montré un bloc de marbre taillé, de plusieurs couleurs, qui avait neuf palmes de long, et leur fut dit que sur icelle pierre avait été déposé Notre-Seigneur quand on le descendit de la croix; et sur icelle pierre étaient les larmes des trois Maries et de saint Jean, qui pleurèrent quand Notre-Seigneur Jésus-Christ fut descendu de la croix. Or, lesdites larmes semblaient proprement que fussent gelées, comme si en effet se fussent alors solidifiées par le froid.

Il y a encore dans ladite ville de Constantinople une église très-dévote qu'on nomme Sainte-Marie de la *Dessetria* [1]. Elle est petite, et y demeurent des chanoines religieux qui ne mangent point de viande ni ne boivent de vin. Pareillement s'abstiennent d'huile, graisse, et de tels poissons qui ont du sang. Le corps de leur église est orné de belles mosaïques, et dans icelle se voit une image pourtraite de sainte Marie, sur un marbre, laquelle, ce dit-on, fut faite, tirée et pourtraite de la propre main du très-glorieux et bienheureux saint Luc; et a fait et fait encore miracles tous les jours; et les Grecs ont en icelle grande dévotion et lui font grandes fêtes. Ladite image est peinte sur une table carrée, large de six palmes et longue d'autant, et pose sur deux

---

[1]. Λευτερεικ? Procop. *De ædif.*, I, 1.

pieds, et ladite table est recouverte d'argent où sont enchâssés force émeraudes, saphirs, turquoises, perles et autres pierreries. Et on la met dans un coffre de fer, et tous les mardis on lui fait une grande fête, ce pourquoi se réunissent grand nombre de religieux dévots et toutes manières de gens ; ensemble, nombre de prêtres d'autres églises. Et sur le point de dire les heures, on tire cette image de l'église et on la porte sur une place voisine ; et est si lourde qu'il faut pour la tirer dehors trois ou quatre hommes avec courroies et crochets ; et quand, à force de bras, ils l'ont tirée au milieu de la place, un chœur dit ses oraisons avec grands soupirs, gémissements et larmes. Étant en la place, vient un vieillard qui dit ses oraisons devant ladite image, puis tout seul il la prend très-souplement comme si elle ne pesait rien, et la porte en la procession et la remet tout seul en l'église. Et c'est merveille qu'un homme seul lève un si grand poids comme est celui de ladite image, et dit-on que nul autre homme ne la pourrait soulever, fors celui-là, parce qu'il descend d'une lignée où Dieu permet qu'on la soulève. Et, en certaines fêtes de l'année, ils portent ladite image en l'église de Sainte-Sophie avec grande pompe, pour la grande dévotion que les gens mettent en icelle.

Dans ladite ville, il y a une citerne bien belle à

voir. On l'appelle la citerne de Mahomet [1], laquelle a des voûtes de mortier, et elle est portée par des colonnes. Et on compte en icelle jusqu'à seize nefs, et son ciel pose sur quatre cent soixante-dix colonnes de marbre fort grosses, et en ce lieu se conserve beaucoup d'eau et il y en aurait en suffisance pour beaucoup de gens.

La ville de Constantinople est fermée d'une muraille haute et forte et de tours grandes et fortes, et sa forme est en manière de triangle. Et d'un angle à l'autre il y a six milles, ainsi le tour de toute la ville mesure dix-huit milles, ce sont six lieues. Or, deux côtés du triangle regardent la mer et l'autre côté la terre, et à un bout de l'angle que la mer n'environne pas, sur une hauteur, sont les palais de l'empereur. Et combien que la ville soit grande et de grande contenance, ce néanmoins est mal peuplée, car au milieu on voit des collines et des vallées où il y a des jardins et des terres à blé. Et parmi ces jardins sont des maisons comme celles

---

1. Procop. *De œdif.*, I, 11.
On peut expliquer ce nom en supposant que la personne qui possédait le manuscrit de Clavijo aurait écrit à la marge l'appellation moderne de cette citerne, et que cette note aurait été intercalée dans le texte lors de l'impression. S'il s'agit de la citerne nommée Ψιλοξενη, ou Bin-Bir-dirék, elle aurait contenu, suivant le général Andréossi, 1,237,909 pieds cubes d'eau.

des faubourgs, et cela au milieu de la ville. En outre, il y a dans Constantinople de grands édifices, maisons, monastères, églises, desquels la plupart sont tombés et ruinés ; mais il paraît manifestement que, lorsque cette ville était en sa jeunesse [1], ce dut être une des plus notables du monde. Et dit-on qu'aujourd'hui il y a bien encore trois cents églises tant grandes que petites. Au dedans de la ville il y a des puits et fontaines d'eau douce : notamment, sous l'église qu'on appelle *Saint-Apôtre*, il y a une partie d'un pont qui venait d'une vallée à une autre entre lesdits jardins et maisons, et par ledit pont venait autrefois l'eau avec quoi l'on arrosait ces jardins, aussi un chemin qui menait à l'une des portes de la ville, de celles qui conduisent en voiture à Péra. Au milieu de la rue où se tiennent les changeurs, il y a des ceps à demi enfoncés dans le sol, lesquels ceps sont pour ceux qui encourent quelque châtiment de prison ou transgressent quelque mandement ou ordonnance de la cité, comme ceux qui vendent de la viande ou du pain à faux poids. Telles gens met-on aux ceps en ce lieu, et on les y laisse de jour et de nuit, à la pluie et au vent, sans que personne s'en ose approcher. Et Constantinople est sur le bord de la mer comme

1. *En su juventud*, expression originale de Clavijo traduite littéralement.

je vous ai dit. Deux parts de la ville touchent à la mer, et en face est la ville de Péra, et entre les deux villes est le port. Et Constantinople est ainsi comme Séville, et la ville de Péra comme Triana, et le port et les vaisseaux sont au milieu. Et les Grecs n'appellent point Constantinople comme nous l'appelons, ains la nomment *Escomboli* [1]. »

1841.

---

[1]. Mot corrompu, comme le Stamboul des Turcs, du grec εἰς τὴν Πολιν. *Is tim Bolin,* à la ville, c'est-à-dire à Constantinople. Les Grecs appellent encore Constantinople ἡ Πολις, la ville par excellence.

V

LE RETABLE DE BALE

M. le ministre d'État vint d'acquérir pour le musée des Thermes et de l'hôtel de Cluny un des monuments les plus rares et les plus curieux qu'ait produits l'orfévrerie du moyen âge : c'est le fameux retable d'or donné à la cathédrale de Bâle par Henri II, empereur d'Allemagne. On sait que les objets d'art exécutés en métaux précieux parviennent difficilement à la postérité. Le prix de la matière qui s'ajoute au mérite du travail et de l'antique origine, dégoûte la plupart des amateurs, et la facilité de réaliser sur-le-champ une somme considérable, en transformant l'objet d'art en un lingot, est une grande tentation à chaque crise commerciale et politique. Aussi est-ce par une espèce de miracle qu'un bas-relief en or, haut de

1 mètre, large de 178 centimètres, est parvenu, du xie siècle en 1854, dans l'asile sûr d'un musée français.

Lorsque la Réforme triomphe à Bâle, au commencement du xvie siècle, quelques zélés protestants voulaient convertir en bons ducats les images des saints papistes offertes par le pieux empereur. Heureusement, le retable était considéré dans la ville comme une sorte de palladium, et, au lieu de le condamner à la fournaise, on se contenta de l'enfermer dans un des souterrains de la cathédrale, appropriée au culte nouveau. En vain l'évêque catholique dépossédé le réclama de ses ouailles rebelles ; en vain offrit-il, pour qu'il lui fût rendu, de renoncer à une somme très-forte que lui devaient les Bâlois. Le retable fut gardé sous terre et sous triple clef pendant près de trois siècles. Il fallut une révolution pour qu'il vît la lumière. En 1824, la guerre civile éclata dans le canton de Bâle. La ville et la campagne, l'aristocratie bourgeoise et la démocratie rurale en vinrent aux mains. Les bourgeois n'eurent pas l'avantage et n'obtinrent la paix qu'en consentant à la division du canton en deux souverainetés distinctes : Bâle-ville et Bâle-campagne. Mais les insurgés ne se contentèrent pas d'obtenir l'égalité des droits politiques, ils exigèrent, en outre, la moitié du trésor cantonal. Dans ce traité de paix, le retable courut grand risque d'être coupé en deux ; pourtant, il tomba tout entier en partage à Bâle-campagne.

Or, les hommes d'État de Liestall, excellents arquebusiers, étaient d'assez mauvais archéologues, et, sans le moindre souci pour la mémoire de Henri II, ils n'eurent rien de plus pressé que de vendre à l'encan le bas-relief d'or qui venait de tomber entre leurs mains. M. le colonel Theubet, de Bâle, l'acheta alors et le porta à Paris, où il offrit de le céder au gouvernement; mais, quoi qu'en pussent dire les antiquaires et les artistes, une si grande lame d'or effraya l'administration du Musée. Le retable fut promené dans la plupart des capitales de l'Europe. Partout il excitait l'admiration, mais il ne trouvait pas d'acheteur, du moins d'acheteur au gré du propriétaire. Le colonel Theubet, qui a servi sous le drapeau français, s'était fait un point d'honneur de ne le céder qu'à une de nos collections nationales. Pour réaliser son vœu, il lui a fallu trente années de patience. Récemment encore, il venait de refuser des offres très-avantageuses du musée royal de Berlin, lorsque M. le ministre d'État, qui avait examiné lui-même le retable et qui en appréciait toute l'importance, résolut d'en enrichir notre musée du moyen âge. Il chargea la commission des monuments historiques, instituée auprès de son département, d'en faire l'estimation, et aussitôt le colonel Theubet, avec le plus noble désintéressement, s'empressa de déclarer qu'il s'en rapporterait entièrement à cette évaluation. Une affaire traitée si rondement a été vite terminée. Aujourd'hui, le retable est devenu une propriété nationale et est inscrit au catalogue du musée de Cluny.

M. le colonel Theubet, qui, dans cette négociation, ne s'était préoccupé que de la destination à donner au retable, a voulu que son nom fût conservé sur le même catalogue, non-seulement comme vendeur, mais aussi comme donateur. Plusieurs objets curieux de l'art et de l'industrie du moyen âge viennent d'être donnés par lui au musée de Cluny. Citons d'abord une belle rose d'or, présent d'un pape à la cathédrale de Bâle, et qui a partagé les vicissitudes du retable. La fleur, d'un travail remarquable du xve siècle, est portée sur un pied de vermeil beaucoup plus ancien, qui paraît remonter au xiie, et qui, vraisemblablement, a servi de piédestal à une croix d'autel. Vient ensuite un grand tapis brodé d'or et de soie, aux armes des treize cantons suisses, de la fin du xviie siècle. Enfin, un bonnet de toile, orné de guipures, n'est pas le moins curieux des présents offerts par le colonel. Ce bonnet a servi à Charles-Quint. La finesse du travail, l'aigle impériale brodée à l'aiguille, le goût des ornements confirment cette illustre origine, attestée d'ailleurs par une inscription d'une écriture du xvie siècle, collée dans la boîte qui renferme le bonnet. La voici : *Gorro q[e] pertenecio a Carlos Quinto emperad[r]. Guardulo, Hijo mio, es memoria de Juhan de Garnica.* C'est-à-dire : « Bonnet qui a appartenu à l'empereur Charles-Quint. Garde-le, mon fils, c'est un souvenir de Juan de Garnica. » Je trouve dans l'excellent travail de M. Mignet sur Antonio Perez, un Garnica, trésorier de Philippe II en 1576 ; mais quelle fut la personne à qui ce financier légua le bonnet, c'est ce que je regrette fort de ne pouvoir dire. Quant au bonnet, je dois avouer qu'il a la forme d'un bonnet de coton ; mais il est en toile très-fine, et probablement a dû être porté sous une barrette, selon l'usage du temps. Dans un beau portrait du Titien qu'on voit au musée de Madrid, l'empereur est représenté coiffé d'une espèce de serre-tête dont le bord blanc paraît sous son casque. C'est peut-être le bonnet de Garnica.

Ce bonnet, qui a préservé des rhumes une si forte tête, et les cadeaux du colonel Theubet m'ont entraîné bien loin du retable de Henri II, dont je voudrais donner une courte description. J'ai dit que c'est un bas-relief d'or ; il est exécuté *au re-*

poussé, c'est-à-dire que les lames d'or ont été travaillées au marteau sur des moules, puis retouchées au burin. Les lames d'or, dont l'épaisseur varie selon la hauteur des reliefs, sont appliquées sur une table de bois de cèdre, et les reliefs sont remplis à l'intérieur avec une matière dure, probablement de la résine.

Cinq figures en pied d'environ 50 centimètres de hauteur sont disposées sous une arcature en plein cintre fort ornée, qui repose sur des colonnettes. Ce sont : le Christ au centre, un peu plus grand que les autres; à sa droite, l'ange saint Michel, puis saint Benoît; à sa gauche, les anges Gabriel et Raphaël.

Le Christ élève la main droite pour bénir, et de l'autre tient un globe sur lequel on voit son monogramme entre les deux lettres mystiques alpha et oméga. A ses pieds, prosternés dans une attitude d'adoration, paraissent deux petits nains, qui sont pourtant hautes et puissantes personnes l'empereur Henri II et sa femme Cunégonde. Sur l'archivolte de l'arcade sous laquelle est le Christ, on lit cette inscription :

REX REGVM ET DN-S DOMINANTIV.

Les anges sont représentés avec des ailes éployées et le costume consacré par la tradition, des robes talaires et des manteaux. Gabriel et Raphaël tiennent une espèce de sceptre; saint Michel un globe crucifère, ou peut-être une hostie. Il porte en outre une lance qui rappelle son combat contre le démon. Saint Benoît, en costume d'abbé, la crosse dans la main droite, tient de la gauche un livre fermé, peut-être la règle de l'ordre qu'il fonda. Toutes ces figures ont la tête entourée d'un nimbe couvert d'ornements délicieux et incrusté de cabochons. Entre les arcades, des médaillons présentent la personnification des quatre vertus théologales, *la Prudence, la Justice, la Tempérance, la Force*. La corniche au-dessus de l'arcature et le soubassement du bas-relief, très en saillie sur le fond des arcades, sont couverts d'arabesques et de rinceaux finement exécutés et d'une variété de motifs qui défie toute description.

Au premier examen de ce bas-relief, on est frappé d'une certaine élévation de style qui le distingue tout d'abord de nos sculptures du xie siècle. La correction remarquable du dessin, l'élégance des attitudes, l'heureux agencement des draperies, dénotent une école où se gardait encore un souvenir très-vif des grands modèles de la statuaire antique. Les figures de cette composition rappellent un peu les peintures des catacombes de Rome, mais on sent dans l'exécution une certaine recherche et un commencement de manière, indices d'un art qui cherche à se dégager des traditions de l'antiquité. L'artiste s'est complu dans les menus détails, mais il n'en abuse pas encore, comme on le fit bientôt après. Il est impossible d'admettre que ce bas-relief, placé dans la cathédrale de Bâle au commencement du xie siècle, soit l'œuvre de quelque *imagier* du Nord. Je doute fort qu'à cette époque il existât en Italie des artistes en état d'exécuter un semblable travail, et je pense qu'on ne peut l'attribuer qu'à un sculpteur de Constantinople ou du moins à un Grec possédant les traditions de l'école byzantine, florissante alors et particulièrement célèbre pour la toreutique. C'est à Constantinople que les Vénitiens firent fabriquer la *Palla d'oro* de Saint-Marc à peu près dans le même temps, et cette circonstance est une présomption nouvelle en faveur de l'hypothèse que je propose.

Henri II mourut en 1024. Des documents historiques conservés à Bâle établissent, dit-on, que le retable fut donné à la cathédrale dès avant sa consécration, laquelle eut lieu en 1019. D'un autre côté, selon une tradition fort respectable, l'empereur aurait envoyé ce présent à la cathédrale de Bâle, en reconnaissance de sa guérison miraculeuse obtenue par l'intercession de saint Benoît. L'anonyme, auteur de la vie de saint Henri, raconte que ce prince, tourmenté de la pierre, se rendit au Mont-Cassin, et que, là, il eut une vision pendant son sommeil. Il lui sembla que saint Benoît, fondateur du monastère, s'approchait de lui, tenant un couteau de chirurgien. Le saint fit une incision, retira la pierre, la mit dans la main de l'empereur, puis referma la plaie, dont toute cicatrice disparut aussitôt. On peut lire dans les Bollandistes la discussion de ce miracle ; je me bornerai, en passant, à faire observer à MM. les chirurgiens que l'opération de la pierre par le grand appareil doit être plus ancienne que frère Côme, puisqu'un auteur du XIIe ou XIIIe siècle y fait allusion. D'ailleurs, on voit que cette tradition ne s'accorde pas avec la date de 1019, attribuée au retable, car le voyage de Henri II au Mont-Cassin ne peut être antérieur à l'année 1022. Quoi qu'il en soit, la dévotion particulière et la reconnaissance de l'empereur pour saint Benoît sont attestées par le bas-relief même, où le saint occupe une place si importante. Une inscription dont il me reste à parler va nous en fournir une autre preuve.

Elle est gravée sur deux bandes, l'une au-dessus de l'arcature, l'autre sur le soubassement, et forme deux vers léonins qui me paraissent réunir les conditions de la belle poésie au XIe siècle : je veux dire la bizarrerie et l'obscurité. C'est un mélange de latin, de grec et d'hébreu, tel qu'un bénédictin pouvait seul en composer alors :

QVIS SICVT HEL MEDICVS FORTIS SOTER BENEDICTVS
PROSPICE TERRIGENAS CLEMENS MEDIATOR VSIAS.

Hel est le nom du Seigneur en hébreu. *Soter* et *usias*, pour ὀυσίας, sont des mots grecs, et la transcription du dernier en lettres romaines est un argument, après bien d'autres, en faveur de la prononciation italienne de l'*u* latin.

Comme il n'y a aucune ponctuation, le sens du premier vers est douteux. Si l'on met un point d'interrogation après *benedictus*, on peut traduire : « Quel médecin est, à l'égal de Dieu, puissant, sauveur, béni ? » (Je rends *fortis* par *puissant*. Si l'on se rappelle l'opération exécutée au Mont-Cassin, peut-être vaudra-t-il mieux dire *hardi*.) Que si l'on place le point d'interrogation après *soter*, un tout autre sens se présente, pas trop canonique peut-être : » Quel médecin fait des miracles comme le Seigneur ? » — Réponse : « Benoît. » Le second vers s'adresse au Christ, ou peut-être encore à saint Benoît, car je ne sais trop si l'épithète de *mediator* convient au Christ : « Regarde, médiateur clément, les êtres (ou les biens) terrestres. » Ce qui me semble plus probable, c'est que ces beaux vers n'ont pas été faits pour être compris. Le poëte, que j'ai supposé bénédictin, a peut-être eu peur d'élever trop haut son patron, et s'est tenu à dessein dans les nuages. Enfin, si l'on considère les difficultés du vers léonin, peut-être n'a-t-il pas trop su lui-même ce qu'il voulait dire, et il ne serait pas le premier poëte à qui cela serait arrivé.

Plusieurs églises ont eu autrefois des retables d'or. Aujourd'hui, il n'y a plus que Saint-Marc de Venise et la cathédrale de Milan qui en possèdent. La *Palla d'oro* de Saint-Marc fut commandée à Constantinople en 976; mais, selon Sansovino (Venetia), ne fut apportée à Venise qu'en 1102. Le retable de Milan date du ixe siècle et fut offert, dit-on, par un évêque, en expiation d'un outrage irréfléchi fait aux reliques de saint Ambroise. Il aurait eu l'indiscrétion de détacher une dent du saint chef pour la faire monter en bague. La dent étant retournée d'elle-même dans son alvéole, le prélat reconnut sa faute et se mit à l'amende. En France, la cathédrale de Sens a eu son retable d'or, qu'elle garda jusqu'en 1760. On en attribuait l'exécution à saint Éloi; mais il était en réalité de la fin du xe siècle. M. du Sommerard en a donné une description et un dessin dans son grand ouvrage, *les Arts au moyen âge*. Louis XV, pressé d'argent, fit, en 1760, un emprunt forcé à toutes les églises du royaume, et, bien que le chapitre de Sens fût riche, il envoya son retable à la Monnaie pour le changer contre des louis d'or. Pareil vandalisme n'est plus à craindre aujourd'hui, et la table d'or d'Henri II n'a plus qu'un danger à craindre : c'est que les arrivages de la Californie et de l'Australie ne lui ôtent un de ces jours le mérite de sa valeur métallique.

1854.

VI

ALBUM DE VILLARD DE HONNECOURT [1]

Il existe à la Bibliothèque impériale un manuscrit curieux provenant de l'abbaye de Saint-Germain-des-Prés : c'est, comme il semble, un cahier de croquis et de notes recueillis par un architecte du moyen âge. Willemin et A. Potier, éditeurs des *Monuments français*, qui ont consulté ce manuscrit et lui ont fait quelques emprunts, ne paraissent pas en avoir compris toute l'importance ; et M. Quicherat est vraiment le premier qui l'ait signalé à l'attention des archéologues et des artistes en le prenant pour l'objet d'une étude spéciale. C'était un jeu pour le savant professeur de l'École des chartes

---

[1] Manuscrit publié en *fac-simile*, annoté, etc., par J.-B.-A. Lassus et Alfred Darcel. Paris, imprimerie impériale, 1858.

que de lire une écriture du xiiiᵉ siècle, régulière et nette, quoique hardie ; mais ce qui offrait des difficultés considérables, c'était de trouver le vrai sens de notes désespérantes par leur concision, écrites dans le dialecte picard, et hérissées de termes techniques, inconnus à tous les glossaires. On pensera peut-être que les dessins sont d'un grand secours pour l'intelligence du texte ; malheureusement, il y en a beaucoup qui auraient eux-mêmes besoin d'une traduction, et quelquefois on ne sait trop si l'on a sous les yeux une élévation, un plan ou une vue perspective. Pour la plupart, ils ont été tracés par l'auteur, non comme une représentation graphique, mais comme une sorte de notation mnémonique à son usage particulier. Quelques obstacles qu'offrît ce grimoire, M. Quicherat les a surmontés avec une grande sagacité, et, après sa lumineuse analyse du manuscrit de Saint-Germain-des-Prés, publiée dans la *Revue archéologique* de 1849, la tâche de l'érudit semblait terminée. Il appartenait à un artiste de compléter les explications de l'archéologue et de les confirmer par l'autorité de son expérience pratique. Tel est le travail qu'avait entrepris M. Lassus et qu'il venait de terminer lorsque la mort l'a surpris, jeune encore, au milieu de la carrière brillante qu'il s'était ouverte. Peu d'architectes réunissaient comme lui la pratique de l'art de bâtir à des études approfondies sur le système des constructions civiles et religieuses du moyen âge. M. Lassus professait en outre une admiration passionnée pour l'architecture du XIIIe siècle, et l'album d'un maître de cette époque lui semblait une sainte relique qu'il était heureux de remettre en honneur. Rien n'a été négligé par lui pour que la publication de ce manuscrit dédommageât d'un long oubli la mémoire de Villard de Honnecourt. Des *fac-simile* d'une exactitude admirable, une interprétation développée, un commentaire perpétuel accompagné de dessins explicatifs vont faire jouir le public d'un trésor trop longtemps ignoré et seulement accessible aux visiteurs de la Bibliothèque impériale.

M. Darcel a recueilli les notes de M. Lassus, les a coordonnées et y a joint souvent d'utiles observations, fruit de ses études personnelles sur les monuments de notre pays.

Les artistes du moyen âge étaient modestes, et rarement ils ont pris quelque soin pour conserver leurs noms à la postérité. Je ne crois pas que Jean de Chelles ait composé lui-même les mauvais vers latins, sculptés sur le portail méridional de Notre-Dame, où on l'appelle *Magister Iohannes kallensis lathomus;* plus probablement, ils sont de la façon de quelque chanoine, son ami ou son protecteur. L'auteur de l'album, pourtant, nous a lui-même révélé son nom, et, dans l'espèce de prologue où il se fait connaître, il me semble voir la noble fierté d'un homme qui a la conscience d'avoir fait une œuvre utile.

« Wilars de Honecort vous salve, et si proie à tos ceus qui de ces engiens ouverront (travailleront) con trovera en cest livre, qu'il proient por s'arme et qu'il lor soviengne de lui, car en cest livre peut on trover grant consel de le grant force de maconerie et des engiens de carpenterie ; et si troveres le force de le portraiture, les trais insi come li ars de iometrie (géométrie) le command et ensaigne. »

Cette naïve préface, qui peut donner une idée de la langue et du style de l'auteur, me fait supposer qu'il avait réuni ses notes et ses croquis pour l'instruction de ses élèves et qu'il voulait les faire servir à son enseignement. En effet, la brièveté de la plupart des légendes explicatives aurait rendu le livre presque inutile, à moins d'un commentaire oral développé, et ce commentaire a pu se conserver assez longtemps dans une école particulière.

Mais quel était ce Villard, ou plutôt Guillard, pour donner à ce nom gothique la forme moderne? C'est ce que MM. Quicherat et Lassus vont nous apprendre en tirant de son manuscrit même des inductions aussi ingénieuses que solidement établies. Grâce à leurs patientes recherches, nous pouvons connaître en gros sa biographie. Selon l'usage de son temps, il tirait son surnom du lieu de sa naissance, Honnecourt, village du Cambrésis. Il voyagea en France, en Suisse et jusqu'en Hongrie. visitant les églises et les châteaux, s'informant des procédés de construction, colligeant des recettes de tout genre, dessinant des statues, des bas-reliefs, parfois même faisant des croquis d'après nature. C'était un observateur dans le genre de Léonard de Vinci, toujours préoccupé de son art et l'étudiant sans cesse la plume ou le crayon à la main. Quant à l'époque où il vivait, il suffirait de jeter les yeux sur son écriture pour y reconnaître la main d'un clerc du XIIIe siècle; mais, en relevant les dates historiquement connues des monuments observés par Villard et dessinés par lui lorsqu'ils étaient en cours de construction, MM. Quicherat et Lassus sont parvenus à préciser encore plus exactement l'époque des travaux et des voyages de l'architecte picard. Il florissait dans la première moitié du XIIIe siècle : « Il assista, dit M. Lassus, à la transformation de l'art roman et contribua pour sa part au développement du style gothique. » Il y contribua non point seulement par des conseils, mais, ce qui vaut toujours mieux, par des exemples. Le chœur de la cathédrale de Cambrai fut son ouvrage. En Hongrie, il bâtit une grande église à Strigonie, d'où l'on peut inférer que sa réputation devait être bien établie en France, pour que des étrangers lui confiassent des travaux importants. L'église de Strigonie est détruite, mais elle a laissé des souvenirs qui durent encore. On sait que toute construction remarquable ne manque jamais de produire des imitations dans un cercle plus ou moins étendu. L'architecture importée par le maître de Cambrai eut son école, et, encore aujourd'hui, le voyageur observe avec étonnement en Hongrie quelques églises d'un caractère tout français et qui semblent l'œuvre d'une colonie oubliée. Quant à la cathédrale de Cambrai, on en peut dire : *Etiam periere ruinæ*. Un plan en relief était le seul souvenir qui se fût conservé, et ce plan, enlevé par les Prussiens en 1815, est dans un musée de Berlin. Grâce à l'obligeance du conservateur, M. Lassus en a obtenu une copie exacte qui permet d'apprécier l'œuvre de Villard.

Personne, sans doute, ne sera surpris de trouver sur une des premières pages de l'album de Villard le dessin d'un mécanisme pour réaliser le *mouvement perpétuel*. Au XIIIe siècle, la recherche d'un pareil problème était excusable, et d'ailleurs nous ne pouvons pas savoir si Villard nous présente le fruit de ses veilles, ou s'il a seulement pris note d'une solution curieuse qu'il se proposait de vérifier à loisir. M. Lassus a constaté que le même mécanisme, retrouvé par quelque cerveau fêlé du dernier siècle, figure encore aujourd'hui au Conservatoire des arts et métiers en compagnie d'autres modèles non moins ingénieux et non moins inutiles.

Loin d'être un songe-creux, notre Picard, dans le reste de son ouvrage, fait preuve d'un esprit tout pratique. Tout ce qui, de près ou de loin, se rattache à son art, paraît avoir attiré son attention. La construction des voûtes, et particulièrement les procédés pour tracer les épures nécessaires à la constuction des arcs, ont été de sa part l'objet d'études constantes. En effet, l'art nouveau qu'il professait n'était en quelque sorte que le résultat de la découverte, encore toute récente, d'un système qui permettait de couvrir de vastes espaces au moyen d'une sorte d'*ossature* ou de charpente en pierre, formée d'arcs se croisant obliquement et portant leur poussée sur des points d'appui inébranlables. Une fois que les avantages de ce système furent reconnus et constatés par l'expérience, l'architecture gothique était inventée, et de la solution d'un problème longtemps cherchée découla comme un corollaire tout un système de construction régulier et logique. On remarquera, parmi les différentes méthodes pour le tracé des voussoirs d'arcs que Villard a notées, des procédés pour opérer ces tracés dans un espace très-restreint. Il faut se reporter au temps où il travaillait. Les monuments publics étaient pour la plupart entourés de maisons; les villes, resserrées dans leurs murailles, n'avaient que des rues étroites; les places mêmes étaient petites et souvent remplies de baraques. Lorsqu'on bâtit la cathédrale de Paris, où mit-on les matériaux de construction? où étaient les chantiers? C'est ce qu'il n'est pas facile de deviner. Probablement les pierres arrivaient toutes taillées de fort loin, à pied d'œuvre, et l'aire même de la cathédrale devait être encombrée. Il était donc essentiel de pouvoir tracer l'épure d'un grand arc, sur une table ou sur le plancher d'une chambre, et les élèves de Villard ne manquaient pas de recettes pour en venir à bout.

Je me sers à dessein de ce mot de recettes, car l'album me paraît être surtout un recueil de recettes. Il ne faut pas s'attendre à y trouver une méthode ni une forme didactique. L'art ne consistait guère alors qu'en observations isolées, attendant une théorie générale qui les réunît. Au lieu d'une théorie, le sentiment guidait les artistes, et donnait à leurs ouvrages un caractère d'unité qui ne se rencontre qu'aux époques de convictions profondes. Assurément ce caractère d'unité a marqué les monuments du xiii° siècle, et les adversaires les plus déclarés du style gothique ne pourront s'empêcher de le reconnaître, quel que soit d'ailleurs leur dédain pour les œuvres de ce temps. De même que l'*Iliade* a été chantée longtemps avant que les grammairiens se fussent avisés de trouver les règles du poëme épique, les monuments gothiques révèlent dans leur construction une harmonie qui a été comprise bien avant qu'on ait cherché à la réduire en principes.

Tous les croquis de Villard attestent cette forte et mystérieuse influence qui semble dominer la main et jusqu'à la pensée des artistes. Les statues et les bas-reliefs qu'il a dessinés, à quelque époque qu'ils aient appartenu, ont reçu comme une empreinte du xiii° siècle. Ce ne sont pas des copies, ce sont des traductions. Bien plus, ce caractère se trouve jusque dans les figures d'hommes ou d'animaux dessinées d'après nature. Il prend soin de nous apprendre qu'un certain lion qu'il avait vu dans ses voyages avait été par lui *contrefais al vif* (Pl. XLVII). Ce lion a l'air d'avoir été copié sur une sculpture au portail d'une église gothique. Remarquons en passant qu'un lion égyptien et qu'un lion grec ont aussi leur physionomie nationale, et ne ressemblent pas plus que le premier aux terribles animaux dont Gérard a juré l'extermination. N'y a-t-il pas dans ce phénomène qui impose un type de convention à l'imitation d'un objet naturel, quelque loi secrète, semblable à celle qui préside à la formation des mots? Une langue encore jeune et puissante emprunte les mots d'une autre langue, mais elle les fait siens en les marquant de son sceau. Dans sa décrépitude au contraire, cette force d'assimilation s'épuise, et l'instinct qui transformait les mots étrangers a perdu toute sa vivacité. Une érudition plus ou moins savante, des principes à l'usage d'un petit nombre d'adeptes, remplacent le sentiment national et populaire. Alors, à une langue uniforme et de *même voix* se substitue un jargon bizarre, assemblage de mots empruntés, et conservant chacun les traces de son origine. Avouons que nos pères, en transformant *cuneus* en coin, obéissaient à un instinct plus français que le latiniste moderne qui a forgé l'adjectif *cunéiforme*, et que *pointure* a une physionomie bien plus nationale que le mot d'*acupuncture*, à la création duquel nous avons assisté.

C'est un fait digne d'observation dans l'histoire de l'art, qu'à toutes les époques où il a brillé d'un vif éclat, ceux qui ont excellé dans un genre ont montré en même temps une aptitude singulière pour d'autres genres plus ou moins rapprochés de celui qu'ils ont cultivé de préférence. Je ne citerai point ici les peintres d'histoire qui ont réussi dans le paysage, car toute division dans l'art de la peinture est arbitraire, et celui qui ne saurait peindre que des arbres n'aurait pas plus de droit à être nommé peintre, qu'un homme sachant faire un orme, et pas autre chose, à s'appeler paysagiste. Mais on a vu de grands maîtres qui ont été tout à la fois peintres, graveurs, sculpteurs, architectes : n'en peut-on pas conclure que tous les arts du dessin se lient intimement, et que, par des routes différentes, ils tendent à un but commun? Si, pour exceller dans un genre, il faut s'y consacrer d'une manière à peu près exclusive, c'est que l'adresse de main, si nécessaire à l'artiste, ne s'acquiert que par une pratique constante. Quant au sentiment de l'art, à l'esprit qui doit l'animer et le dominer, il embrasse toutes les branches naissant du même tronc. Il en était ainsi à l'époque où Villard a vécu, et son album, comme la plupart des ouvrages du xiiie siècle, présente un caractère qu'on pourrait appeler encyclopédique. Tout ce qui touche aux arts du dessin lui semble de son domaine, et il note sur ses tablettes un procédé pour grouper des figures dans une composition, entre une épure de coupe de pierre, et le croquis d'un bas-relief qui orne une façade. Il voit un oiseau rare, une plante singulière, il les dessine en les modifiant, car déjà il leur a donné une destination dans un ensemble de décoration qu'il médite. Vraisemblablement aucun architecte son comtemporain ne s'en serait rapporté à un sculpteur pour la disposition d'un bas-relief, à un peintre pour la composition d'une peinture murale. S'il eût été hors d'état d'exécuter lui-même ces différents travaux aussi bien que les maîtres qui en faisaient leur occupation principale, du moins il aurait pu les diriger et combiner leurs efforts pour l'effet général de son œuvre. De là cette belle et surprenante unité de pensée et presque d'exécution dans les monuments gothiques. Tout semble conçu à la fois par le même esprit et fait par la même main.

L'album de Villard révèle un autre fait non moins remarquable, c'est la communauté de vues et l'association cordiale des artistes entre eux. Ils formaient alors une sorte de confraternité, où chacun, apportant sa quote-part de connaissances théoriques et pratiques, renonçait à sa personnalité au profit de tous ou pour la plus grande gloire de l'art lui-même. Une note de Villard nous apprend qu'il travailla avec Pierre de Corbie au plan d'une église à double collatéral autour du chœur, et un curieux croquis nous conserve le souvenir de leur commune étude d'un problème purement spéculatif, selon toute apparence. Ailleurs, Villard dessine le plan et l'élévation des chapelles de Reims, pendant que le même Pierre de Corbie en dirigeait la construction, et, au bas de son croquis, il met ces mots : « Les chapelles de Cambrai, si on les exécute, seront conformes à ce modèle. » Villard, nous l'avons déjà dit, était l'architecte de Cambrai ; ainsi, il n'hésitait point à s'approprier le plan de son confrère l'architecte de Reims, et, dans ce procédé, il n'y avait rien vraisemblablement qui blessât la susceptibilité de l'un ou qui coûtât à l'amour-propre de l'autre. Sans doute ils se considéraient comme associés à une même tâche, celle de glorifier Dieu et aussi de montrer la grandeur de leur art.

Bien que Villard ait beaucoup voyagé et qu'il ait visité des provinces où l'architecture romane a été cultivée avec succès et a produit des monuments très-remarquables, on chercherait en vain dans l'album quelques souvenirs d'un édifice appartenant à ce style. Les églises romanes de la Picardie, que nous admirons encore aujourd'hui, n'ont pas attiré son attention, pas plus que celles des bords du Rhin, non moins belles, et qui, produit d'un art étranger, devaient par cela même exciter davantage la curiosité d'un architecte français. Villard ne semble avoir étudié que les monuments de son temps et l'art nouveau qui prenait alors son premier développement; il n'a dessiné que des édifices gothiques en cours d'exécution; et on peut ajouter que, dans tous ses croquis, dans toutes ses notes, on suit son but pratique : il rassemble des matériaux pour une construction ou une décoration gothique. On le voit, cet art du xiiie siècle a trouvé dès son apparition des adeptes passionnés qui lui vouèrent un culte exclusif. L'amour véritable est intolérant, et, quelque éclat que l'art roman eût jeté dans le nord et le centre de la France, il fut abandonné au commencement du xiiie siècle par une sorte d'entraînement général, comme une mode surannée, lorsqu'une mode nouvelle règne par la grâce des arbitres du goût.

Si cette comparaison ne semble pas trop vulgaire dans une question d'esthétique, je la poursuivrai en remarquant que le public, en matière d'art comme en matière de modes, ne déteste rien tant que ce qu'il admirait la veille. Pour les hommes du xiiie siècle, le grand tort de l'architecture romane était d'avoir précédé le style gothique. Elle était l'ancien régime vaincu par la révolution. Cependant, ils ne confondaient pas tout le passé dans une haine aveugle. S'ils renonçaient avec empressement aux formes du xiie siècle, à cette architecture monastique imposée par une longue tradition, ils gardaient une grande estime pour les monuments de l'antiquité romaine encore debout dans plusieurs de nos provinces. Probablement ils étaient frappés comme nous de la puissance colossale qui les a élevés; mais pour eux la destination de ces édifices demeurait comme une sorte d'énigme, et ils n'y trouvaient rien qui convînt à leurs mœurs ou répondît à leurs besoins. A l'architecture antique ils ne firent que de rares emprunts, et seulement pour la décoration. La statuaire romaine, au contraire, devint pour les artistes du xiiie siècle un sujet d'études sérieuses. Cet art, qui, pour les admirateurs de la sculpture grecque, semble déjà frappé de décadence, offrait aux maîtres du moyen âge quelque chose de merveilleux, s'ils le comparaient aux ébauches des imagiers du xie siècle et aux compositions du xiie, plus finies, mais toujours roides et conçues dans un système conventionnel. On avait hâte de rompre avec la tradition byzantine qui avait régné si longtemps. L'art nouveau aspirait à une liberté nouvelle, et, de même que les républicains de 93 singèrent les institutions de Rome antique qu'ils ne comprenaient guère, les artistes du xiiie siècle crurent trouver dans la statuaire romaine le beau idéal de l'imitation de la nature qu'ils avaient rêvée. Telle fut, comme il semble, l'impression que reçut Villard en observant des bas-reliefs ou des statues antiques. On voit qu'il a mis un soin extrême à les copier, et, malgré le caractère gothique qui subsiste dans toutes ses imitations, il est facile d'y retrouver l'original antique. Je citerai entre autres (planche X) un monument singulier, orné de statues, qu'il désigne comme « la *Sepouture d'un Sarrazin*. » C'est, à n'en pas douter, un tombeau romain, comme il en a pu voir aux bords du Rhin ou du Danube. On croit reconnaître un Mercure dans le personnage revêtu d'une chlamyde dessiné planche LVII. Une figure nue, tenant un vase, devant une table où est placée l'image d'un empereur, me paraît représenter un athlète triomphant ; et si d'autres figures nues de la planche XLII ne sont pas des *académies* d'après nature, je serais tenté d'y voir encore la copie *arrangée* de quelque bas-relief antique. Observons que tous ces dessins représentent des personnages nus ou portant des draperies fort courtes, dont l'ajustement n'appartient ni au costume réel du xiiie siècle, ni aux conventions de la statuaire du moyen âge. A mon avis, c'est précisément la nudité de ces figures qui les a fait choisir par Villard, qui, je le suppose, avait conscience de l'infériorité de ses contemporains à rendre le nu. Galien recommandait aux chirurgiens de son temps d'étudier la structure des os et des muscles en disséquant des singes, qui pouvaient servir à faire connaître l'anatomie de l'homme; car, au second siècle de notre ère on n'eût pas opéré sur un cadavre humain sans grand scandale. C'est, je crois, par suite d'un préjugé semblable que les artistes du XIIIe siècle ont négligé presque complétement l'étude du modèle nu. En effet, le moyen d'expliquer autrement que par un préjugé religieux, comment des sculpteurs et des peintres, qui ont si bien réussi à rendre des draperies et même des têtes d'un caractère élevé, ont presque toujours échoué dans l'imitation des formes du corps humain? Villard, par exemple, agence ses draperies de la manière la plus noble, et souvent même ses têtes ont de l'expression, tandis que les bras et les jambes de ses personnages semblent dessinés par un enfant. On conçoit de quelle ressource était la statuaire antique pour des hommes avides de s'instruire et privés de modèles. Et ce n'est pas seulement l'album de Villard qui nous offrira la preuve de ces imitations de l'antique. Plusieurs des figures sculptées au portail de la cathédrale de Reims pourraient être citées, aussi bien que le Christ du portail de Charroux, qui semble copié d'après un Jupiter. On peut voir à Paris, au tympan du transept méridional de la cathédrale, un guerrier qui assiste au martyre de saint Étienne: si le galbe de cette statue ne suffisait pas à révéler une imitation de l'antique, son costume militaire, qui n'a rien du moyen âge, montrerait où l'on doit chercher son prototype. Il ne faut pas perdre de vue qu'au XIIIe siècle nos villes du Nord possédaient beaucoup plus de fragments antiques qu'elles n'en conservent aujourd'hui. Combien n'en avons-nous pas vu nous-mêmes qui n'existent plus !

J'ai dit en commençant que l'album de Villard contenait un assez grand nombre de mots techniques jusqu'alors inconnus. Réunis à la fin du volume, ils forment un vocabulaire assez considérable et des plus intéressants. La linguistique est redevable à MM. Quicherat et Lassus d'avoir fixé le sens de ces termes, et presque toujours leur traduction est parfaitement incontestable. Elle sera du plus grand secours pour l'intelligence d'une foule de documents sur lesquels se porte, depuis quelque temps, l'attention des érudits. Qu'il me soit permis cependant de présenter mes observations, ou plutôt mes doutes, sur deux passages du texte de Villard, que ses commentateurs n'ont pas traduit, ce me semble, avec une complète exactitude.

La planche II représente douze figures assises, couvertes de longues draperies, et tenant des phylactères. Elle est accompagnée de cette légende : *Ci poies vos trover les agies des XII apostres assis.*

M. Lassus a traduit: « La *figure* des douze Apôtres. »
Le glossaire, au mot *agies*, donne : « Attitude, disposition, représentation. » Il ajoute qu'ordinairement *agies* signifie *aisances*. Je regrette qu'aucun texte n'appuie cette dernière interprétation, qui ne me paraît fondée que sur la ressemblance du mot français avec l'italien *agio*; mais quelle est l'origine d'*agio*? Est-il antérieur ou postérieur à *agies*? Mon savant confrère M. Littré a bien voulu me communiquer quelques textes, dont aucun malheureusement n'est antérieur au xve siècle, et qui donnent le mot *agiaux* ou *agios*, avec le sens de parure, ornements, affiquets. Ménage remarque qu'à Paris on dit *les agios de la mariée de village*, c'est-à-dire sa parure. Le dictionnaire de Trévoux donne la même locution et la traduit de même. *Agies* est bien évidemment l'*agios* de Ménage; il faut donc interpréter : le costume, ou, comme on dirait aujourd'hui dans nos ateliers : l'*ajustement* des douze apôtres.

La planche LVIII contient le plan d'une machine de guerre, consistant en une longue poutre montée sur un axe et tournant dans un plan vertical. La partie la plus courte de cette poutre, à partir de l'axe, est chargée d'un contre-poids énorme. On élevait ce contre-poids en l'air en abaissant l'autre extrémité de la poutre, terminée par une sorte de poche ou de cuiller chargée d'un projectile. Si, dans cette situation, on abandonne la poutre à elle-même, elle tournera rapidement sur son axe, et le contre-poids, en retombant, chassera le projectile avec une grande force. Cet engin est donc une espèce de fronde gigantesque. On l'appelait, au moyen âge, *chatte*, *bricole*, *trébuchet*, etc. Son action était toujours déterminée par le jeu d'un contre-poids, et il n'avait rien de commun avec la catapulte des anciens, dont le projectile était lancé par la réaction de cordes tordues. Villard, en décrivant sa machine, avertit les artilleurs qu'il ne fait pas bon se trouver sur le passage de la poutre ou *verge*, dont le contre-poids est une grande huche pleine de terre. « Et al descocier de le *fleke* penses, et si vus en donez gard. » — Le mot *fleke*, flèche, a fait croire à M. Lassus qu'il s'agissait d'une machine à lancer des traits. Je ne le pense pas. *Fleke* peut, il est vrai, être un synonyme de *saiette*, sagitta ; mais ici le sens me paraît être *verge*, poutre rigide. On ne comprendrait pas, en effet, comment le long bras du levier lancerait une flèche. S'il venait la heurter par le mouvement du contre-poids, il la briserait probablement, au lieu de la chasser au loin. Si le trait était momentanément fixé sur la poutre d'où il se détacherait par l'effet de la bascule, son action serait infiniment moins puissante que celle d'une pierre ou d'un boulet de métal. En vain arguerait-on du rapprochement des mots *fleke* et *descocier*. Évidemment la flèche lancée par un tel engin n'avait pas besoin de *coche*, comme celle qu'on pose sur la corde d'un arc. Mais, le trébuchet étant mis en batterie, il fallait tenir pendant quelque temps la poutre immobile pour diriger le coup. A cet effet, une cheville maintenait l'extrémité abaissée de la poutre. Lorsqu'on voulait lancer le projectile, d'un coup de maillet on faisait sauter cette cheville. On obtenait le même résultat avec un mécanisme à échappement, semblable à celui qui lâchait la corde d'une arbalète, et qu'on nommait un *déclic*. *Décliquer*, *décocher*, sont termes synonymes et employés par nos anciens auteurs pour des engins lançant tout autre projectile qu'une flèche.

L'album de Villard m'a si longtemps arrêté qu'il ne me reste plus de place pour parler d'une dissertation de M. Lassus placée en tête du volume et qui est intitulée : *Considérations sur la renaissance de l'art français au* XIXe *siècle*. Je regrette peu de ne pouvoir rendre un compte détaillé de ce petit travail, qui n'est au fond qu'un plaidoyer en faveur de l'architecture gothique. Ce morceau, évidemment abandonné par M. Lassus à l'état d'ébauche, paraît avoir été écrit à une époque d'ardente polémique, avec une vivacité que justifiaient alors l'injustice et l'ignorance de quelques-uns des adversaires du style gothique. Maintenant que personne ne propose plus de démolir nos monuments du xiiie siècle, que leurs ennemis mêmes font semblant de les admirer, que, malheureusement pour l'art, il n'y a guère plus en France de goût exclusif que de convictions profondes, on lit avec quelque surprise l'argumentation passionnée de l'éditeur de Villard. Elle m'a rappelé la querelle si oubliée des classiques et des romantiques. M. Lassus a fait preuve de talent en défendant l'architecture du xiiie siècle, mais il a encore mieux soutenu sa cause en construisant de belles églises. Le philosophe devant qui on niait le mouvement, et qui marcha, n'avait pas besoin d'un discours pour ajouter à la force de sa démonstration.

1858.

VII

LES COURONNES
DU MUSÉE DE CLUNY

Tout le monde a vu et admiré au musée de Cluny les huit couronnes wisigothiques du viie siècle, dont la principale est une offrande du roi Reccesvinthe. M. le ministre d'État vient de compléter ce trésor si précieux par l'acquisition d'une neuvième couronne votive, trouvée dans le même lieu que les précédentes, à la Fuente de Guarrazar, non loin de Tolède. Le travail d'orfévrerie, le goût de l'ornementation aussi bien que la richesse de la matière prouvent qu'elle a la même date et probablement la même origine que les huit premières.

Le bandeau est une sorte de grillage en or soufflé, très-épais, composé de trois cercles réunis par des attaches verticales, et donnant lieu ainsi à deux rangées chacune de douze mailles ou carrés vides, l'une au-dessus de l'autre. Les barreaux de ce grillage, ou les côtés des carrés, sont légèrement renflés à leur milieu, un peu bombés à l'extérieur, plats à l'intérieur. Ils sont soudés les uns aux autres, et la soudure est faite avec de l'or, par un procédé qui, si je ne me trompe, n'est plus en usage depuis longtemps, si même le secret n'en est pas perdu. Chaque intersection des petits barreaux d'or est marquée par un chaton en relief qui renferme un saphir ou bien une coque de nacre, substance qui paraît avoir eu une valeur considérable au VIIe siècle, pour être ainsi enchâssée dans de l'or et associée à des pierreries aussi estimées que le saphir. A l'intérieur de chaque maille se balance une petite pendeloque allongée, en or, terminée par une perle fine. Douze autres pendeloques semblables, mais de plus grande dimension, terminées par un saphir et une perle, se rattachent aux points d'intersection des mailles inférieures et donnent à tout l'ensemble un aspect d'élégance et de légèreté très-remarquable.

Cette couronne est, comme les autres, suspendue par trois chaînes d'or qui se réunissent sous un double fleuron d'un assez bon travail. Une quatrième chaîne fort longue soutient une grande croix pendant au-dessous de la couronne. La croix est d'or très-pur comme tout le reste, un peu évasée à ses extrémités, et ornée sur ses deux faces de saphirs et de coques de nacre sertis dans des chatons épais et d'un fort relief. Les croisillons et la base ont de grandes pendeloques en saphirs en forme de poire et traversés par un fil d'or. La hauteur de la couronne depuis l'anneau de suspension jusqu'à la base de la croix est de 0^m 72. Elle pèse un peu plus d'une livre, et les pierreries incrustées sont au nombre de cent dix-neuf.

On le voit, notre nouvelle couronne offre une grande ressemblance avec trois de celles que possède le musée de Cluny; seulement, celle-ci est plus grande, les chaînes de suspension sont plus riches, la croix centrale est plus ornée. La conservation d'ailleurs en est parfaite.

D'après les rapports recueillis sur la première découverte, qui eut lieu, comme on sait, en 1858, il paraît que quatorze couronnes d'or auraient été trouvées dans le même lieu. Nous en possédions huit; les autres, plus ou moins endommagées, ont été fondues à la Monnaie en Espagne. Cette dernière couronne, séparée des quatorze de la première trouvaille, aurait été déterrée l'année dernière à quelque distance. On suppose qu'elle aura été entraînée par les eaux, car le lieu est exposé à des inondations périodiques. Tout semble donc prou-

-ver que ces objets auraient été d'abord déposés dans une cachette commune, au moment d'un danger pressant, et, selon toute apparence, lorsque les Arabes menaçaient d'envahir la province de Tolède.

Quelques fragments recueillis également l'année dernière, et se rapportant aux couronnes du musée de Cluny, ont été acquis en même temps par M. le ministre d'État. On remarque un beau fleuron, des bouts de chaîne et deux maillons en or ciselé, qui ont évidemment fait partie de la chaîne qui supporte la couronne à laquelle est attachée l'inscription de Réccesvinthe.

Ce n'est pas seulement en Espagne que des couronnes votives en matières précieuses étaient suspendues dans des édifices religieux. Un curieux inventaire du trésor de la cathédrale de Laon, publié par M. E. Fleury, fait mention de deux couronnes appartenant à cette église. L'inventaire est daté de l'an 1523, mais les couronnes sont évidemment plus anciennes.

« Elles sont en argent doré, ornées de beaucoup de pierres précieuses. Elles sont pendues à un anneau d'argent par quatre chaînes de même métal partant d'un fleuron (*patena*). Entre ledit fleuron et l'anneau est un gros crystal. Une croix d'argent pend de l'une des quatre chaînes. »

LES COURONNES DU MUSÉE DE CLUNY. 377

Jusqu'ici, la ressemblance est complète; nous retrouvons dans les couronnes wisigothiques, l'anneau, les chaînes et le fleuron. La couronne de Reccesvinthe a même la boule de cristal. Mais les deux couronnes de Laon servaient, selon l'inventaire, à suspendre un grand nombre de reliques, tandis que les couronnes espagnoles n'offrent aucune disposition qui puisse se rapporter au même usage.

La couronne que nous venons de décrire est aujourd'hui exposée au musée de Cluny, où M. le ministre d'État a voulu qu'elle fût conservée.

1861.

FIN

TABLE

		Pages
I.	ESSAI SUR L'ARCHITECTURE RELIGIEUSE AU MOYEN AGE, PARTICULIÈREMENT EN FRANCE.............................	1
II.	L'ÉGLISE DE SAINT-SAVIN ET SES PEINTURES MURALES.........................	55
III.	L'ARCHITECTURE MILITAIRE AU MOYEN AGE	219
IV.	CONSTANTINOPLE EN 1403................	305
V.	LE RETABLE DE BALE...................	339
VI.	ALBUM DE VILLARD DE HONNECOURT......	351
VII.	LES COURONNES DU MUSÉE DE CLUNY.....	373

CHATILLON-SUR-SEINE. — IMPRIMERIE E. CORNILLAC

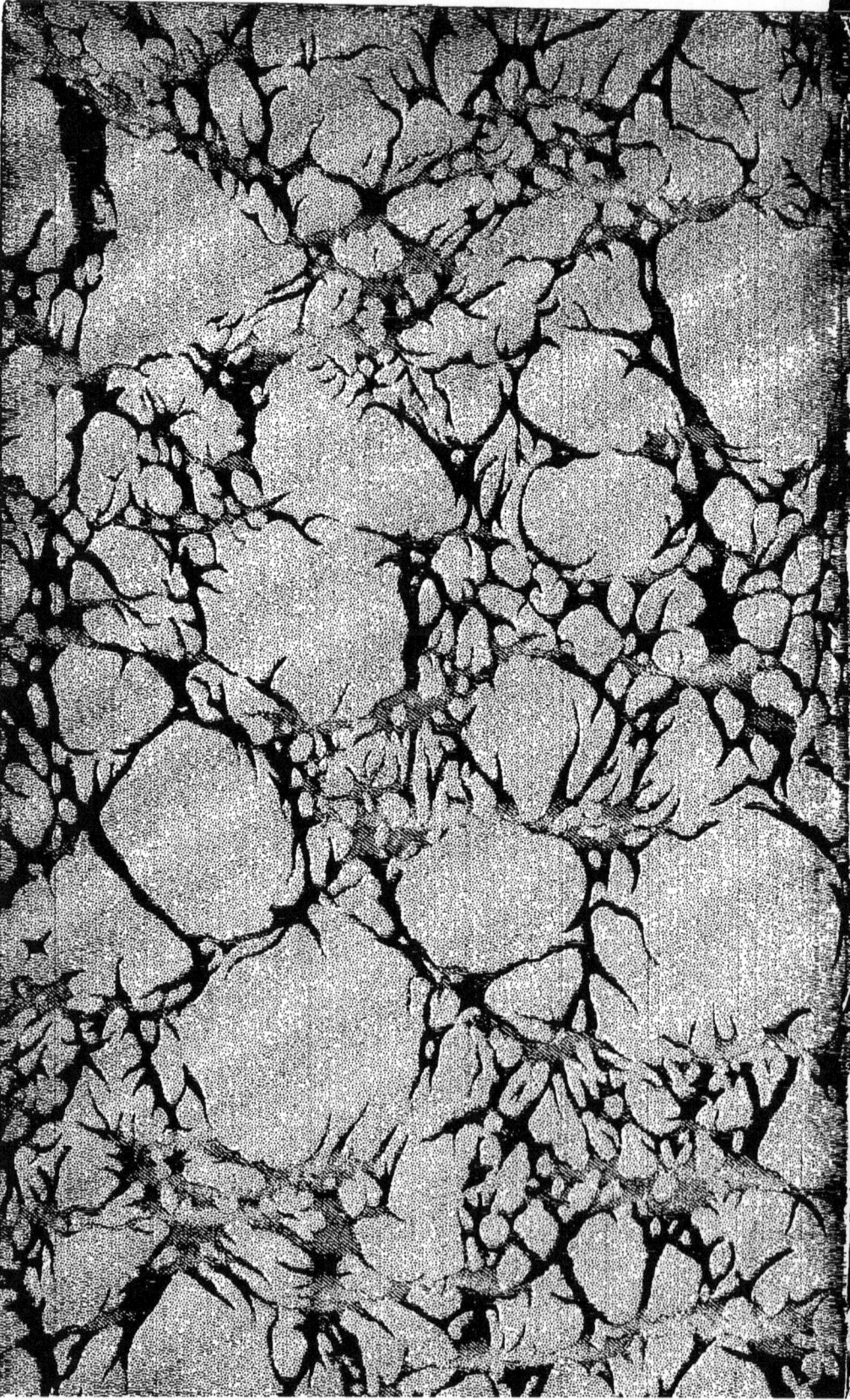

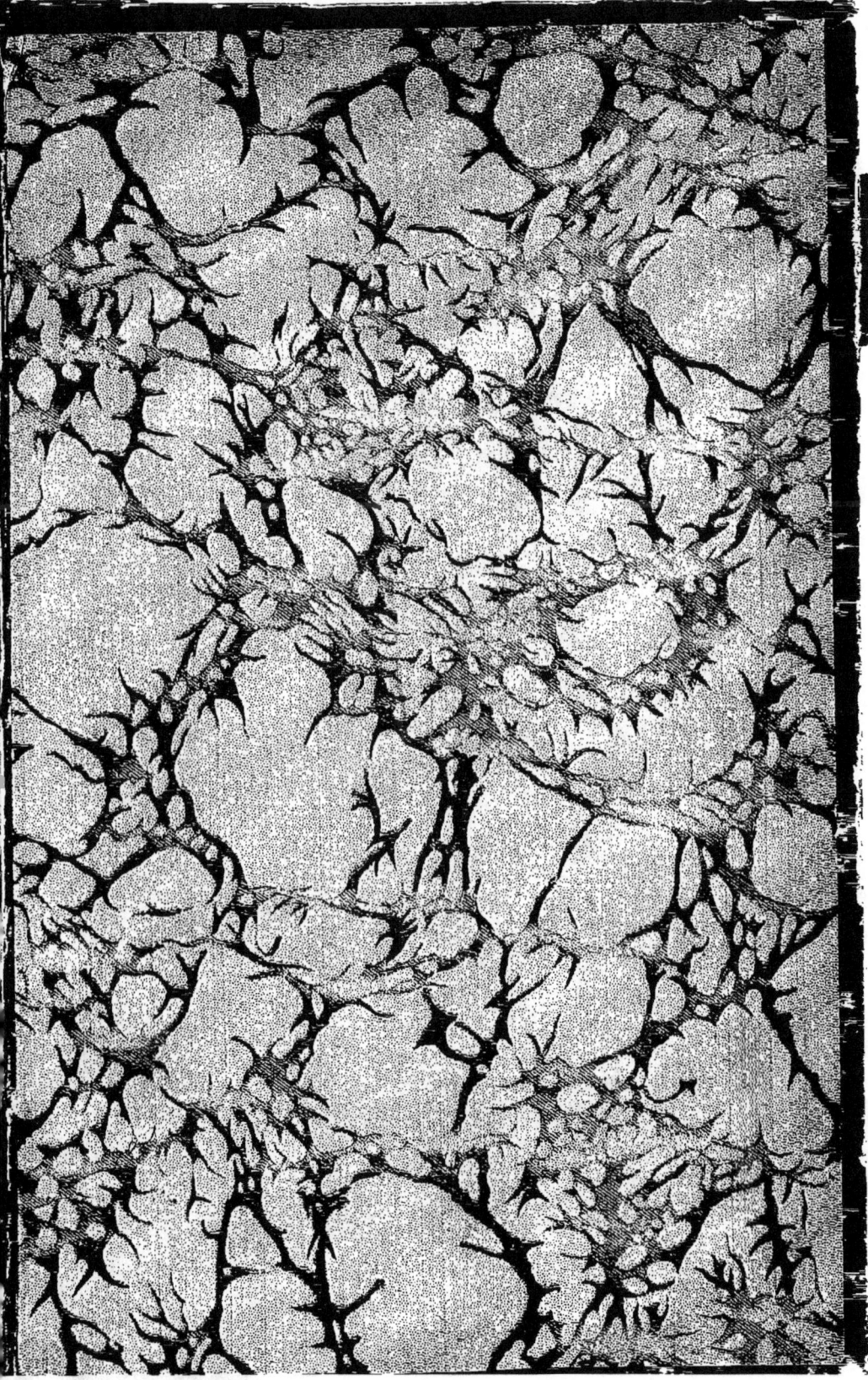

www.ingramcontent.com/pod-product-compliance
Lightning Source LLC
Chambersburg PA
CBHW050424170426
43201CB00008B/537